COSAS MALAS
QUE LES PASAN A LAS
MUJERES BUENAS

Carole Brody

COSAS MALAS QUE LES PASAN A LAS MUJERES BUENAS

Título original: *When Bad Things Happen to Good Women*

Traducción: Estela Peña Molatore
Diseño de portada: Marvin Rodríguez
Diseño de interiores: Jorge Huixtlaca Quintana

© 2016, Carole Brody Fleet
Publicado originalmente en Estados Unidos por Cleis Press, un sello
de Start Midnight, LLC, 101 Hudson Street, Thirty-Seventh Floor, Suite
3705, Jersey City, NJ 07302.

© 2017, Editorial Planeta Mexicana, S. A. de C. V.
Bajo el sello editorial DIANA M. R.
Avenida Presidente Masarik núm. 111, Piso 2
Colonia Polanco V Sección
Deleg. Miguel Hidalgo
C. P. 11560, Ciudad de México
www.planetadelibros.com.mx

Primera edición: marzo de 2017
ISBN: 978-607-07-3943-9

Impreso en los talleres de Litográfica Ingramex, S. A. de C. V.
Centeno núm. 162-1, colonia Granjas Esmeralda, Ciudad de México
Impreso y hecho en México – *Printed and made in Mexico*

CONTENIDO

NOTA DE LA AUTORA

TODAS LAS SUGERENCIAS sobre aspectos médicos, financieros y legales se basan en información, creencias y opiniones personales de Carole Brody Fleet, así como en aportaciones gratuitas, y no deberán ser consideradas como consejos o recomendaciones. Las ideas, sugerencias y procedimientos contenidos en este libro no pretenden sustituir la asistencia de expertos. El empleo de las recomendaciones planteadas en este libro queda a discreción y juicio del lector.

Las historias en tercera persona, anécdotas y citas contenidas en el libro son aportaciones gratuitas, y se cuenta con el permiso para imprimir tales contribuciones. Las historias han sido editadas por motivos de espacio, gramática, continuidad y privacidad. Se pusieron entre paréntesis adiciones con fines de protección a la privacidad, continuidad, gramática y/o aclaraciones.

Se utilizan los nombres reales, excepto cuando se indica con un asterisco (*) que se ha elegido un seudónimo a petición expresa de quien contribuyó, ello con fines de protección a la privacidad y/o por motivos de seguridad. A excepción de los casos de figuras públicas conocidas o de aquellos en los que se ha dado permiso expreso, los apellidos fueron excluidos con fines de protección a la privacidad y/o por motivos de seguridad.

DEDICATORIA

Este libro está dedicado con amor a:

Todas las mujeres inspiradoras, quienes valiente y generosamente compartieron sus historias de adversidad, determinación y valor. Con admiración por su espíritu de compartir en un esfuerzo por ayudar a otras.

Rabino Harold Kushner: Su visión ha ayudado a millones y aún continúa haciéndolo hoy en día. Gracias por su inspiración para este libro y por iluminar el camino de sanación para tantos que han sufrido sus propias desgracias —incluidas las de su servidora.

Eilene Clinkenbeard: Por ser mamá de esta escritora y por permitirme compartir tu *mamismo* con una sonrisa (y algunas carcajadas).

Kendall Leah Brody, Michelle Louise Stansbury y Natasha Tillett Slayton: Cada una de ustedes son mi luz y mi inspiración, mi alegría y mi razón. Mamá las ama mucho.

Dave Stansbury: Mi pareja en la vida y en el amor: gracias por demostrarme que no hay mal que dure para siempre, que las cosas buenas siempre están a la vuelta de la esquina y por «manejar como *tú* manejas»... las palabras más sabias jamás dichas. Te amo mucho.

Elvin «Clink» Clinkenbeard (1923-2001) y Michael Fleet, Sr. (1945-2000): Ustedes me dieron la fuerza y me llenan con cálidos recuerdos cada día. Los honro a los dos, y los amo por siempre.

PRÓLOGO

AFRONTÉMOSLO: como mujeres del siglo veintiuno, nuestra agenda colectiva está bien llena.

Somos exitosas, tenemos poder e influencia y creamos posibilidades en un mundo que estaría perdido sin nuestras aportaciones y contribuciones, grandes y pequeñas. La mayoría de nosotras trabaja, ya sea en el mundo, para nosotras mismas o para nuestros hogares como esposas y/o madres. Tenemos todo tipo de relaciones. Nos esforzamos, como voluntarias, por hacer de este mundo un lugar mejor. Vemos el sufrimiento y nos esmeramos por aliviarlo, desde una rodilla raspada hasta una población hambrienta. Vivimos plenamente y amamos sin condición. Somos el sostén de familia, padres, pareja, amigas…

En pocas palabras, somos maravillosas.

Desgraciadamente, toda esta maravilla en el mundo no evita una realidad muy cruda: hay cosas malas que les pasan a las mujeres buenas.

Realmente les pasan cosas malas a mujeres *realmente* buenas que hacen cosas *realmente* asombrosas en un mundo cada vez más desafiante.

Existen posibilidades de que, en algún momento de tu vida, tú, o alguien que conoces vivan una desgracia. Tal vez pierdas a un ser querido. Tal vez pierdas tu empleo, tu hogar o atravieses un divorcio. ¿Y qué hay con todos esos acontecimientos que te sacuden profundamente? Como cuando alguien a quien amas es diagnosticado con una enfermedad que amenaza su vida, cuando tu seguridad financiera se ve amenazada o destruida, cuando eres víctima de un crimen violento, cuando descubres que te han engañado o de alguna forma traicionado.

Sí, a las mujeres buenas les ocurren cosas malas… cosas que nadie merece experimentar. La pregunta es ¿qué haces cuando las cosas malas invaden tu vida o la de quien amas? ¿Cómo sigues adelante? ¿Por dónde comienzas? ¿Cuándo *empiezas* a recuperarte? ¿Cómo se ve tu futuro, sobre todo cuando no es precisamente el futuro que planeaste?

Estás a punto de obtener las respuestas a todas estas preguntas y a muchas más.

El propósito de este libro es doble. Inicialmente está dirigido a quien vive o ha vivido en su propia piel retos difíciles. Conforme leas, descubrirás una variedad de retos y situaciones comunes que enfrentan las mujeres. Leerás historias reales compartidas por mujeres reales, quienes se enfrentaron con estos desafíos que cambiaron para siempre sus vidas. Recorrerás los procesos comunes de pensamientos y reacciones que todos solemos llevar a cabo cuando nos enfrentamos con la adversidad. Y lo mejor es que aprenderás cómo, finalmente, estas mujeres se sobrepusieron a estos infortunios, y tendrás una fantástica perspectiva de qué deberías hacer si enfrentas situaciones iguales o parecidas.

El segundo propósito del libro es para quienes conocen a alguien que ha afrontado algún tipo de adversidad o desgracia. En mis muchos años como experta en duelos, he escuchado la frase «No sé qué decir/qué hacer/cómo actuar» una y otra vez. Ya que dar orientación para el «No sé qué/cómo» es casi tan importante como ayudar a los directamente afectados por los infortunios, encontrarás excelentes ideas y sugerencias sobre qué decir y qué hacer —y tal vez aún más importante, qué es lo que *nunca* debes decir o hacer— cuando alguien que conoces y amas enfrenta una desgracia. Las listas de «**Lo que hay que hacer**» incluyen sugerencias y acciones que ayudarán a tu madre, hija, hermana, prima, amiga, y a cualquier mujer en tu vida, a enfrentar sus propios retos de manera positiva y alentadora. Y las listas de «**Sin duda, lo que no hay que hacer**», que verás en cada capítulo, comprenden todas aquellas cosas que jamás deberías utilizar con alguien que esté enfrentando un reto especialmente difícil.

Naturalmente, es imposible incluir en un solo libro todas y cada una de las cosas malas que pueden atravesar nuestros caminos a lo largo de una vida. Como señaló el conductor de un programa de radio en una entrevista: «Este libro fácilmente podría convertirse en una enciclopedia mundial»,[1] y no le falta razón. Pero como es imposible incluir cada cosa mala posible, se contemplan escenarios de situaciones reales de vida donde las mujeres buscan ayuda, guía y, lo más importante, esperanza de un futuro prometedor.

Te sorprenderán e inspirarán las historias de valentía y perseverancia compartidas por más de cuarenta mujeres y todas ellas tocarán tu corazón. Si atraviesas por circunstancias que son un desafío de vida o si conoces a alguien que las esté atravesando o las haya atravesado, prepárate para obtener las respuestas, aclarar tu mente y encontrar un camino positivo de sanación ante ti.

El viaje comienza…

---

1 Enciclopedia (s.): Obra de referencia llena de información que usábamos antes de la llegada de Wikipedia a nuestras vidas.

INTRODUCCIÓN

DICIEMBRE 22 DE 2000: Era el día siguiente del funeral de mi esposo. Dos años y tres meses después de que la esclerosis lateral amiotrófica (ELA), conocida también como enfermedad de Lou Gehrig, lo invadiera y finalmente se llevara de tajo la vida del marido y padre, que era saludable, robusto, trabajador, divertido y amoroso, yo recién había enviudado y estaba sentada sola en la sala, con las persianas bajadas y la mirada perdida en la nada.

Permíteme compartirte exactamente qué pasaba por mi mente en ese terrible momento:

Todo acabó.

Los médicos, el hospital y las compañías de seguros, así como el *constante* desfile de personas (bien intencionadas y no).

El esfuerzo para sobrevivir a una enfermedad atroz que transformó lo que alguna vez fue un hogar feliz.

Se acabó.

No puedo creer que haya sucedido.

Él realmente se fue.

¿Y el insoportable dolor que anticipaba su muerte inevitable durante dos años?

También se acabó.

¿Y ahora?

Silencio.

Pero no un silencio sereno.

El silencio que trae el vacío.

La calma debería ser serena, ¿cierto?

Esto *no* es calma.

Una y otra vez, la misma pregunta daba vueltas frenéticamente en mi mente: ¿En verdad terminó?

Y en ese momento… así *era*. Recuerdo estar convencida de que *en realidad* todo había acabado.

Silencio ensordecedor. Un escalofrío que recorre los huesos.

Se… *acabó*.

No hay futuro. No hay risas. No hay luz en la oscuridad.

No hay amor.

Esto es lo que la gente llama mi «nueva normalidad».

Odio esa frase.

Nadie la usa cuando hablan de algo bueno que te sucede, o algo que sea feliz o positivo.

Nadie que se saca la lotería dice: «¡Esta es mi nueva normalidad!».

¿Nueva normalidad?

No hay *nada* «normal» al respecto.

Todos estos sentimientos se viven como algo permanente, como si hubieran sido tatuados en el corazón con un fierro candente. No puedo ver ningún futuro desde donde estoy sentada: en ese sillón de la sala oscura, rodeada por la completa ruina física, financiera y emocional de lo que una vez fue una hermosa vida.

Entonces… tomé una decisión.

Una decisión consciente: había pasado algo malo. Algo *realmente* malo.

Pero no se trata de definir quién soy… y ciertamente no va a definir en quién me *convertiré*.

Las cosas malas suceden.

Cosas realmente malas.

Cosas tan malas que tienen la capacidad de detener nuestros mundos cuidadosamente construidos y nos ponen de rodillas.

Cosas tan malas que pueden hacernos dudar que la vida volverá a ser nuevamente hermosa.

Cosas tan malas que nos impiden experimentar todo lo que nuestro corazón puede experimentar.

Cosas tan malas que nos impiden sanar.

Las cosas malas pueden hacer eso y más…, pero *no tiene* que ser así.

Una infame enfermedad ya cobró la vida de mi esposo. Destruyó a mi familia.

No se tiene que llevar también mi vida.

No tiene que destruir la existencia de una niña que se acerca a la adolescencia, que ya ha experimentado una pérdida tan grande en su tierna vida.

Mi espíritu está definitivamente lastimado.

Por la enfermedad, por la muerte, por la gente que aparentaba buenas intenciones… y resulta que no eran tan buenas.

Estoy lastimada…, pero *no* me romperé.

La sanación no ocurrió de la noche a la mañana.

Todo comenzó con una decisión.

Un pequeño paso.

«¿CÓMO PUEDO AYUDAR?»

COMENZAR UN LIBRO de este tipo con un capítulo dirigido a las personas que no son directamente afectadas por las cosas malas, es como poner el betún sobre un pastel que no se ha cocido; simplemente, así no se hace. Sin embargo, también creo que es el mensaje más urgente, el que más pronto necesita ser escuchado. Así que, por ser como soy, empiezo por romper las convenciones sobre los inicios con un capítulo dedicado a las personas que rodean a los «guerreros», a los sobrevivientes de las cosas malas… pérdidas, desafíos, adversidad y situaciones que debemos afrontar.

Comencemos por los «Nos»:

El mayor «no digas»

Absoluta y definitivamente, entre las cosas que *nunca* debes decirle a alguien que te ha compartido cualquier tipo de noticia sobre cosas malas es: «Sé cómo te sientes» (a veces disfrazado de «Sé por lo que estás pasando»).

Pocas cosas hacen más daño a una persona que necesita compasión, simpatía o apoyo real que escuchar *«Sé cómo te sientes»* o *«Sé por lo que estás pasando»*. Una frase aparentemente inocua y de uso común en un intento para conectarse con el dolor de la otra persona, tal expresión tiene la capacidad de crear sentimientos difíciles. *Nadie* sabe cómo se siente el otro, y decirlo es presuntuoso y puede ser devastador.

Exploremos las razones por las que esta frase necesita ser eliminada inmediatamente de nuestro vocabulario y del planeta (junto con frases como «¿Aún no lo has superado?» y «Todo sucede por una razón», ambas las veremos varias veces a lo largo del libro).

Razón número uno
No es tu turno. Deja los reflectores donde pertenecen

He pasado muchos años en servicio con los afligidos. He escrito sobre ello, he sido entrevistada al respecto y he hablado ampliamente acerca de una serie de pérdidas y desafíos de vida. Las historias que he escuchado son innumerables. Es más, tratándose de pérdidas y desafíos de vida, desafortunadamente también he tenido que afrontarlos a nivel personal mucho más de lo que hubiera deseado (incluida la viudez).

Te puede sorprender, entonces, saber que *nunca* he dicho a alguien que comparte sus historias de pérdidas o sufrimiento algo como «Sé cómo te sientes».

¿Por qué?

Sin importar lo que te hayan compartido, sin importar si ya viviste la misma experiencia o algo similar, cuando dices «Sé cómo te sientes», inevitablemente sigues con «porque yo...», y a continuación llenas el espacio en blanco con tu propia tragedia. Entonces hay un cambio automático y tácito en el foco de la conversación y la persona que acudió a ti en búsqueda de simpatía, compasión, consejo o tal vez solamente de un hombro sobre el cual llorar, ahora se ve forzada a enfocarse en *tu* propia historia, en *tus* sentimientos, y en cómo se vio afectada *tu* situación.

Sea intencional o no, el énfasis ahora está en ti, y en este momento particular de la vida el énfasis está en el lugar equivocado. En este momento no se trata de ti.

El enfoque debe permanecer en la persona que ha iniciado la conversación sobre algo malo que le ha pasado y acude a ti en busca de compasión y consuelo. No tiene por qué estar en la posición de consolarte. Deja los reflectores donde deben estar: en la persona que necesita ayuda inminente.

Razón número dos
En verdad no puedes comparar naranjas con
manzanas (… o una situación con otra)

La mayoría de nosotros hemos vivido al menos una situación traumática o desafiante en nuestras vidas. Aunque pienses que eres compasivo y empático, cuando le dejas saber al otro que tú has vivido algo que consideras como una experiencia similar a la suya, lo que puedes estar haciendo involuntariamente es trivializar su experiencia de pérdida al hacer comparaciones imposibles. Por ejemplo, imagina el horror de una madre que ha perdido recientemente a su pequeño hijo y que a modo de consuelo se le dice: «Sé exactamente cómo te sientes porque así me sentí yo cuando murió mi tía abuela (de 105 años)». Y aunque la pérdida de una tía abuela de 105 años es triste y debe guardarse duelo, no puedes y no debes comparar ambas experiencias de pérdida, sobre todo si son inequiparables.

Razón número tres
Tú eres *tú*

Como ya he mencionado, *nunca jamás* miraría a otra viuda a los ojos y diría «Sé cómo te sientes», incluso si ella hubiera perdido a su marido por la misma enfermedad que cobró la vida del mío. Nunca vería a alguien que perdió a su padre y diría «Sé cómo te sientes», incluso si hubiera perdido a su padre de cáncer sólo unos meses después de la muerte de su esposo, como me pasó a mí. Nunca miraría a alguien que se vio obligado a permitir que le practicaran la eutanasia a su amada mascota y diría «Sé cómo te sientes», aunque, como muchas otras personas, he tenido que ser parte de este triste proceso de despedida de algún miembro peludo de la familia. He vivido todas esas experiencias y, no obstante, me rehúso a usar esa frase. ¿Por qué?

Porque no soy la otra persona que está enfrentando un desafío de vida o una experiencia de pérdida. Yo soy yo. Yo soy un individuo. Yo soy única.

(… Y el mundo respira aliviado).

Si yo soy única, entonces todo cuanto rodea mis experiencias, es igualmente único. Incluso si he perdido a un ser querido, un empleo, una relación o algo más de forma semejante a la experiencia de otra persona, el hecho es que mis circunstancias, la gente que me rodea, mis reacciones y mis relaciones con lo que he perdido o con el desafío son únicas. Por lo tanto, ¿cómo puede alguien saber cómo me siento? ¿Cómo puedo yo saber cómo se siente alguien más durante el proceso de la pérdida, cuando su propia experiencia de pérdida es única e individual para ellos?

No es posible.

Ahora, si alguien directamente te pregunta «¿Cómo te sentiste cuando a *ti* te pasó esto?» o «¿*Tú* cómo manejaste la situación?», en ese caso han solicitado expresamente tu aportación y puedes dar respuestas honestas: cómo te sentiste, cómo lo enfrentaste y demás. Sin embargo, decirle a alguien simplemente: «Sé cómo te sientes», para continuar contando todas tus desgracias, es una forma efectiva de poner la experiencia y los sentimientos del otro por los suelos.

Apuesto a que nunca dirás a alguien más que sabes cómo se siente o sabes por lo que está atravesando, porque francamente, no sabes cómo se siente… y nunca lo sabrás.

LAS TRES COSAS QUE NUNCA DEBES HACER

Hay tres cosas que *nunca debes hacer* durante una pérdida, un problema o una crisis. Comencemos al estilo de las cuentas regresivas de un *Hit parade*, con el top tres de lo que *nunca debes hacer*.

3
Nunca hagas «la danza»

Mike fue diagnosticado con ELA en septiembre de 1998. En menos de un año la enfermedad avanzó rápidamente y, para entonces, Mike rara vez podía dejar la casa. En ese breve periodo la enfermedad había atacado su sistema respiratorio, haciendo que fuera muy peligroso para él estar lejos del equipo médico de emergencia que teníamos en casa. Asimismo, se volvió dependiente de la silla de ruedas y era muy difícil entender lo que decía.[1]

Naturalmente, recibíamos con gusto a quienes nos visitaban en casa —algunos lo hacían de forma más regular que otros— y, desafortunadamente, cada vez menos conforme la enfermedad progresaba. Recuerdo dos visitantes en particular a quienes Mike esperaba lleno de entusiasmo para pasar una verdadera «tarde de chicos», colegas de mucho tiempo del departamento de policía con quienes había colaborado por más de veinte años de servicio.

Cuando los visitantes llegaron, se sentaron con Mike y hablaron absolutamente *de todo*... «los buenos viejos tiempos» que habían compartido en el departamento, fiestas a las que asistieron, la innumerable cantidad de cervezas, las rondas de golf que jugaban en sus

---

1 La ELA puede afectar la capacidad del paciente para hablar porque es también una habilidad regulada por músculos. Conforme el habla de Mike se hizo ininteligible, excepto para quienes pasábamos mucho tiempo con él, solía quedarme a su lado para traducir a otros lo que decía, pues de otra forma no lo entendían.

días libres, las bromas que se gastaban, las llamadas de emergencia que al final resultaban graciosas, y las historias y los recuerdos siguieron por horas y horas. Me quedé ahí para traducir el dificultoso lenguaje de Mike a sus amigos y, desde mi ventajoso punto de vista, parecía que todos pasaban buenos momentos.

Después de que se fueron, Mike tranquilamente comentó: «Nunca me preguntaron cómo me sentía o qué estaba pasando con mi salud. Tuve ganas de decir "Sé que estoy enfermo", para que no tuvieran que fingir que no lo estoy. Pero supongo que no puedo culparlos, porque casi todo el mundo hace lo mismo».

Vaya.

Mis ojos se llenaron de lágrimas al escuchar a Mike, pues había dicho la verdad. Ni por un momento estos amigos —o la mayoría de la gente en general— reconocieron que Mike padecía una enfermedad terminal. Peor aún, yo no me di cuenta de ello.

Pasar por alto cualquier circunstancia difícil por la que atraviesa la persona con quien pasas el tiempo es ignorar el proverbial «elefante en la habitación». En el caso de Mike, había un enorme, horrible y podrido elefante en la habitación llamado ELA, y nadie en lo absoluto hablaba de eso.

Excepto Joel y Rob.

Joel y Rob son dos de los más queridos amigos de la familia, el tipo de personas que trascienden la palabra «amigo» y ocupan inmediatamente la columna «somos familia». Cada tarde de jueves, sin falta, Joel y Rob aparecían en la puerta para visitar a Mike, siempre llevando un *six-pack* de cerveza. Esas preciosas tardes dejaban a sus esposas en casa y a mí me hacían salir de la habitación de manera educada pero firme. Para ellos nunca hubo necesidad de que yo tradujera el deficiente lenguaje de Mike: o se ingeniaban para entender lo que decía o hacían que lo repitiera hasta entenderle. Ésta era realmente la «tarde de chicos» y no había chicas invitadas ni eran necesarias.

Si Mike estaba sintiéndose mal físicamente o se sentía deprimido (y bajo tales circunstancias ¿quién no?), sabía que podía hablar de ello sin causar incomodidad o extrañeza. Durante esos malos días, Joel y Rob simplemente se sentaban en silencio con él y lo escuchaban. Si era un buen día, entonces podían escucharse hasta la sala las bromas, los insultos y las carcajadas. Pero, sin importar cómo era el día que Mike estuviera teniendo, fuera cual fuera su ánimo, cuando Joel y Rob llegaban a visitarlo, sin fallar preguntaban: «¿Cómo te sientes hoy *realmente*, amigo?» o «¿Qué te ha dicho últimamente el médico?». O incluso sólo «¿Sabes? Todo esto realmente apesta».

Joel y Rob siempre reconocieron y hablaron del horrible elefante llamado ELA que había irrumpido en nuestro hogar e instintivamente sabían que evitar hablar de ello no haría que el elefante desapareciera en el aire. Lo más importante fue que nunca dejaron de crear una atmósfera en la que Mike pudiera relajarse y hablar sobre su enfermedad. Fuera miedo, ira o simple frustración, Joel y Rob admitían (en ocasiones con un lenguaje bastante florido) lo que sucedía, que en realidad apestaba y que estaban ahí para escuchar, conmiserarse y sentir miedo, enojo o frustración junto con Mike. Sé que, al igual que nosotros, en el fondo ellos sentían todas esas cosas y otras más; no obstante, la diferencia entre Joel y Rob y la mayoría de las personas que venían a visitarnos (o peor aún, quienes elegían estar lejos) era que ellos *lo decían*. Además, a pesar de cuán difícil debió ser para ellos, permitían que Mike hablara no sólo sobre su salud física sino también sobre su salud emocional. Qué increíble regalo.

El hecho es que la gente víctima de una enfermedad, pérdida o alguna circunstancia que altera su existencia en *cualquier* forma está completamente consciente de lo que sucede en su vida. Ignorar las circunstancias o «danzar» alrededor de cualquiera que sea el tema (desde el propio malestar personal hasta por miedo a molestar) no ayuda para nada. La gente es consciente de su situación. La gente *sabe* cuándo ha perdido a un ser amado. La gente *sabe* cuándo ellos (o alguien a quien aman) padece una enfermedad terminal. La gente *sabe* cuándo está atravesando situaciones financieras delicadas. La gente *sabe* cuándo ha perdido su empleo o su casa o una relación. Ignorar el elefante en la habitación no lo hace desaparecer, y la persona que se enfrenta con ese elefante puede sentir que la evades.

¿Significa que debes enfocarte exclusivamente en lo malo? Desde luego que no. La gente que está en medio de la bruma de un desafío quiere hablar sobre el clima, sobre los buenos viejos tiempos y sobre cómo están los niños, y quiere también saber qué pasa en tu vida. Sin embargo, debes reconocer que esa persona está atravesando por un reto y una tribulación, tal vez la peor que jamás haya experimentado, y necesitas salir de ti mismo, sobrepasar tu propia incomodidad y ubicarte para estar realmente «ahí» como fuente de apoyo.

¿Recuerdas cuando dijimos que en esos momentos no se trata de ti? Lo mismo aplica aquí. Haz de lado tu incomodidad hasta el momento en que te alejes de la persona. Aprende la lección vital de Joel y Rob, quienes estaban dispuestos a hacer momentáneamente de lado sus sentimientos de enojo, profunda frustración y miedo, a fin de estar presentes para otra persona que, en ese momento, necesitaba el tipo de apoyo que ellos le dieron.

Seguimos con la cuenta regresiva.

2
Nunca digas a alguien que te llame si necesita algo

> *Cuando un amigo está en problemas, no lo fastidies preguntándole si hay algo que tú puedas hacer. Piensa en algo apropiado… y hazlo.*
>
> Edgar Watson Howe[2]

2 Tomado de *Inspiración para la vida: Palabras de sabiduría, gozo y posibilidad*, de Allen Kelvin (Viva Editions). Con el permiso de su autor.

Decirle a alguien que te hable si necesita algo suena encantador sin duda, y estás siendo sincero en tu gesto. Eso está muy bien, pero hay un solo problema con ello.

La llamada nunca llegará.

No importa cuál sea la situación o el reto que enfrente alguien que conoces y estimas. Nadie va a levantar el teléfono para llamarte y decirte: «Necesito que recojas a mis hijos, hagas el mandado, me lleves a tomar un café y me apoyes mientras lloro…». Simplemente no sucede, por gran cantidad de razones, entre ellas las siguientes:

- Las cargas molestan: Sea que pidan un favor o necesiten un hombro compasivo, quienes han sufrido una pérdida o un desafío inevitablemente se sienten como una carga si hacen una llamada telefónica y dicen: «Necesito…». Nadie quiere sentir que molesta con sus problemas, es simple naturaleza humana. La persona en situación de necesidad sabe que también tienes tu vida y no quiere ser quien altere tu equilibrio.
- El «factor niebla»: La pérdida o los desafíos importantes te lanzan en medio de una niebla. Por lo general, no piensas correctamente, y esto forma parte del periodo de *shock*. En especial durante los primeros días y semanas después del trauma, tu mente tiende a enredar las cosas, y, con todo lo que está rondando por tu cabeza, levantar el teléfono y pedir ayuda no está en la lista.
- El poder del orgullo: Como sociedad, colectivamente tenemos en nuestras mentes que pedir ayuda es un signo de debilidad. Si la situación incluye cosas como perder un empleo, ser abandonado por la pareja, añade además el ingrediente de una autoestima golpeada por la humillación. Nadie se quiere sentir débil o un poco como «perdedor» ante los demás, y eso hace que buscar ayuda sea mucho más difícil.

Con raras excepciones, una persona que ha sufrido una pérdida o enfrenta un reto no te va a llamar. Eres *tú* quien debe alzar el teléfono y decirle cómo deseas ayudarle, y apegarte a ello.

1
¡Nunca hagas… nada!

Antes de decirme que en el buen uso del idioma español no se deben emplear dos negaciones juntas, déjame que te explique.

Muchas personas en verdad no saben qué hacer o cómo reaccionar durante tiempos turbulentos o confusos. No saben qué decir, no saben cómo comportarse y no saben qué acciones tomar; es una aflicción también conocida como el «Síndrome de No Soporto Verlo Así». Estas personas optan por no hacer nada, en lugar de poner de lado su incomodidad para ser parte de la dinámica de quien sufre, arremangándose y lanzándose a ayudar en cualquier forma posible. En cambio, eligen no hacer nada y alejarse, inconscientes de que ignorar la situación no la hará desaparecer.

Tristemente, Mike vio pasarles esto a muchas personas que en algún momento fueron sus amigos. Conforme avanzaba la enfermedad de Mike, menos amistades iban a visitarlo o llamaban para saber cómo estaba. ¿El gran problema? Como la ELA no afecta las habilidades cognitivas de ninguna forma, él estaba cien por ciento consciente del hecho de que estas personas elegían evitarlo. Lo sabía, lo manifestaba; yo veía el dolor en su rostro… y me partía el corazón.

Una vez que Mike falleció, mi hija Kendall y yo, sin saberlo, nos graduamos en Evitación 2.0, sólo que esta vez nosotras fuimos las personas a quienes evitaron o abandonaron. Con el tiempo, algunas personas volvieron a nuestras vidas con mil disculpas, explicaban que simplemente no sabían qué decir o hacer porque la situación era muy triste. En cambio, eligieron hacer la peor cosa del mundo:

Nada.

La gente que sufre durante una pérdida o un reto de la vida no puede leer la mente. No están en su casa pensando: «Bueno, Fulano y Mengano realmente se sienten muy mal por mí, sencillamente no saben qué hacer conmigo ahora». Por el contrario, están en casa pensando que a nadie le importan o que los han olvidado. ¿Puedes imaginar cómo se sienten, *además* de todo lo que ya están viviendo?

No corresponde a la persona que atraviesa por una situación difícil o sufre una pérdida devastadora hacerte sentir bien o ponerse en tu lugar. Eres un adulto, depende de ti ponerte ahí, y momentáneamente hacer de lado tus sentimientos y entrar en el juego.

¿Cómo puedo *ayudar?*

Tal vez ahora pienses «Okey, Carole, no debo decir cómo me siento, no debo decirles que me llamen si me necesitan y, al parecer, tampoco puedo escurrirme de la situación e ignorar las circunstancias. Entonces, ¿qué debo hacer o decir?».

Me da gusto que lo preguntes.

La razón por la que empecé con esta parte —las cosas que no debes decir jamás, a pesar de la situación— es que aprendas la lección más importante cuando enfrentes (o ayudes a que alguien enfrente) situaciones de vida difíciles que la mayoría de nosotros encontraremos.

Si conoces a alguien que haya atravesado una situación de vida complicada, antes de decir o hacer algo, pregúntate:

- Si yo fuera él, ¿me gustaría escuchar lo que estoy a punto de decir?
- Lo que estoy a punto decir, ¿va a ayudarle a enfrentar su situación?
- Lo que estoy a punto de decir ¿va a consolarlo y a darle seguridad?

• Lo que estoy a punto de decir ¿va a favorecerlo?

Ahora que conoces todo sobre lo que «nunca debes hacer», empezaré nuestro viaje con las dificultades más comunes y los desafíos que las mujeres enfrentan a lo largo de su vida (sea en primera persona o desde el punto de vista de testigos en su familia, sus seres queridos o amigos); cómo hacer lo mejor posible si te toca que te ocurran estas cosas, o si alguien a quien tú conoces se ve afectado por algo malo, y cómo puedes ser *tú* la mejor fuente de consuelo y apoyo posible.

CAPÍTULO DOS

SIN CASA: LA PÉRDIDA DEL HOGAR

HOGAR.

No hay muchas palabras que reúnan comodidad, logro y sueños hechos realidad en tan sólo cinco letras. No importa si tu casa es una mansión en una colina o un departamento de una sola recámara: la palabra *hogar* es cálida para el espíritu.

El hogar instantáneamente evoca muchos recuerdos, tanto recientes como antiguos. Tus recuerdos pueden incluir tu propia declaración de independencia cuando te mudaste a tu primer departamento o la primera casa que compraron como pareja. La casa representa tantas reuniones para las cuales la decoramos, celebraciones y ocasiones que conmemoramos.

La casa es siempre el lugar a donde queremos volver, ya sea después de un duro día de trabajo, o luego de las vacaciones, o al salir del hospital: todo lo que ansiamos *en realidad* es… ir a casa.

El hogar es nuestro respiro y nuestro santuario. Es el reflejo de quiénes somos, en combinación con los colores de la decoración interior. Es rodearnos de todo aquello que nos hace sonreír. Es poner clavos en las paredes y colgar cuadros en las estancias. Puedes soltarte o recogerte el cabello. Puedes quitarte el maquillaje y subir los pies. Es donde puedes estar tranquilo y sereno o en una frenética actividad.

La casa es entretenimiento. Es donde divertimos a nuestros amigos y parientes; a nuestras amigas, sin quienes estaríamos perdidas; sorprendemos a los niños con helados y a nuestras parejas románticas con cenas a la luz de las velas; pedimos deseos cuando apagamos las velas, y chocamos nuestras copas. Es donde construimos los recuerdos de toda una vida.

Lo mejor de todo: el hogar es el *hogar*.

Pero de pronto, un día terrible, tu hogar ha desaparecido.

Perder el hogar es una devastación increíble, y la forma en que se pierde una casa determina en gran medida las rutas prácticas y emocionales que se siguen para la recuperación. Vamos a ver las formas básicas en que se puede perder una casa, así como la manera de sobreponerse a tan terrible pérdida.

PERDER EL HOGAR EN UN DESASTRE

La idea de perder nuestro hogar es en verdad aterradora. La pérdida real de una casa es el peor miedo hecho realidad y seguramente se agrava cuando las circunstancias escapan por completo a tu control. Tal es el caso cuando una casa se pierde en un incendio (sea involuntario o por un acto criminal, un accidente o una falla en la casa), o por algún desastre natural, como un huracán, un tornado, una inundación, una tormenta de nieve, un derrumbe, un deslave o un terremoto.

Kristen Moeller, autora de *What Are You Waiting For? Learn How to Rise to the Occasion of your Life*[1] (*¿Qué estás esperando? Aprende a crear la oportunidad de tu vida*), perdió su hogar y posesiones en un incendio y, finalmente —y de manera casi literal—, la levantó de las cenizas.

---

1   Para saber más sobre Kristen y *What Are You Waiting For?*... (Ediciones Viva) visita www.kristen-moeller.com.

La historia de Kristen

Nunca olvidaré esa vez cuando encontramos nuestro hogar. Después de habernos acostumbrado a vivir en las montañas, ansiábamos más aventura y el anuncio en el diario parecía demasiado bueno para ser cierto: cerca de 15 hectáreas, dos habitaciones, un baño, vistas interminables y un extra maravilloso: «fuera de la red», es decir, a base de energía solar.

Conforme recorríamos la propiedad por el largo sendero a través de bosquecillos y relucientes álamos, surgía el panorama. Cuando dimos vuelta en la última esquina, nos miramos mientras la hermosa silueta de la casa que siempre había soñado se nos presentaba al frente. Enclavada en medio de altos pinos y posada sobre la ladera de la colina, este santuario se asomaba sobre una vasta montaña, incluyendo Pikes Peak.

Cada vez que me estacionaba en el sendero, tomaba un momento para admirar esa dulce silueta de nuestro mágico hogar y respiraba aliviada. Habíamos encontrado nuestra casa para toda la vida, y estaba agradecida de estar ahí por siempre.

Un día que empezó como tantos otros, yo sentada en mi silla favorita a un lado de la ventana, mirando el extenso panorama, dando sorbos a mi café e iniciando mi rutina diaria, terminó en caos y confusión. Mi hogar se quemó hasta los cimientos en un voraz incendio que acabó con la vida de tres de mis vecinos y dejó veintiún familias sin hogar. Durante la evacuación de último minuto, escapé con objetos valiosos que tenía a mano, así como mi computadora y mis animales. Cuando conducía por el sendero, no tenía idea de que sería la última vez que vería mi hogar. Mi mundo se tambaleó el día en que mi casa se quemó.

CAMINANDO EN MEDIO DEL FUEGO. En este punto de mi vida, he caminado a través de muchos «fuegos» metafóricos: adicción, cáncer, abortos y las muertes de amigos queridos. A cierto nivel, sabía que también atravesaría éste; no obstante, quise saber que iba a crecer. Estaba bien consciente del rico simbolismo en torno al fuego, y me comprometí a resurgir de entre las cenizas como el ave Fénix, pero ni un minuto antes estuve lista y mi duelo siguió su curso.

EL OTRO LADO. Pasé largo tiempo en un metafórico corredor preguntándome quién sería yo una vez que llegara al otro lado. No soy quien era ese día, y algunos días sigo aún sin saber quién seré. Quería ser más profunda, más sabia y más fuerte al otro lado. Quería estar más dispuesta a dejar ir y bailar con lo desconocido.

A nivel práctico, no sabíamos en dónde íbamos a vivir, si íbamos o no a reconstruir la casa o qué queríamos. Vivimos en sótanos de amigos, en cuartos de hotel y por un breve tiempo en un tráiler Airstream en nuestro terreno. Finalmente compramos una nueva casa en una ubicación totalmente diferente.

En nuestro terreno pusimos una yurta (especie de tienda de campaña circular en forma de cúpula), y, cuando vamos ahí, seguimos disfrutando la quietud y los hermosos paisajes. Todavía nos llenamos de cenizas y hollín, nos quemamos por el calor debido a la falta de sombra en la parte sur del terreno y aún nos rompe el corazón ver el bosque árido donde alguna vez crecían majestuosos y enormes pinos.

LA LIBERTAD DE SER... En el periodo inmediato después de perder mi casa y todas mis posesiones, el duelo fue mi maestro. Mientras trataba de tener una vida aún vibrante, desarrollé un nuevo respeto tanto por lo que significa lanzarse a la acción, como por lo que significa esperar. Luego de escribir un libro entero sobre el concepto de por qué esperamos en la vida en lugar de vivir nuestros sueños, podría pensarse que tenía todo dominado. No obstante, después del incendio, aprendí la diferencia entre esperar como forma de evasión y descontento, y la clase de espera paciente y necesaria para atravesar el proceso de duelo. Mirando detenidamente mis viejos comportamientos, pude ver la verdad de qué tan profundamente seguía esperando ir a quién sabe qué lugar, de ser alguien que yo no era. Poco a poco comencé a dejar de aferrarme a la idea de que la vida seguiría el camino que yo había pensado, y abandoné mi deseo de perfección. Donde una vez celebré mi intenso empuje para el éxito, ahora se sentía la aridez como los restos humeantes de mi casa. En lugar de mi «empuje», lo que empezó a emerger conforme el humo se dispersó y las cenizas dejaron de volar, fue la flamante libertad de simplemente ser.

DISFRUTA EL VIAJE. Atravesamos los incendios de la vida un paso a la vez, un día a la vez y, en ocasiones, un minuto a la vez. No hay una manera «correcta» de vivir el duelo. Permítete a ti mismo tener tu propio proceso y viaje, y permite que otros tengan el suyo.

Grandes regalos surgen de tremendas pérdidas. Me di cuenta de que la vida es simplemente una serie de momentos. Algunos serán buenos, otros no tanto. Algo que juzguemos como «no bueno» terminará siendo nuestro gran maestro. Después del incendio, acepté finalmente mi desordenada humanidad, así como mis maravillosas fortalezas. Finalmente abandoné el concepto de perfección y de ausencia de dudas. Hice amistad con mi oscuridad. Descubrí que soy capaz de danzar en el borde del abismo porque en lo profundo de mi ser sé que estaré bien, y ese conocimiento no significa que siempre lo sepa, hay muchos momentos en que lo olvido. Sin embargo, el conocimiento permanece. Es una suave voz o una simple sensación. Ahora sé que puedo y caminaré a través de cualquier circunstancia.

¿Quién sabe lo que el futuro nos depara? Espero ciertamente que tengamos «aguas tranquilas» por ahora. Me abroché el cinturón en este loco paseo llamado vida, y estoy disfrutando el viaje. Y tal como mi tierra quemada se sigue transformando, también me transformo yo. No sé quién soy, y, sin embargo, lo sé. Soy un ave Fénix que resurge de las cenizas.

¿Cómo puedes ayudar?

Alguien que apenas ha perdido su hogar en un incendio o en un desastre natural está comprensiblemente bajo un fuerte impacto, lo cual elimina su capacidad de saber en qué dirección ir. Tu inmediata proactividad ante tal situación será bien recibida con gratitud.

Lo que hay que hacer

- **Mantén la calma**: Alguien que ha perdido su hogar en un desastre necesita una presencia serena y una cabeza fría. Elige ambas cosas.
- **Asegúrate de que su condición física sea buena (así como la de su familia, si aplica)**: Las víctimas de una pérdida del hogar probablemente tuvieron que escapar de emergencia o de algún modo debieron refugiarse, y pueden estar lastimados sin siquiera notarlo. Aunque los servicios de emergencia estén disponibles, una víctima inconscientemente puede negarse a acudir a un hospital para un examen más profundo, creyendo que sus heridas no son «la gran cosa». Con frecuencia esta reacción es parte del factor *shock*. Después de que se calmen un poco las cosas, con serenidad revisa bien para asegurarte de que ella (y sus seres queridos, si es el caso) se encuentra físicamente bien, y, si alguien se queja por alguna lesión física, con firmeza aliéntalos para que llamen a un médico o acudan al servicio de emergencia (y de ser posible acompáñala).
- **Ayúdale con sus necesidades**: De inmediato provee todo lo que necesite según tus posibilidades: ropa, artículos de higie-

ne (incluidos los de higiene femenina, cepillo y pasta de dientes, ropa interior y otras cosas que la gente pasa por alto).

- **Si puedes, regálale artículos de confort**: Estos pueden incluir revistas, una tarjeta de regalo de su cafetería o tienda de helados predilecta, artículos de baño no muy caros... en otras palabras, cosas que la ayudarán a estar cómoda y que probablemente ella no se pueda procurar en ese momento.

- **Si no te es posible darle hospedaje temporal, ayúdala a conseguir un albergue**: Si la pérdida es resultado de un desastre masivo, lo más probable es que haya uno o varios albergues disponibles en las cercanías, cortesía de la Cruz Roja[2] o de otras entidades similares. Si la suya es una situación aislada (por ejemplo, su casa se quemó sin afectar otros hogares) y puedes, ofrécele hospedarla por un par de noches. Si no la puedes hospedar (junto con su familia), haz lo que puedas para ayudarle a asegurar un lugar: ofrécele llevarla a la casa de algún amigo o familiar, o ayúdala a encontrar un hotel o motel; tal vez puedas donarle una o dos noches de hospedaje.

- **Ayúdale a llenar la lista de lo que requiere hacer inmediatamente**: Necesitará ponerse en contacto con el agente de seguros de su casa para que de inmediato llene la forma de reclamación y empiece el proceso financiero correspondiente. Puede que ella se resista porque los enredos financieros es lo último que una persona quiere ver después de un desastre. Sin embargo, mientras más pronto inicie el papeleo del largo proceso del sistema, más pronto sentirá el alivio.

   También querrá ponerse en contacto con su banco, con las compañías de sus tarjetas de crédito y de la hipoteca,[3] y con

---

2 Para contactar a la Cruz Roja, visita www.cruzroja.org.
3 La empresa que lleva su hipoteca quizá también la asesore con la compañía de seguros.

cualquiera a quien ella expida cheques, para hacerles saber lo que ha pasado y averiguar qué tipo de apoyo pueden brindarle. Igualmente, es necesario contactar a la oficina postal para informale de lo ocurrido e indicarle a qué domicilio enviar la correspondencia, o bien, si la deben conservar.

Si fuera el caso, puedes también ayudarle a contactar a los diversos organismos de gobierno que brindan apoyo en situaciones de desastre. Por ejemplo, una vez que el gobernador del estado o el presidente de la nación declaran el estado de emergencia o el área geográfica como zona de desastre, ella recibirá ayuda estatal o federal. Puedes ayudarle a llenar las solicitudes para este tipo de apoyos.

- **Escucha:** El mayor regalo que puedes darle justo ahora son tus oídos. Necesitará hablar. Necesitará llorar. Necesitará recordar. Necesitará procesar. Sobre todo, necesitará que la abraces y le asegures que estarás ahí para ella, pase lo que pase.

Sin duda, lo que no hay que hacer

- **No subestimes la pérdida de posesiones personales y recuerdos:** «Son sólo bienes materiales, al menos tú estás viva»; «Siempre puedes comprar otro (lo que sea que haya perdido)»; «Aun cuando ya no tengas las fotos, siempre tendrás los recuerdos en tu cabeza»; «Es liberador no tener tantos bienes de los cuales preocuparte».

Los recuerdos no son solamente «cosas». Los recuerdos y las memorias representan la existencia vivida, la vida en progreso y el futuro planeado. Tómate un momento y piensa en lo que hay dentro de tu casa y en tu bodega que lamentarías perder. Fotos de la graduación. Fotos de la boda. Álbumes de los bebés. Los anuarios. Fotografías de antepasados y parientes de muchas generaciones atrás. Trofeos. Boletas de calificaciones de los hijos. *Tus* boletas de calificaciones. Adornos de fiestas que han ido pasando de generación en generación. *Souvenirs* tontos y recordatorios que sólo tienen significado para ti y nadie más. ¿Los recuerdos «en tu cabeza» te darían consuelo o te harían sentir mejor? Probablemente no.

Aunque puedas comprar otro lo-que-sea, si eso fuera posible, el objeto en sí mismo es solamente una pequeña parte de una ecuación de pérdida. Es el sentimiento *detrás* de ese lo-que-sea lo que no puede reemplazarse. Por ejemplo, puedo ir corriendo a cualquier juguetería mañana y comprar un nuevo gorila; sin embargo, ese nuevo gorila no sería el «Barf»[4] que el abuelo ya fallecido de Kendall le regaló el día que ella nació.

Este es sólo un sencillo y dulce ejemplo de un recuerdo irremplazable ¿Qué hay por ejemplo de la bandera estadounidense que cubrió el féretro de Mike en su funeral? ¿O el juego de té que mi difunta abuela conservó para su única nieta?

La realidad es que mucho de lo que hay dentro de nuestros hogares es verdaderamente irremplazable. No reduzcas esa enorme pérdida a una pila de escombros en su memoria.

• **No la hagas sentir culpable, intencionalmente o no**: «A tu vecino le fue mucho peor»; «Eres afortunada de estar viva»; «Dios te estuvo cuidando».

Te aseguro que nadie se para delante de las ruinas de su casa pensando en que es afortunado. Incluso si son tan nobles de sentirse agradecidos en ese momento (y, si es el caso, son mucho mejores personas que yo), decir que alguien es de alguna manera «afortunado» en ese momento, está fuera de

---

4   Cuando Kendall tenía cuatro años, llamó «Barf» al gorila. Le pregunté por qué escogió el nombre de «Barf». Ella me miró como si yo fuera una completa idiota y me contestó: «Porque ése es su nombre. ¿Por qué tu nombre es Mami?». Esa fue una de las pocas veces en mi vida que me quedé sin palabras.

lugar. Hasta el más espiritual de todos no necesariamente quiere saber en ese momento que Dios lo estaba cuidando; muchos de hecho están enojados con Dios por permitir que sucediera una tragedia semejante. Deja que sea ella quien recupere el aspecto de la fe de su tragedia; si ella quiere infundir la fe como parte de su proceso de salir adelante y de su recuperación, lo hará y será capaz de verbalizarlo.

- **A menos que tengas la preparación y experiencia para ofrecer asesoría financiera o en términos de pérdidas de propiedades, las cuestiones financieras son totalmente inadecuadas:** «¿Cuánto cubre tu seguro?»; «¿Cuánto perdiste [económicamente hablando]?»; «¿Cómo podrás pagar una reconstrucción?».

Las preguntas de naturaleza financiera son absolutamente inapropiadas, a menos que estés lista para extender un cheque a fin de ayudar o seas agente de seguros. Si desea hacer preguntas o te busca para un consejo, deja que sea ella quien inicie la conversación. De otra forma, las cuestiones financieras de cualquier tipo son sumamente personales.

PERDER EL HOGAR POR MOTIVOS FINANCIEROS

En los años recientes se han vivido tiempos históricos, económicamente hablando, y no en un buen sentido precisamente. Conforme la economía se colapsó, millones de empleos desaparecieron, millones de hogares se devaluaron,[5] los bancos rechazaron colaborar con millones de propietarios para ayudarlos a conservar sus casas que posteriormente perdieron. Como resultado de ello, lo que en una

---

5   Debiendo más al banco de lo que en realidad vale la casa.

época fueron atractivos programas de hipoteca, con el tiempo se convirtieron en «hipotecas tóxicas» que se tragaron tanto el sueño de poseer un hogar como el de la seguridad económica.

Además, están también las razones «de siempre» para perder la casa por motivos económicos, comúnmente, como resultado de un divorcio, la muerte de un ser querido cuyos herederos no pueden mantener el hogar o la imposibilidad de vender la casa.

La devastación por la pérdida del hogar debido a motivos financieros con frecuencia deja al propietario sintiéndose avergonzado. Amy Zellmer,[6] una talentosa fotógrafa profesional y activista en favor de quienes viven con lesiones traumáticas cerebrales (TBI, por sus siglas en inglés), comparte cómo los problemas financieros surgidos por su divorcio y la subsecuente pérdida de su hogar abrieron el camino para el triunfo sobre las dificultades económicas, y cómo la llevaron a alcanzar la paz mental.

La historia de Amy

Me divorcié de mi esposo. Mi negocio iba bien; sin embargo, me di cuenta de que cubrir todos mis gastos sin el apoyo de mi exesposo era demasiado demandante. Había días en que no sabía cómo iba a poder pagar la gasolina para llegar a mi próxima cita.

Me declaré en bancarrota y tomé la decisión de que ejecutaran la hipoteca de mi casa. Debía más del valor de la casa y había hecho varios intentos para negociar con el banco, pero éste no quería colaborar conmigo. Después de llenar la declaración de bancarrota, me aprobaron un préstamo para un estudio donde vivir y trabajar. Fue la respuesta a mis oraciones, y soy muy bendecida.

---

6   Para más información sobre Amy, visita www.amyzellmer.net.

EL EFECTO «BOLA DE NIEVE». Una vez que me divorcié, las cosas se sintieron geniales por un momento. Luego todo comenzó a complicarse como si una bola de nieve me persiguiera. No podía entender cómo permití que sucediera todo eso. Yo era una persona responsable, tenía un negocio y un hogar, y de pronto todo estaba en vilo. Me encontraba en un lugar oscuro, solitario y miserable. Conforme el pago de la renta [de mi estudio de fotografía] se volvió un problema, no imaginaba cómo podría arreglar la situación. Necesitaba el estudio para continuar con mi negocio, pero también necesitaba una casa donde vivir. Era un círculo vicioso de pensamientos que no podía detener.

Finalmente, un buen amigo me sugirió que me declarara en bancarrota. Su idea fue un *shock* para mí, porque yo no tenía una deuda mayor. Cuando me explicó que la bancarrota me sacaría de la obligación de renta de mi estudio, supe cuál era mi siguiente paso.

VER LA LUZ AL FINAL DEL TÚNEL. En cuanto tomé la decisión de ver a mi abogado, supe que estaba en el camino correcto. Como el banco no quería colaborar conmigo, me alentó a dejar mi casa. Fue un gran alivio saber que mi casero ya no podría intimidarme, que el banco no me haría más llamadas y todos los otros gastos exorbitantes también serían cancelados. Superé la vergüenza inicial y comencé a sentirme aliviada. Realmente había una luz al final del túnel.

En medio de todo, sólo un pequeño grupo de amigos sabía lo que ocurría en mi vida. Algunos lo juzgaban duramente y no lo aprobaban, otros fueron sorprendentemente solidarios. No sé qué hubiera hecho sin esos amigos y sin su apoyo.

NUNCA ABANDONES TUS SUEÑOS. Estoy en un punto donde empiezan a ocurrir cosas maravillosas. El negocio va mejor que nunca y he viajado mucho, he hecho nuevos amigos (que conocen mi historia) y vivo en una comunidad fantástica. Hubo tiempos oscuros cuando ni siquiera pensaba que habría una luz al final del túnel, así que estoy agradecida por no haberme rendido, porque es sólo el inicio.

Mi consejo a quienes están atravesando una situación similar es que encuentren a alguien en quien confiar. Yo confié en el amigo correcto, quien ha estado conmigo durante toda esta situación y fue capaz de guiarme en la dirección correcta. Sé que puede parecer aterrador dar todos esos pasos, pero, una vez dados, te sentirás mucho más ligera de lo que te has sentido en mucho tiempo. Es como una enorme exhalación.

Aunque el camino puede ser accidentado y con baches, todo va a salir bien. ¡Cree en ti misma y *nunca* renuncies a tus sueños!

¿Cómo puedes ayudar?

Perder un hogar por razones financieras es increíblemente desalentador. Es ver un sueño desvanecerse, generalmente no por culpa del dueño. Haz lo que puedas para aliviar sus preocupaciones y animarla con una visión positiva del futuro.

Lo que hay que hacer

- **Ofrece ayuda para que encuentre otro lugar donde vivir:** ¿Ya encontró otra casa? En ese caso, ofrece tu ayuda para empacar y mudarse… La pizza y el vino corren por tu cuenta. Si no, pregúntale dónde considera que le gustaría vivir, si está planeando rentar o comprar, etcétera… Luego ayúdale a encontrar alternativas. Ve con ella a ver departamentos, o acompáñala a ver a un agente de bienes raíces y luego come con ella. Tu apoyo ayudará a suavizar la realidad.
- **Una vez que se haya mudado, cómprale algún pequeño regalo para su casa:** Empieza con ella en su nuevo hogar con

algo que la haga sonreír: un pequeño cuadro para una pared vacía, un florero decorativo, dos hermosas copas de vino o tarros para el café, incluso algo lindo como un marco con una fotografía de algún recuerdo divertido. No tienes que gastar mucho dinero, y la puedes ayudar a dibujar una sonrisa.

- **Si se ve obligada a mudarse con parientes, también puedes hacer lo que se menciona arriba:** Estar obligado a mudarse con parientes o amigos nos hace sentir que somos una carga. Su autoestima ya está dañada; un pequeño regalo le hará saber que te preocupas por ella y su ánimo se levantará.

Sin duda, lo que no hay que hacer

- **No trates su pérdida como si ahora ella fuera a recibir una lluvia de dinero:** «Ahora tendrás más dinero para gastar»; «No más hipotecas de las que preocuparte»; «¡Guau! ¿Cuándo nos vamos de compras?».

    Nadie que ha perdido su casa por un problema financiero piensa en irse de compras. Si la persona no hubiera querido la hipoteca, no habría comprado la casa. Nadie pierde su casa por problemas financieros y de inmediato piensa: «Centro comercial, ¡prepárate que allá voy!».

- **No finjas que ésta es una grandiosa oportunidad:** «Es un excelente momento para un recorte»; «Ahora tienes la oportunidad de un nuevo comienzo»; «Mudarse es una aventura».

    Si alguien que ha perdido su hogar aparentemente expresa estos sentimientos y busca un giro optimista en la situación, es grandioso que la apoyes. Sin embargo, la mayoría de las personas en esta situación no está buscando intencionalmente un recorte, de otro modo habría vendido su casa por su propia voluntad. Lo mismo aplica cuando las personas buscan un «nuevo comienzo». Si queremos un nuevo comienzo, también queremos el control de dónde, cuándo y cómo sucede ese nuevo comienzo, y perder la casa no está dentro de nuestro control.

Además, para la mayoría de nosotros, mudarse *no* es una «aventura»... Es todo un dolor de muelas.

- **No seas cruel**: Amy dice: «Un amigo se enteró de que yo estaba en aprietos y se quejó de cómo un familiar suyo estaba dejando que su casa se perdiera. Dijo que era muy irresponsable, y además cuestionó: "¿Cómo puedes hacer eso? Simplemente está mal". Me hizo sentir terrible. Cuando confié a este amigo que yo iba por víveres al banco de alimentos y que estaba en el servicio público de salud, dijo: "No pensé que fueras de ese tipo de persona". ¿Qué significaba eso? Si nunca has estado en una situación en la que no puedes pagar la gasolina o la despensa, no tienes ni idea de cómo es. Jamás deberías juzgar». No lo podría haber dicho mejor.

- **No compares su situación con la de otras personas**: «Todo el mundo está atravesando dificultades financieras»; «No eres la única en el mundo a quien le sucede»; «A muchos les va peor que a ti».

Ya que este tipo de afirmaciones surgen en muchas situaciones negativas, dediquemos algo de tiempo a esto.

Cuando era joven, uno de los platillos que mi madre solía servirnos comúnmente era macarrones con queso (*el* platillo de los campeones), chícharos... y barritas de pescado.

Yo *odiaba* las barritas de pescado.

Recuerdo que esas tardes, cuando entraba en la cocina y olía los macarrones con queso, al instante me llenaba de temor. Y, a pesar de que ahora estoy convencida de que los macarrones con queso deberían ser considerados un grupo alimenticio por sí solos, sabía que, si había macarrones con queso en el horno, las barritas de pescado estaban acechando detrás. Tal vez los macarrones con queso eran el soborno para que me comiera las barritas de pescado... No lo sé.

Para ser justa con mi mamá, nunca en mi vida me ha gustado algo que nadara o caminara antes de terminar en un plato. También puedo garantizar que el genio que decidió cubrir ese misterioso pescado cortado en barritas[7] con una capa de pan molido para luego congelarlo (asegurándose así de que sobreviva a un invierno nuclear) no ayudó a alentar mi gusto por la comida del mar.

No obstante, mamá insistía en poner esta comida delante de mí una y otra vez, con la vana esperanza de que algún día viera la luz y engullera las barritas de pescado.

Nunca sucedió... porque *odio* las barritas de pescado.

En serio.

El ritual consistía en devorar ávidamente el macarrón con queso, seguido deprisa por los chícharos, para luego quedarme sentada observando las barritas de pescado, deseando que desaparecieran. Conforme éstas se enfriaban y mi frustración aumentaba, uno de mis padres invariablemente salía con la frase que todos escuchamos al menos cien veces cuando éramos chicos: «Hay gente en [elige el nombre del país con hambruna] que daría lo que fuera por poder comer esto».

No quiero faltar al respeto a esas personas en el mundo que padecen hambrunas y apoyo las causas de caridad enfocadas a erradicar el hambre en el mundo, pero recuerda que entonces era sólo una niña y debía abstenerme de invitar a mis padres a que empacaran las barritas de pescado para enviarlas a aquellos con quienes las quisieran compartir.

---

7 Aunque puede que exista, nunca he visto un pescado en forma rectangular destinado a ser comido.

(Era necesario abstenerse, porque en aquellos tiempos, no contestabas a tus papás sin sufrir serias consecuencias, y en la tierna edad de sólo un dígito, no estaba lista para apostar a ver si mis padres apreciaban o no mi ingeniosa estocada).

Puede ser muy simple comparar mi odio infantil a las barritas de pescado con la triste pérdida de un hogar debido a una dificultad económica; sin embargo, ilustra un punto. Yo estaba preocupada por mi situación. De manera similar, cuando se está en medio del trauma por verse financieramente obligada a dejar su casa, la gente no está interesada en escuchar lo que el resto del mundo está viviendo. No ayuda. No es una fuente de consuelo.

Cuando alguien necesita compasión y, en cambio, se le llena con estadísticas, solamente se queda viendo y pensando: «No estoy preocupado por otros; estoy preocupado por mí, por mi familia (si es el caso) y por mi pérdida»; también es muy probable que no vuelvan a confiar en ti.

DE UNA MALA EXPERIENCIA A DÍAS MÁS BRILLANTES. Mantente proactivo y sigue investigando todos los recursos que te permitirán reconstruir o volver a adquirir una casa lo antes posible. Si perder tu casa implica trabajar con la compañía de seguros, agenda un seguimiento regular con ellos hasta que la reclamación sea pagada. Si estás lidiando con los bancos y con las hipotecarias, aplica la misma regla: agenda un seguimiento regular con ellos hasta que tu situación se resuelva de forma satisfactoria.

Sin importar las circunstancias, perder el hogar es increíblemente difícil y demasiado traumático. Haz todo lo que puedas para mantenerte enfocado en ti y en los seres queridos (incluidas las mascotas) con quienes compartes tu vida. Manténganse unidos y sepan que donde sea que vivan juntos será verdaderamente un «hogar».

CAPÍTULO TRES
DEL «DÍA A DÍA» A «VE A ABRIR LA PUERTA»: LA PÉRDIDA DEL EMPLEO

Para la mayoría de nosotros, un trabajo no es nada más un «trabajo». Es algo más que una paga o un medio para un fin. Usualmente es la segunda cosa más común por la que nos pregunta la gente que nos acaba de conocer (justo después de «¿Cómo te llamas?»). Y, si somos afortunados, es también nuestra pasión.

Ah, sí... un trabajo paga las cuentas y mantiene techo sobre nuestra cabeza, ropa sobre nuestra espalda y alimento en nuestro estómago.

Un trabajo es una seguridad económica presente y futura. Pasamos más tiempo en nuestros trabajos que en ningún otro lugar, al menos hasta que nos retiramos. Un trabajo está ligado estrechamente con nuestra identidad, sea en el corto o largo plazo. Con raras excepciones, la gran mayoría de nosotros necesita de un trabajo para proveer nuestra existencia, y hoy en día, incluso quienes son tan afortunados como para elegir si trabajan o no, frecuentemente eligen trabajar en *algo*. La actividad misma nos brinda un sentimiento de realización, de ser valiosos y de contribuir a la sociedad.

Por todas estas razones y más, perder el trabajo es increíblemente difícil. Perder el empleo nos puede desmoralizar e, incluso, si no nos desmoraliza totalmente, puede ponernos de rodillas (si no es que de plano en la lona).

¿Adivina qué? *Casi todos* quienes formamos parte de la fuerza laboral hemos estado ahí.

Nos han invitado a *esa* oficina, a *ese* salón de juntas o a *ese* cubículo, para tener «la plática». Hemos salido de esa oficina o de ese salón con el cheque de liquidación y una caja para empacar las pertenencias que llenaban nuestros escritorios o espacios de trabajo, mientras reprimimos esas lágrimas que están por escapar o esa palabra en inglés de cuatro letras.

«PORQUE PODEMOS». Las razones para perder un empleo son tan variadas como los empleos en el planeta. Recortes, *outsourcing*, temas internos (o cualquier otra descripción que comienza con algo de presentimiento) son razones comunes de despido, al igual que las «*re's*»: *re*ubicación, *re*estructuración, *re*distribución, *re*dirección, *re*invención son *re*almente también *re*pulsivas para los afectados. De igual modo, a menos que se trate de una discriminación flagrante o de un contrato hermético, también se te puede despedir sumariamente por cualquier otra razón que dé motivo a tu superior. De hecho, en una reciente decisión de la Suprema Corte (de los Estados Unidos) se sostiene que un patrón puede despedir a un empleado por ser *muy* atractivo.[1]

UNA HISTORIA REAL. Hace muchos años, tenía un puesto de negociadora sénior paralegal de una firma en una suntuosa área del sur de California, con una espaciosa oficina y una vista maravillosa sobre el océano Pacífico. A pesar de que nadie tenía argumento alguno en contra de la calidad de mi trabajo, luchaba con una actitud de ganar-

---

1 No es un error de impresión. Es una decisión real de la Suprema Corte, ya que aparentemente puedes ser «demasiado atractivo», una noticia devastadora para las multi-multi-multi millonarias industrias de la belleza, la moda, los cosméticos, las cirugías plásticas, dietas y entrenamiento físico.

a-cualquier-costo, no-siempre-ética, de algunos de los socios del despacho, al punto de que permanecía despierta por las noches y me daba dolor de cabeza y ardor en el pecho durante las horas de trabajo. También sabía que, además de frustrarse con mi fastidiosa integridad, los socios estaban poco impresionados con mi ocasional necesidad de recurrir al «teletrabajo», un término inaudito en aquel entonces, pero fundamental para aquellos de nosotros con hijos en edad escolar, viéndonos periódicamente afligidos por enfermedades de la infancia y lesiones escolares. Sin importar que el trabajo se cumpliera a tiempo y por encima de los estándares, para las mentes de los socios del despacho, si no estás sentada en tu oficina, tu trabajo simplemente no cuenta.

Era un viernes por la tarde cuando me convocaron a la oficina de los socios y, después de escuchar un soliloquio sobre la supuesta maravilla que es Carole (que activó automáticamente mi radar para la exageración), me informaron que me dejaban ir porque... y éstas fueron sus palabras textuales:

> *«Eres un gran mariscal de campo, pero nosotros*
> *somos un equipo de beisbol».*

Este podría ser el código para «Tu trabajo está bien; sin embargo, el hecho de que seas una madre trabajadora con una niña que se enferma seguido, no está bien, y no nos preocupa tu mensaje moralista de que-no-tenemos-una-actitud-honesta». No obstante, decirlo así rayaba en la línea de lo legal. Mejor cubrir el despido con el ingrediente de la metáfora del pez fuera del agua.

Aun cuando sea muy injusto, el hecho es que el bufete tenía todos los derechos para despedirme, sin importar qué tan tonta fuera la razón (o la metáfora). Hay un sinfín de historias como ésta y las conclusiones son idénticas: todos terminamos en el estacionamiento lanzando la caja de nuestras cosas del escritorio en la cajuela de nuestros autos, y desconsoladamente salimos por última vez de ese estacionamiento y nos dirigimos a la tienda más cercana que venda chocolates o vodka.

(... O tal vez ambos. Según entiendo, ahora hay algo así como un vodka con infusión de chocolate).

De cualquier modo, a menos que estés atravesando esa puerta con el dinero de la caja chica o seas seriamente incompetente en tu trabajo, los recortes o despidos en general poco tienen que ver contigo de manera personal, y sí tienen todo que ver con la empresa misma. No te castigues cuando la situación tiene muy poco que ver contigo de forma directa.

VIVIR EL DUELO DE LA PÉRDIDA Y ENFRENTAR EL MIEDO. Sin importar la razón, la pérdida del empleo es eso: una *pérdida*. Desde hace mucho sostengo que quien haya sufrido una pérdida de cualquier tipo tiene el absoluto derecho de dolerse por la pérdida en la forma que elija, siempre y cuando no sea destructiva para sí mismo o para la gente que lo rodea.

Incluso si ya sospechabas que se aproximaba el proverbial finiquito (por recortes de personal, porque tu superior no estuviera satisfecho con tu desempeño, por conflictos personales, etcétera), la *realidad* de la pérdida del trabajo es casi tan impactante como si no tuvieras idea de que iba a suceder. Tu realidad es que mañana temprano no irás al trabajo. Se siente vacío, soledad, pero sobre todo se siente *miedo*. Los sobres con facturas siguen llegando a tu buzón: los bancos, los acreedores, el casero, las hipotecarias, siguen esperando sus pagos íntegros y a tiempo.

LA ÚNICA COSA QUE ABSOLUTAMENTE NO DEBES ESPERAR. Siempre recomiendo que tomes tiempo para ti después de cualquier tipo de pérdida, incluida desde luego la pérdida del trabajo. No obstante, hay una cosa en la cual siempre insisto que no puede esperar, y es lo mismo que siempre aconsejo a millones después de una pérdida:

No esperes que algo genere ingresos para tu casa.

Cuanto antes debes llenar una solicitud de beneficios de desempleo. La buena noticia es que más del cincuenta por ciento de los Estados Unidos (así como en otros países) permite llenar las solicitudes de beneficios del desempleo en línea, lo cual hace que el proceso sea mucho más desahogado. Sin embargo, las leyes difieren de un estado a otro (o de un país a otro) y puede ser que haya un periodo de espera antes de que empieces a recibir los beneficios. También es probable que exista un proceso de entrevista para determinar que seas candidato a los beneficios. Lo importante es hacerte cargo de la solicitud inicial lo antes posible; incluso si encuentras pronto un trabajo después de haber perdido el anterior, quizá sigas teniendo derecho al apoyo por desempleo. Es un dinero al que tienes derecho, no lo desperdicies sólo porque tu periodo de desempleo fue breve.

LÁNZATE A LA ACCIÓN. Por más que resulte atractivo tomarse un tiempo indefinido sin trabajar, tu situación económica indica lo contrario. Una vez que solicitaste el apoyo de desempleo y ha pasado el periodo asignado como «tiempo para mí», es momento de volverse proactivo respecto a un nuevo empleo:

- Actualiza tu currículo inmediatamente, y prepara copias para entrevistas. Sí, sé que puedes enviar tu currículo y para muchos empleos te piden que lo hagas, pero de igual manera querrás llegar a las entrevistas con el currículo en mano. Recuerda, los correos se pierden o terminan en la bandeja de correo no deseado, y los sistemas de cómputo llegan a fallar. Nunca he sabido de un papel que tenga fallos.
- Si tienes un sitio web o una página *profesional* en redes sociales, asegúrate de actualizarla. Sin embargo, no señales única-

mente a tu posible empleador tu sitio web para que averigüe más acerca de ti, por lo general no tienen tiempo para ello. En cambio, prepara una copia de tu currículo y deja que el sitio web sea una extensión de aquél.

- Comienza a relacionarte de todas las formas posibles. ¿A quién más conoces en la industria? ¿Qué relaciones profesionales tienes con otras empresas, organizaciones o instituciones dedicadas a lo tuyo? ¿A quién conoces en el medio que pueda conocer alguien más? ¿Perteneces a una organización profesional? ¿Hay alguna organización de negocios o Cámara de Comercio a tu disposición? Recuerda, no es vergonzoso que otros sepan que estás disponible en el mercado laboral y tu mayor herramienta de mercadeo ¡eres siempre *tú* mismo!

DATE UN RESPIRO. De ser posible, tómate uno o dos días después de la pérdida de tu trabajo para digerir lo que acaba de pasarte. Disfruta del tiempo extra que tienes para ti. Duerme si te es posible. Toma una taza extra de tu bebida matutina para despertar, y tal vez acompáñala de un desayuno real. Consiéntete a ti misma en formas económicas: toma un café o una copa de vino con algún amigo; da un paseo por tu vecindario (de otra manera estarías sentada en el tráfico); toma una clase de yoga más larga o cualquier actividad que ayude a tranquilizarte.

Si tienes hijos, aprovecha el tiempo extra que tienes para gozarlos. Ve al parque, llévalos a caminar por el vecindario, por un helado o una rebanada de pizza... lo verán como tiempo extra con mamá (¡y eso va para niños mayores también!).

¿Cómo puedes ayudar?

Alguien que ha perdido su trabajo necesita ayuda práctica, real, así como apoyo y aliento. Sé el apoyo que ella necesita ahora.

Lo que hay que hacer

- **Lluvia de ideas**: Invítale un café y tengan juntos una lluvia de ideas sobre los pasos que ella podría tomar. Incluso si no tienes experiencia en su campo, el solo hecho de sentarte y tratar de aportar ideas positivas muestra que te importa y estás interesado en ayudarla a encaminarse en una dirección positiva.
- **Conexiones**: ¿Conoces a alguien en la industria? ¿Estás familiarizado con la búsqueda de trabajos en Internet? Pídele que te dé una copia de su currículo y tenlo a mano por si conoces a alguien que se pueda interesar.
- **Levanta el teléfono**: Tu amiga te necesita justo ahora. Llámala, pregúntale: «En verdad, ¿cómo estás?». Si está de ánimo, invítale un café o a comer o a tomar un trago. Sácala de casa, y ofrece tu oído atento y tu hombro para que se apoye.

Sin duda, lo que no hay que hacer

- **No la prives de su derecho a estar triste**: «Necesitas moverte mañana mismo [ir a entrevistas]»; «Deprimirte no te va a hacer bien»; «Era sólo un trabajo».

  Mi madre cuenta una historia que se remonta más allá de mi memoria. Cuando éramos una joven familia, mi padre trabajaba medio tiempo para mantenernos y postularse a la escuela de optometría. Mamá se quedaba en casa con los dos hijos pequeños. No había mucho dinero y, desde luego, no lo había para «lujos».

  Mi padre llegó a casa un día y le dijo a mi madre que había perdido su trabajo de medio tiempo. Ten en mente que era la única fuente de ingreso de nuestra familia de cuatro. Conocida por no ser una «gastalona», al escuchar la noticia, mi madre tomó sus últimos veinticinco dólares (todo el dinero del mundo en aquellos días) y compró los mejores filetes que encontró. Preparó una pequeña pero extravagante comida y, en sus propias palabras, «le escupió en los ojos al diablo» disfrutando su «lujosa» cena.

Aunque era una interesante frase de mi madre judía, sin saberlo, comenzó una tradición que subsiste en mi familia hasta este día. Cuando la desgracia afecta a un miembro de nuestra familia, salimos a cenar y le escupimos un ojo a ese diablo imaginario, como diciéndole «¡Toma *esto*, mundo cruel! Nos puedes tirar, pero no vamos a quedarnos abajo».

Moraleja: es absolutamente correcto estar triste (o enojado o atemorizado) por haber perdido el trabajo. Ella no tiene que «salir del hoyo» mañana, puede esperar un par de días antes de planear su siguiente movimiento, y durante ese tiempo, si quiere llorar, enojarse, sentirse miserable o escupirle al diablo mientras disfruta de un filete, está perfecto también.

- **No trivialices su pérdida:** «Hay muchísimos trabajos»; «De todas formas no necesitabas ese empleo»; «Ese trabajo estaba por debajo de tu capacidad». Primero que nada, si ella estaba trabajando es lógico pensar que en realidad *necesitaba* el empleo. Tampoco estoy segura de cómo un trabajo está «por debajo» de su capacidad, en especial si estaba voluntariamente en ese empleo y le permitía hacerse cargo de sí misma (y de su familia, si era el caso). Más aún, tal vez sea cierto que «hay muchísimos trabajos», pero ¿hay muchísimos para *ella*? Por ejemplo, puede haber un exceso de oferta de trabajos en el campo de la enfermería, pero, si ella no es enfermera, esos empleos no le serán especialmente útiles.

Trata su pérdida de trabajo como el reto que es, así como el desafío que representa en su futuro inmediato, tanto para su bienestar financiero como emocional.

- **No menosprecies sus habilidades, su valor en el mercado laboral o su autoestima**: «Consigue cualquier trabajo»; «Ve a hacer hamburguesas a donde sea»; «No existe un mal trabajo».

  Con gratitud y respeto para quienes hacen hamburguesas (sobre todo porque consumo más de las que debería), a no ser que elija el trabajo de hacer hamburguesas, este tipo de comentarios no se consideran alentadores o de apoyo. Desde un punto de vista práctico, tomar «cualquier trabajo» puede no ser benéfico para ella: aceptar un empleo que pague menos de lo que ella requiere para sus gastos (o menos de lo que el desempleo pague mientras encuentra un trabajo), es una tontería. Literalmente le *costaría* dinero ir a trabajar. Hablando en términos generales, estos comentarios por lo común se hacen en tono de último recurso, como decir: «No importa lo que te paguen, o si encaja con tu educación o necesidades económicas, sólo tómalo». Recuerda que cuando pierdes tu empleo, tu autoestima sufre un duro golpe. No hagas más duro el golpe disminuyendo aún más la autoestima de la gente.

DE UNA MALA EXPERIENCIA A DÍAS MÁS BRILLANTES. Trata tu búsqueda de empleo como un trabajo de tiempo completo: levántate cada mañana, arréglate como si fueras a trabajar y ponte en movimiento. Agenda entrevistas, da seguimiento a las entrevistas que tuviste, envía notas de agradecimiento a quienes te entrevistaron... Buscar empleo requiere un trabajo de tiempo completo, y necesitas hacerlo en verdad.

El mantra más importante que debes recordar durante tu búsqueda de trabajo es: nunca te rindas y nunca desfallezcas. En ocasiones buscar trabajo arroja resultados rápidamente; otras veces, puede tomar tiempo conseguir un empleo adecuado. Lo más importante es recordar que, por cada «no» que escuches, te estás acercando a un «sí» en tu futuro.

CAPÍTULO CUATRO

ADIÓS, NEGOCIO

QUIEN POSEE UN NEGOCIO PROPIO muchas veces es sujeto de envidia por parte de quienes lo rodean. Después de todo, tú eres El Jefe.[1] Puedes trabajar cuando quieras. Puedes tomar vacaciones cuando quieras. Tú mandas. Tú tienes el control. Sin preocupaciones ni agobios, ¿cierto?

No precisamente.

Como autoempleada que he sido durante muchos años, soy testigo de que tiene muchas ventajas ser la jefa máxima de la empresa. Sin embargo, tener tu propio negocio no es trabajar cuando quieras, hacerte millonario y almorzar con tres martinis. Supongo que *podría* ser, pero no creo que se alcance mucho éxito con esa clase de ética de trabajo.

(… ¡Y ni siquiera logro imaginar la calidad de trabajo que entregaría después de tres martinis!).

La verdad es que ser El Jefe significa trabajar cuando estás enferma, trabajar cuando preferirías estar haciendo otra cosa, tomar vacaciones cada dos años si tienes suerte, poner a la familia y a los

---

1 … es decir, quien está a cargo, no como Bruce Springsteen, apodado «The Boss».

amigos en espera por tus tiempos de entrega, abrir los fines de semana y días festivos y, ocasionalmente, planear tu agenda personal en torno a las demandas de trabajo; aun así, durante los primeros años, generalmente no te haces millonario...

Pero no lo cambiaría por nada.

Tener tu propio negocio requiere un enorme sacrificio personal, una estricta ética de trabajo, increíble disciplina y más sacrificio. Además, no eres la única que hace sacrificios. Estoy segura de que a mi familia le gustaría verme más de unos pocos minutos al día afuera de mi oficina y que no pasara las noches frente a la computadora o estuviera constantemente de viaje.

Tener tu propio negocio es sudar, mucho más que unas pocas gotas; es llevar una considerable carga financiera que durante un *largo* tiempo no es posible medir como ingreso, y un nivel de compromiso emocional que rivaliza con el mismísimo matrimonio.

Pero igual, no lo cambiaría por nada.

Tener tu propio negocio es una labor de amor. Tu negocio es tu «bebé». Así, con todo lo que implica comenzar, sacar adelante y mantener un negocio durante el tiempo que sea, te puedes imaginar lo devastador que es cuando ese negocio se ve forzado a cerrar.

Sea por dificultades económicas, problemas financieros personales, cuestiones de salud o cualquier otro motivo, cerrar un negocio debido a razones ajenas a tu control es, por mucho, peor que perder un trabajo o un ingreso. Es la pérdida de un sueño. Es una crisis de identidad. Es la pérdida de una meta alcanzada por la que has trabajado duramente, tal vez durante años. Es un severo golpe a la autoestima. Es verte obligada a reinventarte a ti misma o a encontrar otro sueño que perseguir.

Teddie es una de las mejores amigas que he tenido, la persona a quien Kendall llama su segunda madre, y cuya hija es para mí también como una hija. Se ve veinte años más joven de lo que es, y tiene una figura que hace que me quiera rendir y salir corriendo a Taco

Bell para ordenar catorce burritos de frijol con queso y crema extra.[2]
Teddie tiene el don del mínimo esfuerzo en casi todo. Un poco de
labial, un poco de rímel, esponja ligeramente su cabello y está lista
para una noche en la ciudad. Su inmaculado hogar haría que *Archi-*
tectural Digest sintiera orgullo por su fantástico, relajado y elegante
diseño: el turquesa y aguamarina resaltan en toques de diseño y
color (un espejo detrás de la estufa; un cálido color calabaza en la
oficina), y ella lo diseñó por sí sola. Con su guardarropa siempre
a la moda y vanguardista, viste cosas que sólo estarán de moda seis
meses o un año después.

(Sólo para dejar constancia: mi ritual para poder estar lista me
toma un *mínimo* de hora y media; yo me vería ridícula con los con-
juntos que ella viste; mi casa es un completo caos —lo cual es interesante porque casi nunca hay nadie—, y lo único «inesperado» de
mi estufa es que yo encuentre de vez en cuando tiempo para usarla).

Teddie ha estado en la industria de la moda casi toda su vida y ha
sido bastante exitosa. Es dueña de su propia boutique que lleva su
nombre en el corazón de Santa Mónica, una de las áreas de Los Ángeles más exclusivas y famosas por ser pionera en la moda. Además
de diseñar exquisitas piezas de joyería, la ropa en su tienda refleja
su propia personalidad: una fabulosa, ecléctica mezcla de formas
clásicas; accesorios caprichosos y *supercool*. Su moda siempre parece
salir de los cánones, y hablo por mi propia experiencia, ya que la
mitad de mi clóset viene de su tienda, y ella diseña la mayoría de
mis sesiones de fotos y apariciones públicas.

Lo que es aún más maravilloso es que la tienda de Teddie también
refleja consideración para las billeteras de su clientela. Como alguna
vez dijo: «Bien podría haber abierto en Beverly Hills, pero no quiero
cobrar seiscientos dólares por una falda. Si tuviera una tienda en
Beverly Hills, tendría que hacerlo para cubrir los gastos».

---

2 Tengo claro que he dado bastante importancia a la excursión a Taco Bell.

Y como en cualquier negocio, unos meses son mejores que otros, igual que unos años mejores que otros. Pero nadie, incluyendo a los más respetados expertos en economía y finanzas del mundo, podía prever la implosión fiscal que tuvo lugar en los Estados Unidos a finales del año 2000. La batalla se desarrolló entre acreedores y pequeños negocios: los dedos apuntaban hacia Washington D.C. y Wall Street. Además, una tormenta financiera devastadora se cernía sobre todos en América y tenía como principal frente a los dueños de pequeños negocios.

Para la gran mayoría de quienes vivimos, trabajamos en la calle (y no en Wall Street), había algo cierto: las cosas nunca serían de nuevo iguales.

En palabras de la propia Teddie: «Fue una completa pérdida de identidad. Mi nombre estaba ahí».

La historia de Teddie

Después de veintidós años de estar en el negocio y doce años en el mismo lugar, me vi obligada a cerrar mi establecimiento de manufactura y venta. Debido a la debacle económica que inició en 2007, no pude continuar con mi mismo inventario. No pude seguir el ritmo de la economía, y, con crecientes y serios problemas de salud, no vi otra alternativa más que cerrar.

RESPUESTAS... DE NINGUNA MANERA. No pasé mucho tiempo con los «¿por qué a mí?». Sentía que tenía las respuestas, pero no el suficiente capital para mantener el negocio a flote. No podía permitirme gastar dinero en un barco que se hundía. Esto me causó una gran tristeza porque siempre había estado orgullosa de mí misma por tener mucha mercancía y ser la tienda que todos amaban visitar.

SANAR Y DIBUJAR EL FUTURO. Comencé mi negocio con treinta y cinco dólares en mi billetera y un garaje lleno de ropa diseñada y confeccionada por mí. Estaba muy orgullosa de cuán lejos había llegado y todo lo que había logrado.

Mucha gente alrededor me trataba como si yo no hubiera hecho lo suficiente para salvar mi negocio o tenían consejos que, sencillamente, no eran aplicables en mi caso. La gente decía cosas como «Necesitas anunciarte», cuando yo ya había gastado miles de dólares en publicidad, o «Necesitas estar en Internet». Me gusta el toque personal que se da cuando tienes una charla real con la gente. Mi tienda creció y floreció básicamente por recomendaciones de boca en boca.

UN TRABAJO EN PROCESO. Avanzo con un nuevo tipo de negocio, incorporando el conocimiento que absorbí a lo largo del tiempo. Estoy trabajando en mi próxima encarnación, y ahora tengo la oportunidad de sanar y averiguar qué quiero hacer «cuando sea grande».

AMA TUS SUEÑOS Y A QUIENES TE AMAN. Aunque tengas que «torcer» sus planes de negocio en el camino, mucha gente sigue siendo capaz de lograr sus sueños, así que no dejes que la economía te asuste. Ya sea que estés luchando para salvar tu negocio o cerrándolo, no descuides a tu familia y a tus amigos en el proceso, porque no puedes echar el tiempo atrás.

¿Cómo puedes ayudar?

Alguien que se tiene que despedir de su negocio está devastado, y es probable que además reciba muchos juicios, críticas y opiniones no requeridas. No te sumes a esa multitud. Ella necesita de un apoyo sólido y práctico, y también necesita alguien que le diga que está bien estar triste.

Lo que hay que hacer

- **Si opta por una venta de «cierre» (liquidación), ayúdale a hacer la experiencia lo más positiva posible:** Ten una lluvia de ideas con ella sobre cuándo y cómo realizar la venta, y cómo hacerla divertida —ofrecer bocadillos económicos, efectuar una rifa (las compras superiores a «x» cantidad participarán en una rifa para ganar algún artículo de la tienda o algún premio donado por otro comercio local), etcétera.
- **Corre la voz:** Avísale a todo el mundo que conozcas que tu amiga está cerrando su negocio y es un excelente momento para adquirir cosas maravillosas, hacer la compra navideña, consentirse, lo que sea para ayudar a que vaya mucha gente y salga la mercancía. Compártelo en las redes sociales de *outlets* y anima a tus círculos de redes sociales para que lo compartan en *sus* propios círculos. Ayuda a que sea una ocasión tan positiva y optimista como puedas.
- **Ofrece tu ayuda:** Si es posible, ofrece tu ayuda para la logística de la venta (responder las preguntas de los clientes, revisar inventarios, etcétera), sacar los restos del inventario o hacer las reparaciones del local o incluso para los aspectos del papeleo del cierre del negocio (con la condición de que tengas habilidad en esta área).
- **Tranquilízala:** Da lo mismo si está cerrando a piedra y lodo la puerta de su negocio, o si está llenando los papeles para disolver oficialmente el mismo, será un momento difícil y triste para ella y necesitará que la tranquilices. Recuérdale que, sin importar cuánto tiempo haya estado en el negocio, fue un éxito. Ella abrió y llevó un negocio, y eso es un logro que debe ser respetado y admirado. Escúchala compartir sus esperanzas, sus miedos y sus nuevas metas, y refuerza su visión de futuro.

Sin duda, lo que no hay que hacer

- **No mates su sueño**: «¿Para qué empiezas otro negocio?»; «No existe demanda para lo que tú haces»; «Te dije que eso no iba a funcionar»; «¿Quién necesita un dolor de cabeza?».

  Por cierto, no estoy segura de si «Te lo dije» puede ser alguna vez una respuesta adecuada para cualquier tipo de situación (y lo vamos a ver más adelante en este libro). ¿Te acuerdas de lo que mencioné antes sobre apalear la autoestima después de que pierdes un negocio? Vuélvelo a leer. Acaba de perder algo que ella levantó, no importa el tipo de negocio del cual se trate. Su negocio no era un «dolor de cabeza» para ella. Era su sueño hecho realidad y luego su sueño fue despedazado, probablemente por circunstancias que escapaban a su control. Ponte en sus zapatos y en su corazón; entonces puede que comprendas la magnitud de su pérdida.

- **No seas el «experto»**: «¿Por qué no empiezas algo en Internet?»; «Tengo una excelente idea de algo que puedes hacer [… que no tiene nada que ver con la línea de negocio en la cual ella estaba]».

  Entiendo que Internet se ha vuelto la avenida más grande donde se puede comenzar y hacer crecer un negocio, como lo demuestran Amazon, Google, Facebook, Twitter, Huffington Post y YouTube. Sin embargo, quizá te acuerdes del *boom* de las «Punto Com» a finales de los noventa; pronto vino su quiebra junto con el colapso de innumerables negocios con pérdidas multimillonarias. En otras palabras, por cada Amazon, Google, Facebook, Twitter, Huffington Post y YouTube, hay muchos millones de negocios que han fracasado.

  ¿Significa esto que Internet está prohibido en términos de modelos de negocios alternativos? Desde luego que no, pero deja que la idea surja de ella. Créeme, ella sabe de la existencia de Internet. Pregúntale cómo se siente respecto a llevar un negocio en Internet. Las posibilidades son que, si ella hubiera querido poner un negocio en línea en cualquier forma, lo habría hecho. En otras palabras, Internet no es la solución para cada situación de negocios o para cada persona. Como Teddie mencionó: «Me gusta el toque personal», y por esa razón ella excluyó intencionalmente Internet de su tienda. Sabía que no era para ella y no era la mejor opción para su clientela.

Es más, éste no es el momento para tu «gran idea» de otro negocio, especialmente uno que la aleje de lo que había estado haciendo y del área en la cual es experta. La primera cosa que atravesará su mente es: «Si es tan maravillosa idea, y tú eres toda una autoridad en el tema, ¿por qué no lo has hecho hasta ahora?». En segundo lugar, ella eligió su campo por una razón; si desea cambiar de área, es una decisión a la que necesita llegar por sí sola y en su momento.

- **No pidas que te regale nada**: «Sé que está marcado a mitad de precio, pero dejas que me lo lleve por [una cantidad aún menor], ¿verdad?»; «Hey, aquí somos familia, ¿puedo llevarme nada más esto?»; «Si te ayudo, ¿me puedo llevar algunas cosas gratis?».

Su desgracia no debe convertirse en tu venta de liquidación o en tu oportunidad de rebajas. Ella fijará el precio y venderá su inventario con base en varios factores, pues tiene la obligación de saldar deudas y resolver gastos relacionados con el cierre del negocio. Sin embargo, quizá tenga una fecha límite (fijada por ella o no) para cerrar y por esa razón sea probable que venda su inventario con un importante descuento.

Si compras en su venta de liquidación, hazlo al precio marcado. No te aproveches de la relación y no la insultes o le causes una carga financiera más pidiéndole que te haga descuento en cosas que tal vez está vendiendo por debajo de su precio.

DE UNA MALA EXPERIENCIA A DÍAS MÁS BRILLANTES. Nadie negará que la pérdida de un negocio es toda una conmoción. Sin embargo, es importante que sepas que tienes lo necesario para empezar y llevar un negocio, y no todo el mundo puede decir lo mismo. En otras palabras, si lo hiciste una vez y es tu decisión, seguramente puedes hacerlo de nuevo.

Por otra parte, si decidiste dejar ese campo o te niegas a abrir otro negocio o piensas tomar un camino profesional diferente, ¡adelante! Este es el diseño de *tu* vida, y puedes diseñarla (o rediseñarla) de la forma que desees. Hoy no es «para siempre» y la palabra «no» no significa «nunca». Recuerda siempre que no tienes que conformarte con donde estás... si no es donde quisieras estar.

CAPÍTULO CINCO

EL DESAFÍO FINANCIERO Y FINANZAS DESAFIANTES

Los retos financieros se manifiestan en todo tipo de formas y por todo tipo de razones. La realidad es que, a pesar de sus mejores esfuerzos, millones de personas están literalmente a una o dos quincenas del desastre.

Los motivos para los retos financieros son innumerables. Divorcio, muerte, pérdida del trabajo, problemas legales, cierre del negocio, gastos médicos (una realidad para la mayoría de quienes vivimos en los Estados Unidos), educación superior de los hijos y, en años recientes, la devastación económica que millones han experimentado sin tener culpa alguna de ello. La lista de razones para los desafíos financieros es larga, y en algún momento o en otro (quizá más de una vez) la mayoría de nosotros ha remado en esa canoa de preocupaciones.

Hacer lo correcto no siempre cuenta. La triste realidad es que puedes (y debes) hacer lo «correcto» respecto de las finanzas del hogar. Puedes pagar las cuentas a tiempo. Puedes destinar fondos para los «tiempos difíciles». Puedes vivir dentro de tus posibilidades… e igualmente puedes terminar al borde de la angustia, pasando noches en vela preguntándote cómo te las vas a arreglar y lamentándote: «¿Por qué me pasa esto a *mí*?».

También cuando avanzas en un logro y sientes que por fin puedes relajarte, el universo inevitablemente te envía otra razón para perder el sueño.

UN (FALSO) DIENTE POR DIENTE. Era una época particularmente ocupada en mi oficina cuando un dolor de muelas menor interrumpió mi agenda y terminé en el sillón del dentista, uno de mis lugares menos preferidos del planeta. Pensando que era una simple caries, el dentista tomó rayos X, los estudió con atención, sacudió la cabeza y gravemente dijo: «Con suerte sólo estamos ante una endodoncia». Al preguntarle cuál era la presumible alternativa, respondió: «Estamos ante un implante dental».[1]

Varios rayos X después, se supo que efectivamente había llegado al lado desafortunado de las cosas y era necesario el implante dental. Más sorpresas desagradables llegaron, la más notable fue el hecho de que mi seguro dental no cubría los implantes dentales (ni tampoco el procedimiento respectivo), ya que, por razones que escapan a la lógica, las compañías de seguros consideran los implantes dentales como procedimientos «cosméticos».[2] En otras palabras, la factura de cuatro cifras por el implante dental debía correr por mi cuenta.

Varios meses de tratamiento y acercándonos a la temporada navideña, avisé al cirujano que me tomaría una pausa en el tratamiento dental para permitirle a mi billetera reponerse. Literalmente, veinticuatro horas después de mi aviso de pausa temporal, nuestro refrigerador dejó de funcionar sin previo aviso de que estaba a punto

---

1 Un implante dental implica cirugía, injerto óseo, montar un poste de acero que toma meses en sanar y la colocación de una prótesis.

2 La postura de las compañías de seguros respecto a los implantes es que llenar un agujero de tu cara con otro diente para preservar la habilidad de masticar y evitar que el resto de los dientes se muevan es un lujo cosmético opcional.

de irse al Cielo de los Electrodomésticos. Me había concedido un respiro financiero, y de pronto nos encontramos en la tienda comprando un refrigerador que, ciertamente, no teníamos planeado comprar (literal) durante la temporada de las fiestas.

Dientes y línea blanca aparte, «¿Por qué me está pasando esto a mí?», es una queja común durante los tiempos de dificultades financieras. Eres una persona decente y trabajadora, no te mereces este tipo de dolores de cabeza. Y, sin embargo, cuando llegan las dificultades económicas debes enfocarte y ponerte seria sobre cómo vas a hacer para sortear esta tormenta.

Organízate y sigue así. Aun cuando el primer instinto es esconderte ante la realidad de las desgracias económicas, si estás enfrentando una, el siguiente paso es que seas muy honesta. Y ser muy honesto apesta, pero es necesario a pesar de todo.

Empieza por reunir tu chequera, tus tarjetas de crédito y de débito, tus pólizas de seguro y cualquier otra cosa que tenga que ver con gastos mensuales. Este ejercicio te mostrará *exactamente* cuáles son tus gastos mensuales y te ayudará a hacer un recorte. La mayoría de las personas no tiene una idea exacta de cuánto gasta cada mes, y una vez que hagas este cálculo te vas a sentir mucho mejor. Incluso si tu situación económica no cambia de inmediato, cuando tienes plasmada en papel una idea de ingresos y egresos, toda la basura que ha estado rondando tu cabeza se vacía y la ves frente a ti. Has iniciado un programa de recortes.

Recortes financieros. Muchas personas no están conscientes de que pueden iniciar un recorte financiero simplemente levantando el teléfono:

1. Comienza por tus proveedores de televisión por cable, de Internet y de telefonía fija y celular para ver qué planes de re-

ducción tienen disponibles.[3] Muchos proveedores ofrecen tarifas reducidas y ahorros extras cuando tienes paquetes con varios servicios; por ejemplo, cable, Internet y teléfono fijo. Incluso si estos servicios ya están en un paquete, puedes negociar con tu proveedor una tarifa menor; los proveedores se han vuelto sumamente competitivos debido a que la oferta es cada vez más variada.

Debes también asegurarte de no estar pagando por servicios que no usas. Por ejemplo, ¿tienes el paquete más grande de cable? Si es así, ¿realmente estás aprovechando todos los canales que te ofrece? ¿Qué hay de los canales de deportes y de películas? Si usas en su totalidad estos paquetes, está bien, pero, si no, cámbiate al paquete que sigue o a uno menor. Lo mismo aplica para los servicios de telefonía, ¿cuántas funciones hay que nunca o muy raramente utilizas? Haz que las recorten.

2. Lo siguiente es analizar los servicios: electricidad, calefacción de gas, agua, servicio de recolección, etcétera. Muchas compañías de servicios ofrecen «niveles de pago» o tarifas reducidas para personas en dificultad económica. Revisa qué te pueden ofrecer y no asumas que a ti no te pueden dar algún beneficio. Puedes llevarte una grata sorpresa.

3. Ahora examina las tasas de interés que pagas en cada una de tus tarjetas de crédito; es fácil hacerlo visitando tus estados de cuenta en línea. Llama a cada banco, infórmales que estás considerando transferir tu balance a otra compañía que te

---

3   No te recomiendo desconectar la línea fija como parte del programa de recorte. Los celulares pueden hacer que la línea fija parezca inútil, hasta que tratas de hacer una llamada de emergencia o cuando el servicio celular no funciona debido a algún tipo de desastre. Considera descontinuar las funciones como llamada en espera, pero no elimines la línea fija.

ofrece una tasa menor y pregunta si ellos están dispuestos a bajar la tasa en lugar de perder al cliente. Nuevamente puede que te lleves una agradable sorpresa.

En este punto, detente y determina cuánto has logrado disminuir tu carga financiera. Escribe esa cantidad antes de continuar. Si el número es muy pequeño, no te desalientes. Piensa que de esta manera, aun ahorrándote sólo diez dólares mensuales, son 120 dólares al año. Si alguien llegara y te dijera: «Toma estos 120 dólares», ¿los rechazarías porque la cantidad es pequeña? De ser así, dale a la persona mi dirección de correo porque yo feliz acepto 120 dólares o cualquier cantidad de dinero que vaya en la columna «de más» de una hoja de presupuesto.

4. Revisa *todas* tus pólizas de seguro, de automóvil, casa y médicos.[4] Puedes reducir tu prima mensual al elevar ligeramente el deducible o eliminar las coberturas que no necesites. Ponte en contacto con los respectivos agentes y ve qué ahorros te pueden ofrecer.

5. Por último, examina con detenimiento en qué gastas tu dinero comúnmente y eso implica *todos* tus gastos. ¿Cuánto gastas cada mañana en la cafetería? Un café pequeño cinco días a la semana puede sumar algo como quince dólares a la semana, lo cual son sesenta dólares al mes. ¿Cómo podrías usar mejor esos sesenta dólares? En lugar de un café, ve a la tienda local de descuento y compra una cafetera económica con función de autoencendido, prográmala antes de ir a dormir, en la mañana rellena tu termo (que por lo general tiene una capacidad tres veces mayor de lo que te dan en la cafetería) y sal de tu casa.

---

4 Si tienes seguro de gastos médicos por parte de tu patrón, tus contribuciones estarán fijadas como parte una póliza grupal.

Completa este ejercicio para cada cosa que tenga que ver con comer fuera. ¿Cómo puedes hacer recortes, sustituir o eliminar gastos? Escríbelo.

LOS EXPERTOS SON EXPERTOS POR UNA RAZÓN. Si atraviesas una seria dificultad económica y todos los pasos mencionados anteriormente no mitigan tu deuda, busca la ayuda de los expertos. Por ejemplo, si no puedes pagar a tiempo tus tarjetas de crédito, ponte en contacto con las respectivas compañías para elaborar un esquema de pagos. Si estás en problemas con la renta o la hipoteca, de inmediato contacta a la hipotecaria o a la empresa de administración para averiguar qué alternativas están disponibles. Si estás teniendo problemas con deudas médicas, contacta con el departamento de facturación del médico o del hospital y elaboren un plan de pagos razonable.

Si todo lo demás falla, no te declares automáticamente en bancarrota.[5] Obviamente esta no es la primera opción de nadie, pero dependiendo de tu tipo de circunstancia en particular, puedes declararte en bancarrota y conservar ciertos activos (como tu casa y tu auto). Aun cuando no es la alternativa más deseable, un abrumador consenso entre quienes han experimentado la bancarrota es que fue la mejor alternativa; tuvieron la posibilidad de reconstruir sus vidas financieras y empezar con un nuevo tabulador fiscal.

---

5   Cuando enfrentamos la bancarrota o cualquier otro tipo de reorganización financiera, es imperativo consultar con los expertos legales que se especializan en estas complejas áreas. Muchos abogados especializados en bancarrota ofrecen una asesoría inicial sin costo.

En busca de un futuro brillante

> *Muchas personas que se comprometen al cien por ciento para eliminar su deuda y ahorrar dinero, se ven arrastradas por cierta tristeza. No es forma de vivir, y no es lo que aconsejo. Austeridad sí; privación no.*
>
> Kelvin O'leary[6]

Estoy absolutamente de acuerdo.

Contrario a lo que muchos dicen o piensan, no soy de esas personas que creen que los desafíos financieros signifiquen no volver a divertirse o no consentirse periódicamente. ¿Tendrás que renunciar al estilo de vida que llevabas antes? Sí... por un tiempo. Pero hay buenas noticias sobre los retos financieros. Aunque no pasen rápido, los atorones financieros son algo de lo que finalmente te recuperarás, a pesar de cuán seria sea la situación o los pasos que debas seguir para rectificar.

¿Cómo puedes ayudar?

Aunque quizá no estés en condiciones de aliviar la carga financiera de alguien en un sentido práctico, hay muchas formas en que puedes mostrarte solidario sin asaltar ningún banco, e incluso divertirte en el proceso.

Lo que hay que hacer

- **Sugiere formas económicas o gratis de divertirse**: Esto puede incluir un picnic con comida casera (algo tan simple

---

6   Fundador del Grupo Financiero O'Leary y protagonista del programa de la ABC *Shark Tank* (*El tanque de los tiburones*).

como sándwiches de jamón con papas fritas y galletas de chispas de chocolate); una caminata en la naturaleza; hacer ejercicio en tu sala con videos (les hará reír); una visita a una galería de arte, un museo o un mercado. También revisa la sección de «Eventos» del diario local para ver qué actividades gratuitas hay en tu localidad.

- **Aporta tus mejores ideas de recorte de gasto**: Soy coleccionista de cupones de descuento y busco ofertas; busquen cuáles de sus tarjetas de crédito devuelven efectivo, únanse a todos los clubes de recompensas y usen los puntos para todo tipo de ahorro y descuentos cuando salgan a cenar. He negociado tarifas más bajas de cable, renta y seguros de auto, así como membresías de gimnasio. Apoya a tu amiga ofreciéndole estas y otras ideas de ahorro de dinero para ayudarla. Unos cuantos dólares ahorrados aquí y allá suman rápidamente.

Sin duda, lo que no hay que hacer

- **No uses clichés**: «El dinero no lo es todo»; «El dinero no compra la felicidad»; «El dinero es la raíz del mal».

  Dejemos algo en claro. La persona que dice «El dinero no lo es todo» habitualmente no pasa las noches en vela preocupada por cómo va a pagar sus deudas. Por lo general son las personas que no atraviesan dificultades financieras. Más aún, todas esas personas que esgrimen la frase «El dinero es la raíz del mal», la citan incompleta porque la frase original dice «Porque el *amor* al dinero es la raíz de todo mal». En otras palabras, es el *amor* al dinero lo que se considera maligno, no el dinero en sí mismo.

  El hecho es que quien diga que el dinero no compra la felicidad nunca ha ido de compras conmigo. Es cierto que hay ciertas cosas que el dinero no compra. El dinero no compra el carácter, la integridad, el corazón o la compasión... y *definitivamente* el dinero no compra la clase.[7] ¿Pero la felicidad? Mmm...

Lo que compra el dinero es la elección. El dinero compra la paz mental financiera y la seguridad, tanto presentes como futuras. Estos son hechos que no serán fácilmente borrados con clichés inútiles.

- **No le des consejos financieros**: «Necesitas [comprar, vender, invertir] ahora»; «Te puedo ayudar con este plan ideal para hacerte millonaria»; «Conozco a alguien que tiene unos esquemas grandiosos/sabe todo lo que se tiene que saber sobre el dinero/hizo una enorme cantidad de dinero sólo en esta semana».

  Aunque seas muy bien intencionado, a menos que seas un consultor financiero certificado o establecido, con una sólida historia de éxito (acompañada por referencias que puedan comprobarse), y te haya solicitado expresamente tu ayuda, tu consejo no es bienvenido o necesario. Por el contrario, puede ser visto como una crítica velada o como algo condescendiente. Incluso los esquemas «vuélvase rico de inmediato» y otras ideas peregrinas nunca son muy útiles. Si ella quiere un plan financiero específico o algún consejo, buscará asesoría, y, si quiere un consejo tuyo, te lo pedirá.

- **No juzgues**: «No debiste haber usado tus tarjetas de crédito»; «Si no hubieras comprado ese [auto, casa, asador o cualquier cosa que tú crees que es innecesaria o frívola], no estarías en esta situación»; «¿No tienes ahorros? ¿Qué te pasa?».

  ¿Has escuchado el dicho que dice: «Ahogado el niño tapan el pozo»? Considera que tapar el pozo después de que el niño se ahogó no va a evitar la desgracia.

---

7   Como prueba de cuánta clase hay a la venta, sintoniza uno de esos tristemente famosos *reality shows* de la televisión.

Los sermones no van a ayudar en nada a la situación financiera que está enfrentando ahora. Si ella cometió errores en su plan financiero (o si carecía de uno), o si fue poco prudente respecto a las finanzas (y seamos honestos, entre nosotros ¿quién no ha cometido un error de juicio al menos una vez en su vida?), ahora está consciente de esos errores y no necesita que se los recalques. Ahora necesita compasión y comprensión, y, si tienes ideas que la puedan ayudar inmediatamente, compártelas con gentileza. Siempre te estará agradecida.

- **No la invites a lugares que actualmente no puede pagar**: «Vamos, no es tan caro»; «¿Cuál es el problema? Siempre vamos ahí»; «Solamente una vez: si quieres, puedes»; «Usa tu tarjeta de crédito, no habrá diferencia».

¿Sabes? Cuando Mike perdió su capacidad de comer y tragar, dejamos de comer delante de él. Sabíamos que sólo porque era incapaz físicamente de comer no significaba que había perdido el hambre o que no se le antojaba. Para mí habría sido cruel preparar comida con aromas deliciosos o comer frente a él cuando tristemente había quedado relegado a tomar líquidos administrados a través de una sonda.

La misma lógica de pensamiento aplica aquí. Sólo porque alguien en este momento no pueda ir a comer a un restaurante o aprovechar las ofertas, no significa que no quiera hacerlo, y decirle que rompa su alcancía porque tú necesitas o tienes ganas de comer/ir de compras es egoísta.

A menos que quieras cambiar la frase por algo como «Vamos al restaurante/venta/concierto/lugar súper caro, y todo corre por mi cuenta», no la hagas sentir peor de lo que ya se siente remarcando su situación o, peor aún, tentándola a empeorar su situación financiera con una actitud de «Bueno, ya me estoy ahogando, ¿entonces qué daño puede hacerme una comida/compra/concierto/cosa?».

DE UNA MALA EXPERIENCIA A DÍAS MÁS BRILLANTES. No es absolutamente motivo de vergüenza pasar por una situación financiera difícil, en especial si se considera que, con raras excepciones, casi todos quienes superamos la mayoría de edad hemos enfrentado esta dificultad en algún punto de nuestras vidas. *Hay soluciones y hay formas de superarlo*. Haz tus investigaciones y utiliza algunas de las sugerencias mencionadas. Recuerda también que todo el mundo merece al menos un «nuevo inicio» en sus vidas, y eso te incluye a ti.

CAPÍTULO SEIS
TRAICIÓN

LA PALABRA TRAICIÓN es enorme. No puedes experimentar la traición sin haber puesto primero tu confianza en una persona. Las personas que no conoces o aquellas en quienes no confías no pueden traicionarte. Para que ocurra la traición primero debe haber confianza, junto con la expectativa de que esa confianza se valore y se honre, se trate con el máximo respeto y sea recíproca. Lo más razonable es esperar lealtad a cambio de esa confianza; por ello, la traición es una de las peores cosas que uno puede experimentar.

La traición es la destrucción de la relación que tú creías que tenías con la otra persona, sea cual sea la perspectiva de esa relación. ¿Cómo? Sin confianza, no hay relación honesta, y la traición es el destructor más grande de esa confianza. La traición hace que te cuestiones todo aquello en lo cual has creído de la relación y, en algunos casos, de tu vida. Te deja sintiéndote tonta, estúpida, humillada y enojada más allá de cualquier medida, preguntándote qué rayos debe pensar y/o decir la gente y en ocasiones hasta cuestionando tu propio buen juicio. Después de todo, cómo podrías no estar enterada de:

- Un romance.
- Una vida secreta o doble.

- Asuntos financieros escondidos/deudas/obligaciones/vencimientos.
- La persona que conociste en línea, de la que te enamoraste y que resultó ser más falsa que una moneda de tres pesos.
- … y otras numerosas traiciones de las cuales innumerables mujeres han sido víctimas. *No* eres tonta ni ciega. ¿Cómo te pudo pasar algo así?

La respuesta es simple. Te sucedió porque eres una persona decente y confiada que cree en la bondad inherente en los demás, y esa es una buena manera de ser. Pero, al ser una persona noble, corres el riesgo de vivir una traición, probablemente más de una vez.

Las mujeres que estás a punto de conocer, todas han sido víctimas de traiciones. Con valentía comparten sus historias para que comprendas que, tratándose de traición, ciertamente *no* estás sola; no eres estúpida, tonta, ignorante ni ningún otro adjetivo que suelas utilizar para menospreciarte.

«MI VIDA FUE UNA MENTIRA»: DESCUBRIR LA INFIDELIDAD

Así nos casemos en un templo frente a cientos de personas o en una oficina del juzgado, sea por la ley religiosa o la civil en una ceremonia que no dura más de veinte minutos, todas las celebraciones tienen un común denominador: los juramentos.

Juramos amor, honor y respeto mutuos; no obstante, los juramentos implican más que palabras. Juramos amor cuando las cosas son maravillosas y cuando apestan. Prometemos cuidar del otro cuando esté enfermo, sea de su cuerpo, su corazón o su espíritu o todo a la vez. Juramos estar para el otro cuando las cosas son favorables o cuando llama el maligno y proverbial recaudador de impuestos con su metafórico sombrero negro. Juramos cuidarnos las espaldas mutuamente y no apuñalarnos por la espalda. Juramos renunciar a todos los demás —sí, a *todos*— sin importar qué tan bonitas o guapos sean todos «los demás» o qué tan verde sea el césped del otro lado de la cerca conyugal.

¿Entonces qué sucede cuando sólo una persona en el altar toma los votos en serio?

Karen* es una dulce y serena presencia en medio de un mundo caótico. Una exitosa mujer de negocios por derecho propio, con hijas que también son exitosas por derecho propio y con quienes ella disfruta de una amorosa y bella relación; su personalidad es organizada y calmada (lo que hace que personalidades como la mía se sientan a la vez muy agradecidas y locamente celosas). Tiene un corazón enorme y está profundamente comprometida con las causas filantrópicas al igual que lo está con su familia, sus amigos y su propio floreciente negocio. Karen del mismo modo se compromete en sus relaciones, es entregada con quienes ama, y no tienes que ser su pariente para merecer su amor.

Por todo lo anterior, Karen sería la última persona en el mundo que esperarías ser el blanco de una infidelidad. Pero tal como enseña su historia, puedes ser buena y hacer todo bien, y la experiencia de la traición es igualmente dolorosa.

La historia de Karen

Mi historia tiene que ver con la infidelidad de mi exesposo y cómo su traición afectó mi vida y la de mis dos jóvenes hijas, e hizo temblar los cimientos de nuestro matrimonio.

Por años fui «mamá y papá» de las niñas, mientras trabajaba en la fundación de un muy exitoso negocio. Mi esposo trabajaba el segundo turno en un centro local de distribución y llegaba a casa cuando las niñas y yo ya nos habíamos ido a la cama. Yo levantaba a las niñas cada mañana, las preparaba para la escuela o la guardería y me iba a trabajar. Las niñas eran muy activas y participativas, lo que me mantenía ocupada. Además, pasaban mucho tiempo conmigo en mi negocio, y hasta hoy recuerdan cuánto nos divertíamos, incluso cuando había mucho trabajo que hacer.

Una noche, mi esposo y yo estábamos en la cama, y me dijo algo que rondaba por su mente. Desde hacía más de un año sostenía un romance con una mujer mayor con quien trabajaba. Temía que yo la viera manejando nuestro camión y quería decírmelo antes de que yo lo descubriera. Decir que yo estaba en *shock* es decir poco. Estaba emocionalmente devastada. Había sido traicionada. Él había roto los votos sagrados de nuestro matrimonio. ¿Cómo podía? El pensamiento de que él rompiera la promesa que me hizo de «hasta que la muerte nos separe» era insoportable.

Me sentí frustrada y humillada. Me puse en modo «madre protectora de sus cachorros» porque no quería que las niñas supieran lo que sucedía. Comencé a permanecer las noches en vela para ver a qué hora llegaba a casa. Él solía terminar de trabajar y se iba a casa de «la otra», tenía sexo con ella y luego volvía a casa. Mentía acerca de lo que hacía y se volvió agresivo verbalmente conmigo.

La mujer sabía mi horario mejor que yo misma (esto sucedió antes de la época de los celulares y las redes sociales), y me seguía. Pinchó el radiador de mi auto cuando estaba en clase de gimnasia con mi hija. Mi esposo dijo que lo hizo un ave con su pico. Después supe hasta dónde estaba dispuesta a llegar en su relación [con mi esposo] cuando intentó suicidarse para finalmente culparlo a él.

Tuvimos muchas peleas por ella, porque él era adicto a esa relación. Su abuso verbal era horrible y también hubo abuso físico. Este comportamiento siguió durante meses, hasta que definitivamente le dije que debía mudarse.

¿QUÉ HICE YO? Me pregunté una y mil veces «¿por qué a mí?». ¿Qué había hecho en nuestro matrimonio para orillar a este hombre, el padre de mis hijas, a lanzarse a los brazos de otra mujer? Era ama de casa, cuidaba de nuestras hijas día y noche, trabajaba tiempo completo. ¿Qué más podría hacer? ¿Dejé que nuestra relación se fuera en picada por toda la presión de la vida familiar? ¿No cubría sus necesidades emocionales?

RECONCILIACIÓN... Y *déjà vu*. Para mí fue vital seguir adelante con mi vida y aprender a confiar de nuevo. Sin embargo, después de estar separada por varios meses, él me pidió perdón. Dije que nada podía compensar su infidelidad y que necesitaba demostrar su compromiso en el matrimonio. Sugerí que fuéramos a terapia. Duró solamente unas cuantas sesiones, se disgustaba porque el consejero le decía que necesitaba poner un ciento cincuenta por ciento de esfuerzo en nuestra relación para reconstruir la confianza. Debíamos trabajar nuestros problemas de comunicación sin abuso verbal, y eso añadió más estrés para rehacer nuestro matrimonio.

Después de la reconciliación, fuimos bendecidos con un hijo, y pensé que habíamos retomado nuestro camino. Compramos una nueva y hermosa casa. Pensé que mi marido iba a ser feliz después de haber trabajado en nuestros problemas y por tener el hogar y la familia que siempre quiso.

Al poco tiempo de mudarnos a nuestra nueva casa, comenzó a escapar de nuevo. No sabíamos a dónde iba y, cuando preguntábamos, cortaba en seco diciendo que no era asunto nuestro. Desaparecía por horas. El estrés, las peleas y el abuso verbal empezaron de nuevo. Me preguntaba si podría volver a vivir este infierno. ¿Se veía con alguien? Tenía que hacer algo, y esa decisión ha sido una de las más difíciles de mi vida.

ELEGIR LA LIBERTAD. Llega un momento en tu vida que te das cuenta de que no puedes seguir viviendo para complacer a otros. Cuando decides que ya fue «demasiado», simplemente quieres ser libre. Había protegido mucho a mis hijas cuando eran pequeñas, pero después ¿no preferirían *irse* de un hogar roto?

Fui a ver a mi abogado, discutimos mis opciones y me mudé, llevándome a los hijos más pequeños conmigo. Fue un largo [y sanador] camino, y tuve la bendición de contar con el apoyo de mis amigos y mi familia. Después de cuatro largos años, se me concedió el divorcio y obtuve mi libertad.

Durante este difícil periodo, recurrí a un hombre al que conocía desde hacía más de veinte años por la comunidad de negocios. Lo encontré en eventos de la cámara local y hablamos de sus hijos y de mis actividades. Él también había pasado por un divorcio muy difícil. Siempre fue un buen confidente, aunque sólo se tratara de una llamada telefónica de aliento. Se percató de que mi autoestima estaba por los suelos, y con sus palabras de inspiración, pronto me di cuenta de que tenía mucho más que darle a la vida y a mis hijos.

ERES MÁS FUERTE DE LO QUE CREES. Después de mi divorcio, este hombre que me apoyó durante tantos años, se puso de rodillas y me propuso matrimonio. Estaba sorprendida, porque nunca pensé en volver a casarme. Fue un hombre maravilloso que recorrió un largo camino para ayudarme a reconstruir mi vida, mi confianza, y me enseñó a vivir al máximo.

La infidelidad es una traición como ninguna otra. Me tomó años aprender a confiar de nuevo, pero solamente hay alguien como tú y solamente tienes una existencia que vivir. Es lo que haces con tu vida lo que cuenta, y eres más fuerte de lo que crees.

«¿QUIÉN ERES?»: DESCUBRIR UNA VIDA OCULTA

La mayoría de nosotros disfruta de la vida que creamos. Ya sea por nosotros mismos o con la persona que amamos, nos establecemos y día a día construimos nuestra existencia. Tenemos buenos y malos días. Tenemos baches en el camino y maravillosas etapas de celebración. Estamos seguros en la rutina y damos la bienvenida a los momentos de espontaneidad. Creemos con razón que la vida que construimos es auténtica, ¿quién pensaría lo contrario?

Desafortunadamente, para muchas mujeres ocurre lo «contrario», y no hay forma de verlo venir.

Monica Lee, autora de *The Percussionist's Wife: A Memoir of Sex, Crime and Betrayal*[1] [La esposa del percusionista: Memorias de sexo, crimen y traición], era una amorosa esposa que llevaba dieciséis años casada. Su vida se vio diezmada al descubrir la traición y el crimen de su marido. Describe el dolor de ese momento, los errores que admite que cometió y, lo más importante, cómo perseveró y finalmente triunfó por encima de una serie de horribles circunstancias.

La historia de Monica

Mi esposo y yo habíamos estado casados durante casi once años, cuando fue acusado de violar a una joven estudiante de dieciocho años. Al principio él me dijo que el incidente por el cual lo acusaban era una fantasía creada por esta niña. Lo creí.

Después de ser interrogado por la policía admitió que, en efecto, él había invitado a la muchacha a nuestra casa mientras yo no estaba. Permitió que ella fumara marihuana en la terraza... y lo hicieron. Dijo que ella buscaba pareja y que mentía sobre la violación. Me suplicó creerle y perdonarlo. Por muchas razones, como nuestra larga historia, sus disculpas y mi amor por él, decidí apoyarlo. Pasó un tiempo en la cárcel.

---

1   Para saber más acerca de Monica y *The Percussionist's Wife...* (Monica Lee), visita www.mindfulmonica.wordpress.com y www.minnesotatransplant.wordpress.com.

Me tomó cinco años más de matrimonio descifrar —y finalmente aceptar— los defectos de mi esposo que precipitaron su infidelidad, incluida su incapacidad de ser honesto. Hasta que por fin nos divorciamos.

ENOJADA CON EL MUNDO. Se mezclaron la culpa y la ira. Estaba especialmente enojada con la estudiante que hizo las acusaciones contra mi marido, aun cuando él admitiera que había sostenido una relación ilícita con ella. Irracionalmente la culpaba a ella, al distrito escolar, a la policía y al sistema legal por señalar y castigar a mi esposo. En retrospectiva, mi enojo era síntoma de mi propia pena y humillación.

ERRORES Y OJOS ABIERTOS. El proceso legal tomó dieciocho meses. Durante ese tiempo me enfoqué en mi trabajo. Era ejecutiva de *marketing*, así que tenía un gran equipo de trabajo y muchos viajes de negocios que me distraían. Mi esposo (que al instante fue despedido de su trabajo en una preparatoria) estaba desempleado; por lo tanto, yo era responsable de todos los gastos y honorarios legales. La responsabilidad de ser la única proveedora hizo que la atención que dedicaba a mis labores pareciera razonable, aunque también era una manera conveniente para evitar enfrentarme a los problemas de la relación.

Pensé que teníamos un matrimonio sólido antes de la denuncia de violación de la chica, pero, si vuelvo la vista atrás, a los años que siguieron a la acusación y el tiempo que él pasó en la cárcel, me doy cuenta de que nunca hablamos de ello a profundidad. Nos comportábamos como si abordáramos nuestros problemas, pero simplemente adoptábamos los papeles de «vivieron felices por siempre». No abrí los ojos a lo que en realidad estaba pasando hasta que yo misma me embarqué en un romance. Inicialmente fue para resolver mis necesidades sexuales, pero pronto me abrió los ojos hacia la falta de honestidad en mi matrimonio. Engañar a mi esposo fue una forma inadecuada y egoísta de enfrentar la soledad que sentía, pero honestamente no sé si hubiera sabido cómo romper con mi matrimonio sin el apoyo de mi amante. Él me dio el espacio para la intimidad y la confianza que yo no permitía que mi familia y amigos me dieran, porque me sentía avergonzada.

ABRIÉNDOME Y ENCONTRANDO MI SANACIÓN. Por último, supe que mi esposo estaba permanentemente arruinado. La intimidad que tanto ansiaba en una relación matrimonial no era posible con él. Comencé a abrirme a otros y sentí renovadas fuerzas para entrar en acción.

Los siguientes meses fueron un torbellino. Me mudé, rompí con mi amante, presenté la demanda de divorcio, empecé a escribir mis memorias y a tener citas en línea. Conocí a un nuevo hombre con quien finalmente me casé, y él me alentó para que terminara de escribir la historia de mi primer matrimonio. El proceso de redactar mis memorias y compartir los detalles íntimos de mi primer matrimonio fueron sumamente sanadores.

COMPARTE TU CORAZÓN CON AQUELLOS QUE VEN POR TI. Comparte tu corazón con la gente con quien te sientes a salvo. Hablar sobre cómo te sientes cuando has sido traicionada realmente te ayuda a salir. Cuando por fin comencé a hablar sobre la traición, sobre cuán humillada me sentía y sobre cómo me equivoqué, fue el momento en que comprendí que no estaba sola y que la gente a mi alrededor quería que yo fuera feliz.

Mi vida ahora es mucho mejor. Encontré a un hombre que me ama como soy y valora y respeta la intimidad tal como yo. Como escribí en el epílogo de mis memorias: «A veces la estudiante sobresaliente que hay en mí, mira hacia atrás y ve mi primer matrimonio con pesar, y desea que la maestra hubiera aceptado un trabajo adicional para sacar un crédito extra. Ciertamente no estoy orgullosa de estar entre los divorciados; [sin embargo], soy mucho más feliz».

DESDE LA TUMBA: DESCUBRIR UNA INFIDELIDAD DESPUÉS DE LA MUERTE

Imagina esto por un momento... Perdiste a tu esposo. Has estado haciendo trámites y organizando el funeral. Recibes visitas y notas de condolencias, ambas cosas, por docenas. Las personas te obsequian historias acerca de lo maravilloso que era tu difunto esposo y cuánto va a extrañársele. Mientras tanto, tú apenas puedes tenerte en pie. Te sientes como si te movieras en piloto automático... y, hasta cierto punto, *estás* en piloto automático. Después de todo, este nivel de duelo es sobrecogedor y abarca todo.

Pasa el tiempo.

Sigues lamentando la pérdida de tu marido y de la vida que tenían. Poco a poco, empiezas a superar las cosas: papeleo, viejas facturas y pilas de «cosas» que todos nos ingeniamos para acumular a lo largo de la vida...

Y de pronto encuentras «eso».

«Eso» puede ser una carta, una cuenta de teléfono en un cajón del escritorio. «Eso» puede ser un recibo de una florería o una tarjeta de crédito escondida en el cajón. Sea cual sea la forma que adquiera, «eso» logra que la vida que creías tener se rompa en mil pedazos a tu alrededor.

Has descubierto una traición póstuma.

La traición hace que la tierra tiemble bajo tus pies sin importar la circunstancia; sin embargo, la traición descubierta de manera póstuma es mucho peor, por dos razones básicas. Es la traición que nunca puede ser confrontada o explicada por su perpetrador porque él ya no está aquí, ni para confrontarse ni para ofrecer algún tipo de explicación. Y además, o peor aún, hace que te cuestiones absolutamente todo lo que creías que había sido tu vida, el legado de tu existencia y todo lo que tu vida será en el futuro.

Tiffani* y Anissa* descubrieron ambas la traición después de la muerte de sus esposos. Aun cuando es terriblemente difícil de superar, ambas mujeres demostraron que, con el apoyo emocional y práctico adecuado, puedes empezar a reconciliarte para terminar por aceptar la experiencia de traición descubierta después de la muerte… y encontrar un remanso de paz.

La historia de Tiffani

Rich y yo éramos novios en la preparatoria. Nos casamos cuando yo tenía diecinueve, y él, veinte años. Todo mundo nos dijo las cosas comunes que te dicen cuando te casas joven: «¿Por qué no esperan a terminar la universidad?» y «Los matrimonios jóvenes no duran». Pero yo sabía mejor las cosas. Rich era la única persona con quien yo había salido y sabía que quería pasar el resto de mi vida con él.

Estuvimos casados durante diez años hasta que él murió en un accidente de trabajo. Estaba en *shock* y difícilmente puedo recordar los primeros días después del accidente. Me quedé con dos niños pequeños y no tenía idea de qué iba a hacer.

Varios meses después, me hice de valor para revisar sus cosas. Tenía un taller en nuestro garaje y, al fondo de un clóset, encontré una caja de zapatos llena de tarjetas y notas románticas de una mujer con quien se estuvo viendo por casi tres años. Parecía que se conocieron en línea [por el contenido de las notas]. En ese momento sentí como si toda mi vida hubiera sido una gran mentira, y el tipo de quien estuve enamorada desde que tenía dieciséis años no era más que un mentiroso y embustero.

Shock y preguntas. Sentía como si fuera la primera semana después de su muerte. Volví a entrar en *shock*. No sabía qué hacer o a dónde acudir. No sabía en quién podía confiar. Me cuestioné todo lo que alguna vez él había dicho y hecho. ¿Era verdad que los jueves por la noche iba al boliche o iba a verla a ella? ¿Estaba con ella en lugar de trabajar horas extras como decía? ¿Sus amigos o su familia lo sabían? Ya no sabía yo qué era verdad y qué no lo era.

No fue sino hasta varias semanas después cuando realmente comencé a pensar en lo que él había estado haciendo y en lo que hizo a nuestra familia. Seguía preguntándome: «¿Qué hice para que él quisiera estar con otra?». Me eché la culpa a mí misma.

QUERÍA GRITAR. Después de que pasó el *shock* por mi descubrimiento, me enojé, y proyecté mi ira hacia afuera, en contra de todos. Pensaban que actuaba así por haber perdido a Rich. No tenían idea de lo que yo estaba atravesando.

Mi primer pensamiento fue tratar de averiguar quién era ella para enfrentarla. Busqué en la *laptop* de Rich, pero no encontré ningún correo electrónico o información de ella. Las tarjetas y las notas no tenían sobres, así que no había manera de encontrarla; excepto por estos papeles que no tiró y encontré, su rastro estaba cubierto.

Mientras sucedía todo esto, la gente seguía preguntándome cómo estábamos los niños y yo, y seguían diciéndome cuánto extrañaban a Rich. Quería gritarles: «¡Rich era un bastardo que nos engañó a todos!», pero pensé que nadie entendería. Me sentía avergonzada y asustada de que la gente fuera a pensar que él tenía una aventura porque era infeliz conmigo.

ACEPTAR LO QUE NO PUEDE CAMBIARSE. Finalmente, no pude más y le conté todo a una de mis mejores amigas. Ella fue comprensiva y me ayudó a entender que no era mi culpa y que la responsabilidad de lo que Rich había hecho era de él. Me alentó a buscar ayuda para enfrentar esta parte de su muerte. Encontré un excelente consejero que me ayudó a aceptar que nunca podré conocer las razones que tuvo para engañarme y que enfrentar a la mujer cara a cara, no me ayudaría a sentirme mejor; por el contrario, podría hacer que las cosas empeoraran.

La gente que supo de la aventura me pregunta si he perdonado a Rich. No puedo decir que lo perdoné y no sé si algún día lo haré. Tampoco sé si algún día le contaré a mis hijos toda la verdad. Pero al menos sé que no tiene que ver con algo que yo haya hecho. Rich tomó sus decisiones, y yo no soy responsable por ello.

LA RESPONSABILIDAD PERTENECE AL TRAIDOR, NO AL TRAI-CIONADO. Lo más importante que puedo decir es que lo que haya hecho a tus espaldas, lo hizo *él*. Tú no hiciste nada malo. Te debes a ti misma descubrir que eres una buena persona, y nadie puede acusarte de haberle hecho daño a tu marido.

Realmente creo que es bueno ir a terapia y hablarlo con un par de amigos cercanos o con personas en quienes confíes. Yo proyecté mi ira hacia todos los que me rodeaban, y ni mi familia ni mis amigos se merecían ser tratados en la forma que los traté.

Llegará el momento en que te acordarás de lo bueno en tu matrimonio y en tu relación. La aventura estará siempre ahí porque es real, pero dejará de ser la única cosa que ocupe tu mente.

LA HISTORIA DE ANISSA.* Burt* y yo estuvimos casados casi treinta años. Él tenía su propio negocio y yo trabajaba medio tiempo en una boutique. En realidad yo no tenía que trabajar, pero me resultaba divertido trabajar con personas y ser creativa con la moda. Teníamos una vida cómoda en muchos sentidos. Poseíamos una linda casa y nos divertíamos mucho. Nuestros tres hijos habían crecido y partieron; nosotros apenas habíamos empezado a viajar, cuando Burt fue diagnosticado con cáncer. Murió un año más tarde.

Después de que Burt murió, me reenviaban a casa toda la correspondencia que recibía en su negocio. No fue ni un mes después que comencé a recibir correos de diferentes empresas de tarjetas de crédito, de un banco, y todos reclamaban su dinero. No tenía idea siquiera de la existencia de estas tarjetas de crédito, y el banco quería el pago de un préstamo con garantía hipotecaria del que yo no sabía nada. Cuando me puse en contacto con estas compañías para informarles que Burt había fallecido, lo que hicieron fue cambiar las cuentas a nombre de «Los Herederos de» para seguir enviándome las facturas. Trataron de hacerme responsable de cientos de miles de dólares de los que nunca supe nada.

También descubrí que Burt dejó de pagar su póliza del seguro de vida que contratamos cuando enfermó, así que no había ningún seguro. Igualmente había facturas médicas sin pagar y yo era también responsable de ello.

¿CÓMO PUDE NO SABER? Me pareció que había vivido una gran mentira, pensando que estábamos tan cómodos cuando no teníamos nada seguro. Burt intencionalmente dejó de pagar el seguro, saturó las tarjetas de crédito, y no estaba segura de si podría seguir viviendo en mi casa por ese préstamo hipotecario. No entendía cómo pudo hacernos algo así a mí y a nuestra familia.

Atravesé el periodo de «Si tan sólo hubiera sabido». Sé que no es lógico pensar así. ¿Cómo podía saber acerca de las tarjetas de crédito escondidas y del préstamo de la casa si toda la correspondencia llegaba a su negocio? ¿Y por qué no habría yo de confiar en que él mantendría vigente el seguro de vida? ¿No todo el mundo confía en su esposo o en su mujer? Me sentía avergonzada y estúpida.

ME PUSE SERIA Y BUSQUÉ AYUDA. No tenía tiempo de enojarme. No me malinterpreten, sin duda estaba enojada, pero sabía que, si existía alguna posibilidad de conservar mi casa y lo que poseía, debía acudir cuanto antes a la ayuda legal. Ya podría ponerme furiosa más adelante. Ahora debía moverme de prisa y encontrar la forma de salir del desastre en que me dejó Burt.

ENFRENTAR LO PRÁCTICO Y LIDIAR CON LO EMOCIONAL. Tengo un abogado que me ayudó a negociar con todos aquellos a quienes Burt debía dinero. Tuve que pagar las cuentas médicas, pero los doctores y los hospitales bajaron las cantidades y no me cobraron intereses. Como las tarjetas de crédito no estaban a mi nombre y mi nombre no aparecía en ninguna de las solicitudes, no fui considerada responsable de esas deudas. Seguimos con tratar de resolver lo del préstamo hipotecario, y mi abogado siente que se puede solucionar a través de la venta del negocio de Burt.

Aún hay una parte emocional con la que trato de lidiar. Solía pensar: «Eres tan afortunada por no tener que trabajar y seguir teniendo este nivel de vida». Me sentí humillada y estúpida cuando todo se derrumbó. Todavía tengo que recordarme a mí misma que Burt fue egoísta y embustero, porque él sabía lo que estaba haciendo y sabía que me dejaría todo el problema a mí.

CAMBIAR EL ENFOQUE HACIA LO POSITIVO. Siempre habrá una parte de mí que estará enojada con Burt por haber hecho lo que hizo. Tuvo la oportunidad de decir algo cuando estaba enfermo y decidió no hacerlo. Pero trato de concentrarme en las partes felices de nuestro matrimonio, en nuestros hijos y en mi nuevo nieto. Esa es la única forma en que puedo continuar con una actitud positiva. Tampoco quiero que los recuerdos que tienen nuestros hijos de su padre sean negativos. Finalmente les dije lo que descubrí [cuando su padre murió] y estuvieron bastante enojados con él, pero más que nada preocupados por mí.

También descubrí que esto ocurre a muchas viudas y viudos y me sentí menos avergonzada; como que no estoy sola. Ha sido una gran lección. Si alguna vez me volviera a casar, me aseguraría de saber todo sobre las finanzas del otro para salvaguardar mi propia seguridad. Nunca me pondré en riesgo y nunca asumiré que todo está bien.

Lo más importante que hice fue acudir de inmediato al abogado. Sabía que esto era algo que no podía enfrentar sola y que simplemente no debía ignorar. Si te encuentras en esta situación, sigue adelante y busca la ayuda que necesites. También hazle saber a los bancos y a las compañías de tarjetas de crédito lo que está sucediendo para que sepan que no los estás ignorando. Si ven que tratas de arreglar la situación, serán más comprensivos.

«LOBO CON PIEL DE OVEJA»: ESTAFAS EN LÍNEA Y PERSONAS QUE LASTIMAN

El advenimiento de Internet y de las redes sociales ha hecho y sigue haciendo muchas cosas maravillosas por nosotros y por el mundo en que vivimos. Entre muchas otras cosas, ha logrado reducir el globo al punto de que podemos «conocer» personas maravillosas que viven en cualquier parte.

Conocer nuevas personas y hacer nuevos amigos también puede significar conocer nuevos amores. Estigmatizadas en el pasado como para «desesperados» (en el sentido de los anuncios personales en la sección de clasificados de diarios y revistas), ahora las citas en línea son bien aceptadas. Aproximadamente cuarenta millones de personas en Estados Unidos han incursionado al menos una vez en las citas en línea; de hecho, conozco a varias personas que se conocieron en línea y se casaron. Sin Internet, la probabilidad de que estas personas se encontraran (no digamos casarse) habría sido nula.

Durante años he recomendado y enseñado que las citas en línea sean «seguras e inteligentes», y antes de conocer a mi esposo, Dave, también participé en cibercitas. A pesar de que Dave y yo no nos conocimos en línea, el hecho de que viviéramos a casi diez mil kiló-

Multnomah County Library

503.988.5123
multcolib.org

04/11/2018

Items checked out to   p12631255

Cosas malas que les pasan a las

31168121924300

DUE DATE 05-02-18

___

¿Tiene futuro Dios? : unenfoque

31168119261897

DUE DATE 05-02-18

___

Hazlo como hombre

31168126783719

DUE DATE 05-02-18

___

metros de distancia[2] significó que Internet fuera parte integral de nuestra relación inicial, de nuestro floreciente romance y del posterior cortejo.

Sí: Internet puede ser una vía fenomenal a través de la cual conocer nuevas personas, hacer nuevos amigos y posiblemente encontrar al amor de tu vida.

Hasta que deja de serlo.

Es una triste realidad que, donde hay bondad, por lo general también hay maldad —mucha maldad— escondiéndose entre las sombras. Por todo el bien que puede hacer, Internet también está lleno de estafadores, criminales y predadores, y, si no estás atenta, estas alimañas pueden colarse en tu vida, en tu corazón e incluso en tu chequera, antes de que puedas darte cuenta de que algo no anda bien, dejándote terriblemente mal.

Marlene* es una hermosa y vivaz mujer, educada y exitosa en su profesión. Después de la trágica pérdida de su esposo se sentía particularmente vulnerable, así que buscó amistades a través de Internet, como millones de personas. He aquí una historia de advertencia para todos los que utilizan la red, y una historia de esperanza para todos aquellos que han sido víctimas de lo que se conoce como «el lobo con piel de oveja».

La historia de Marlene

Perdí a mi esposo en una breve enfermedad. Estábamos fuera de la ciudad para el día de Acción de Gracias cuando enfermó gravemente y cayó en coma. Viví en hoteles y en la unidad de terapia intensiva durante un mes antes de que pudieran llevarlo en ambulancia aérea a casa. Murió diez días más tarde.

---

2   Dave nació y creció en Inglaterra y se mudó a los Estados Unidos cuando se enamoró de esta loca polluela escritora. Y sí… él *tiene* «acento inglés».

Poco después de la muerte de mi esposo, busqué amigos en línea a través de sitios de citas. Tenía poca experiencia con las cibercitas e ignoré por completo todas las advertencias sobre estafas. Soy una ejecutiva financiera lista, bien educada y tomo buenas decisiones, y creí que esas advertencias no eran para mí.

Unas semanas después de que mi esposo murió, desarrollé una cercana amistad en línea con Mike. Al inicio nos comunicábamos a través de un sitio web y luego compartimos correos electrónicos, mensajes y llamadas telefónicas durante un par de meses. Era listo, educado y muy convincente. Hablábamos por teléfono, parecía que habíamos hecho click al instante, y fue él quien quiso que nos encontráramos en persona. Yo estaba aún en medio del viaje de la viudez, pero las llamadas telefónicas, los correos, los mensajes y las cartas de amor… Pensé que había encontrado al siguiente hombre en mi vida.

Muchos meses después, muchas mentiras después y 250 000 dólares después, descubrí que toda la historia (incluido su nombre) era una estafa. Tuve que hacer el duelo de tres pérdidas: la de mi esposo, que era el amor de mi vida; un corazón roto por alguien de quien me enamoré y me estafó, y la devastación financiera ocasionada.

Miles de millones de dólares corren en estafas en línea cada año. Estafar es un gran negocio, y los estafadores son muy buenos en lo que hacen. Espero ayudar a educar a otras personas para que nunca tengan que sentir el dolor de ser engañadas.

Yo era un objetivo. Los estafadores tienen como objetivo a las viudas y su vulnerabilidad. También era un blanco porque mi perfil (en línea) decía que yo tenía educación, me gustaba viajar y era una mujer de negocios: todas las señales de que podría tener dinero. Una vez que Mike supo mi nombre, pudo buscar fácilmente el obituario de mi esposo y descubrir mucho de mi vida.

¿CÓMO PUDO SUCEDERME ESTO A MÍ? Perder el dinero fue financieramente devastador. Perder el amor que sentía por Mike fue peor. Perder a mi esposo, la persona que creí que era Mike y 250 000 dólares fue suicida. ¿Cómo pudo «caer» toda una profesional en finanzas?

ENCONTRAR LA AYUDA NECESARIA. Reporté el caso a la policía, pero fueron honestos conmigo y me explicaron que había muy poco o nada que pudieran hacer. También reporté la estafa al FBI, y estoy en terapia individual para sobrellevar el duelo y el trauma.

USA TU PODER. No voy a permitirle a Mike llevarse el poder de mi ser auténtico. Vivo un día a la vez para dolerme y reconstruir la vida que fue arrasada emocional y económicamente. También mis amigos y mis colegas que conocen la historia me apoyan mucho. Escuchan, aceptan y no juzgan. Me animan a perdonarme, a entender y aceptar que fui una víctima y fui manipulada por un criminal profesional.

No compartas la palabra «amor» o las palabras «te amo» con alguien a quien nunca has visto en persona. Insiste en conocerlo y en compartir tus sentimientos personalmente. En cuanto estuve «enamorada online», no había nadie que pudiera convencerme de que me estaban estafando. Ten mucho cuidado con a quién das tu corazón.

UNA NOTA IMPORTANTE DE CAROLE. Si tu experiencia con el lobo con piel de oveja continúa y/o si la persona sigue en contacto contigo (o trata de contactarte), da los pasos necesarios para cortar toda comunicación y protégete a ti misma. Comienza por ponerte en contacto con las autoridades de tu localidad, y, si fuera el caso, también con el FBI. Si la situación incluye un fraude financiero, llama a tu banco para ver cuáles son las acciones a seguir. Cambia todos tus números de teléfono y tus cuentas de correo. Informa a tu empleador de tu situación en caso de que esta persona trate de ponerse en contacto contigo en tu lugar de trabajo. Si fuera necesario, investiga qué se requiere para obtener una orden de restricción y ¡tramítala!

Ser víctima de un defraudador es una horrible violación en muchos aspectos. Es como sufrir un robo, y tristemente para muchas mujeres como Marlene, es también ser literalmente asaltada. Pero de ningún modo eso es un reflejo tuyo como persona, tampoco es reflejo de tu carácter o de tu juicio. ¿Debes aprender de esta historia y estar pendiente de las señales de alerta y de las banderas rojas? Desde luego que sí. Sin embargo, ¿significa que nunca debas confiar en nadie más? Absolutamente no. ¿Por qué eliminar a toda esa maravillosa gente basándote en las acciones de un imbécil que logró burlar tu radar?

Lo más importante que debes recordar es que tú eres la *víctima*, no el perpetrador. No tienes más culpa de la que tiene un cajero al que roban a punta de pistola. Esto significa que, en el sentido más amplio de la frase, ¡en *realidad* no eres tú! Verdaderamente son *ellos*. *Ellos* son los criminales. *Ellos* son los mentirosos. *Ellos* son los profesionales del crimen y quienes llevan una doble vida. Échale la culpa a quien realmente pertenece, al horrible y peludo lobo con piel de oveja, y ten la certeza de que, si bien es posible que aún no puedas verlo, la gente buena, decente y amorosa supera en número a la mala.

¿Cómo puedes ayudar?

Víctimas de traición

Las víctimas de traición sienten una enorme angustia con la que tienen que lidiar, más aún si la traición se descubre tardíamente. Además de cuestionarse por la vida que ellos llevaban, las sobrevivientes de la traición también se sienten avergonzadas, estúpidas y totalmente humilladas. Tu papel ahora es no sólo apoyarlas después de la traición, sino también darles certeza en el futuro.

Lo que hay que hacer

- **Mantén tus ojos y tus oídos bien abiertos**: Alguien que atraviesa por una pérdida obviamente está en duelo. Alguien que debe lidiar con el duelo y la traición también puede que esté sumamente enojada, retraída y cautelosa. Si una persona a quien amas atraviesa por un proceso de duelo, y sientes que se está conteniendo de hablar sobre algo más allá de la pérdida, asegúrate de animarla para que lo hable. Tiffani admite que inicialmente estaba renuente a compartir lo que su descubrimiento de traición había causado en ella. Señala: «La razón por la que finalmente se lo conté a mi amiga fue porque ella descubrió que yo estaba ocultando algo, y me preguntó: "¿Sucede algo más?". Me sentí aliviada porque entonces pude contárselo libremente y también a algunas otras personas».

- **Aliéntala activamente para que busque la ayuda que necesita lo antes posible**: Si la traición incluyó algo de naturaleza financiera que pueda poner en riesgo su futuro (perder su casa, seguridad económica, créditos, etcétera), necesita buscar ayuda adecuada cuanto antes. Esta es la única área de la pérdida —haya o no traición de por medio— en la que no se puede dar el lujo de esperar. Si la traición fue el resultado de una estafa, necesita ponerse en contacto con las instituciones financieras implicadas para averiguar qué alternativas puede tener.

  Si la traición fue de corte emocional (la más común es la infidelidad), se puede beneficiar mucho hablando con un profesional de confianza. Hay mucha ira contenida, mezclada con confusión y tristeza; necesita un punto de partida desde el cual pueda empezar a trabajar y resolver estos asuntos.

- **Recurre a la política de «liberar de toda responsabilidad»:** Sin importar la naturaleza de la traición, rápidamente hazle saber que ella no es responsable *de ninguna manera* de las acciones del perpetrador. Como se dice a nivel legal, ella está «libre de cualquier responsabilidad». Ella no obligó a nadie a tener una aventura o a esconder la información financiera o a nada de lo que se haya hecho a sus espaldas. Es muy probable que tienda a castigarse; sostén sus manos, mírala a los ojos y dile de una manera amorosa pero firme: «Nada de esto es tu culpa, y lo vamos a superar».

Sin duda, lo que no hay que hacer

- **No insinúes ni remotamente que pudo haber sido culpa suya:** «¿Cómo no te diste cuenta?»; «Seguro hubo muchísimas señales y tú las ignoraste»; «¿Por qué confiaste en él para administrar el dinero?».

Cuando escucho preguntas como estas, mi primer pensamiento es: ¿cómo alguien puede siquiera pensar que estas afirmaciones ayudan a mejorar una situación? ¿Cómo puede ser reconfortante para alguien pensar que la traición sea *su* culpa?

Entiende que, si alguien tuvo la confianza de compartir contigo una traición, no lo hizo de forma impulsiva. Ya de por sí se está sintiendo una idiota y es muy probable que lleve tiempo escondiendo esta información. Está devastada y tiene que esforzarse por reunir todo el valor para hablar del tema. Preguntarle cómo fue posible que ella no supiera de estas fraudulentas prácticas o no sospechara una infidelidad la hará sentirse aún más idiota.

- **No leas la mente**: «Seguramente él quiere que lo atrapen»; «Evidentemente tiene problemas con la confianza»; «Probablemente pensó que tú no podías hacerte cargo de las finanzas»; «No es del tipo monógamo».

  A menos que tengas un probado historial como clarividente y también seas capaz de darme los números ganadores de la lotería de la próxima semana, no te pongas a jugar a leer la mente.

  Tú *no* sabes qué clase de persona era el traidor. Rayos, ni siquiera su propia esposa lo sabía, ¿cómo vas a saberlo *tú*? Es más, no tienes idea de qué es lo que lleva a una persona a engañar, mentir o decepcionar o de algún modo a traicionar a los más cercanos. Ninguno de nosotros lo sabe. Los científicos y los clínicos tratan de elaborar teorías y de llevar a cabo estudios conductuales, pero al final del día la gente es como es, y realmente no sabemos cómo o por qué razón la brújula moral deja de apuntar en la dirección del Bien, la Moral y la Decencia.

  No sabes más que la víctima el porqué de la traición. No te atrevas a elaborar dolorosas teorías al respecto.

- **No compartas lo que tú crees que habrías hecho en su lugar**: «Encontraría a esa mujer y haría que pagara por todo el daño»; «Quemaría todas sus cosas»; «Para mí sería fácil lidiar con esto porque nunca derramo una lágrima por un mentiroso».

  ¿Conoces la expresión «director técnico de sillón»? Es la referencia a todas esas personas que son como yo cuando veo futbol: sentada en la comodidad de mi casa o en el bar, grito varias estrategias a los entrenadores y al mariscal de campo, y lanzo insultos al televisor cuando las cosas no van bien.

  Es todo un lujo estar en el «sillón», dar instrucciones de jugadas y mostrar desaprobación ante la televisión. Sé cómo es esto porque lo hago todas las semanas durante la temporada de futbol. Sin embargo, nunca en mi vida he sido el entrenador que es el «chico bueno» o el «chivo expiatorio», dependiendo del marcador final. Nunca he sido un mariscal de campo del que se espera un desempeño impecable en segundos, cuando hay hombres de ciento cincuenta kilos listos para partirle el cuello.

Sin duda el sillón es un lugar exquisito para estar.

Hay otro escenario donde existen los entrenadores de sillón, sólo que esta vez quien se sienta en este metafórico sillón tiene la habilidad de causar estragos. Son los miembros de la familia o los amigos que sienten que, de alguna manera, la víctima de una traición merece toda clase de consejos.

Es bastante fácil sentarte en el sillón, ver la vida de otra persona y criticarla, despreciarla o decirle lo que tú harías en circunstancias similares. Mi pregunta a esta gente es simple: ¿Cómo sabes?

¿Cómo rayos puedes tener idea de lo que harías si apenas hubieras enterrado a tu ser amado y estuvieras tratando de averiguar cómo salir del laberinto de la pena y el dolor, mientras sigues con tu vida y sostienes tu hogar (que puede incluir hijos)... sólo para descubrir que tu difunto esposo no es la persona que tú creías?

¿Cómo puedes saber *realmente* lo que harías si descubrieras que tu sólida situación financiera se derrumba como un castillo de arena?

Por último, ¿podrías honestamente predecir cómo reaccionarías si tu esposo/o ser amado te dijera que hay «alguien más», o si descubrieras que tuvo otra vida escondida?

En lugar de ponerte en el plan de «todo lo puedo», o de ponerte a especular o a resolver hipotéticos escenarios, una mejor respuesta sería: «No tengo idea de lo que haría en tu lugar. Debe haber sido terrible para ti, y estoy muy satisfecha de que tengas tanta confianza en mí para contármelo».

En otras palabras, en lugar de ponerte como la Mujer Maravilla a decir lo que tú habrías hecho (que espero nunca te ocurra), levántate del sillón del director técnico y ponte a jugar siendo una fuente amorosa y compasiva de apoyo.

Víctimas de fraude

Las víctimas de fraude en línea experimentan una violación a diversos niveles. Aparte de esta violación —igual que las víctimas de traición—, se sienten avergonzadas, estúpidas y completamente humilladas. Su confianza se ha vulnerado en forma grave, y su capacidad de volver a confiar está seriamente disminuida, inclusive al grado de tener dificultad para confiar en su propio juicio. Tu presencia puede ayudar a mitigar todos estos sentimientos y a recuperar la confianza en la humanidad y en ella misma.

Lo que hay que hacer

- **Sé un amplificador de la confianza**: Una víctima de fraude tiende a cuestionar su propio juicio y su capacidad de tomar buenas decisiones. Recuérdale que no es su culpa; más bien, ella es víctima de un mentiroso y sociópata. Marlene comparte: «Mis amigos están cerca de mí y me apoyan». Sé uno de esos amigos que está cerca y cierra filas en torno a quien necesita todo el apoyo posible.
- **Ofrece ayuda práctica**: Además del obvio bajón emocional, puede que también esté lidiando con la situación de la estafa desde un punto de vista práctico. Tal vez el estafador (o estafadores) esté aún en contacto con ella de diversas formas y por numerosas razones. Cualquier contacto con él (en especial

si el contacto implica dinero) es potencialmente peligroso, si no para su billetera o su integridad física, sí para su mente.

Si todavía no lo hace, anímala a que se ponga en contacto con las autoridades locales, así como con la división local del FBI. Ayúdale a reunir toda la evidencia del fraude que tenga, tomando en cuenta que, por su estado emocional, quizás haya olvidado algo que pueda ser un elemento crucial para lograr justicia efectiva. Cosas como correos de voz, correos electrónicos, transferencias electrónicas, estados de cuenta bancarios, etcétera, pueden ayudar a las autoridades con el procesamiento potencial, y estas cosas pueden ser fácilmente omitidas, olvidadas o perdidas por completo.

Sin duda, lo que no hay que hacer

- **No hagas que se sienta más estúpida o humillada de lo que ya se siente**: «¿Cómo pudiste caer en esto?»; «No puedo creer que no vieras todas las señales de alerta»; «¿Por qué confiaste en alguien en Internet?»

  Las víctimas de estafas en Internet pasan mucho tiempo culpándose a sí mismas. No necesitan que recalques o indiques lo obvio. Es como si una persona se toma el día libre con los buenos modales y le dice a una mujer embarazada casi a término que está tan gorda que podría pasar por carro alegórico en el carnaval. ¿Por qué alguien diría algo así?[3]

  Lo mismo aplica en este caso. Tu amiga ya se siente como una idiota y se tortura con ello. No necesita sermones adicionales; ha sufrido lo suficiente y, dependiendo de las circunstancias, puede que sufra las consecuencias en el futuro.

---

3   Esta misma gente asume que las mujeres embarazadas no tienen espejos.

- **No la presiones para que vuelva a tener citas**: «Tienes que volver a salir»; «Cuando te caes del caballo, tienes que subirte de nuevo rápidamente»; «Conozco a la persona perfecta para ti, déjame organizarles una cita».

  Yo me he caído realmente de un caballo y ¿sabes qué?, no me subí rápidamente. Me quedé acostada en el sillón durante dos semanas, al cuidado mis golpes y mis costillas rotas, y tomando un montón de fabulosas medicinas. ¿Por qué?

  Porque caerse de un caballo duele.

  Una víctima de fraude (lobo con piel de oveja o lo que sea) ha sufrido una pérdida real. Ha perdido a una persona que creía que existía, hasta el punto de confiarle su corazón (y, como Marlene nos compartió, incluso más que el corazón). Como con cualquier otra pérdida, hay dolor, pena y un periodo de duelo que debe ser respetado. Si tuviéramos que comparar con la experiencia de caer del caballo, también hay un proceso de sanación y no hay necesidad de apresurarlo.

  Llegará el día en que ella esté lista para volver a poner el pie en las aguas del amor, pero, como en cualquier otro paso en el Viaje de Sanación, el tiempo lo determinará ella. Cuando esté lista, créeme, te lo hará saber. Hasta entonces, no la presiones en ningún sentido.

- **No cuestiones su juicio en el futuro**: «¿Vas a seguir usando Internet para conocer gente? ¿Estás loca?»; «Yo tendría miedo de volver a salir»; «¿Cómo puedes confiar en ti misma?».

  ¿Alguna vez has tratado de volver a poner la pasta de dientes dentro del tubo o has intentado que una vez que tocaste el timbre de la puerta éste no llame?

  De forma similar, una víctima de fraude no puede deshacer lo hecho. El timbre ha sonado. La pasta de dientes está fuera del tubo. El error está cometido. Sin embargo, por más horrible que sea este error, es un error, y no significa necesariamente que cometa errores similares en el futuro. Por el contrario, ella ha aprendido una difícil lección de la manera más dura. Necesita apoyo y ánimo, no alguien que cuestione su capacidad de vestirse por sí sola.

DE UNA MALA EXPERIENCIA A DÍAS MÁS BRILLANTES. Ya sea que tu descubrimiento sea actual o póstumo, la traición es una situación exasperante. Todos los casos de traición implican una enorme pérdida, una seria merma de confianza y de fiabilidad. Atraviesas un duelo con múltiples pérdidas y mucho más.

Tienes todo el derecho de querer respuestas a tus preguntas, la primera de las cuales suele ser: «¿por qué?». Sin embargo, cuando la pérdida es póstuma, sabes que no será posible confrontar al traidor de tan horrible situación. Si tratas de confrontar la situación presente, lo más probable es que recibas más mentiras y decepción; las víctimas de estafadores recibirán todo eso y tal vez algo peor. Puedes poner en riesgo tu integridad física; después de todo, si un sociópata tiene la capacidad de perpetrar estafas sin miramientos o sin conciencia alguna, ¿quién sabe qué otros crímenes será capaz de cometer?

Por tanto, depende de ti aprender cómo lidiar con la ira totalmente justificada que sientes, y encontrar un lugar de paz en tu corazón.

- **Sea presente o póstuma, si la traición tiene que ver con infidelidad, *no* te enfrentes ni busques conocer a la «otra» bajo *ninguna* circunstancia:** A pesar de lo que hayas visto en televisión o en películas, no tiene ningún beneficio iniciar una amarga guerra con alguien que no merece ni tu tiempo ni tu limitada energía. La persona con quien tu esposo te ha sido infiel no tiene que jugar ningún papel en tu vida. Relégala a donde pertenece: a ese patético y poco importante lugar de la historia. Esta gente no merece atención, y tú tienes cosas más importantes que hacer con tu vida, tanto ahora como en el futuro.

Si alguien ha tratado o está tratando de confrontarte, de amenazarte o intimidarte, o de alguna manera está haciendo difícil tu vida, busca ayuda inmediatamente. Si te sientes amenazada, tanto en tu vida, seguridad o bienestar, *no dudes* en ponerte en contacto con las autoridades competentes de tu localidad.

- **Comienza un diario**: Escribe tus sentimientos. Puedes estar tan triste, enojada o frustrada como quieras en el más colorido lenguaje que desees. Y lo creas o no, te sentirás mucho mejor dejándolo salir.

- **Ponte en contacto con otras personas con experiencias similares**: No tienes que entrar en detalles. El hecho de compartir experiencias de traición comunes es suficiente para recibir el apoyo de una comunidad que te comprende.

- **Considera buscar asesoría**: Si tu situación de traición incluye cualquier tipo de aspecto financiero, requerirás toda la asesoría legal y financiera posible.

Por último, haz tu mayor esfuerzo para no definir tu vida por la traición de la cual fuiste víctima. En cambio, defínete a ti misma con estos adjetivos:

- cariñosa,
- amorosa,
- leal,
- dedicada,
- compasiva,
- hermosa… por dentro y por fuera.

Porque a pesar de todo lo que has vivido… Ésa es *tu* verdad.

CAPÍTULO SIETE

PROMESAS INCUMPLIDAS Y SUEÑOS ROTOS: UN COMPROMISO DESTROZADO

LA PROPUESTA ROMÁNTICA que te deja sin aliento. Declaraciones de amor para toda la vida. Presumes tu hermoso anillo de compromiso a tus amigos y familiares. Obsesivamente revisas una y otra vez cientos de revistas de novias. Te pruebas una infinidad de vestidos y eliges a tus damas de honor. Tienes fiestas de despedida, almuerzos, haces la lista de regalos, eliges las flores... Todo esto y mucho más comprende uno de los momentos más excitantes en la vida de una mujer: el compromiso, seguido de los planes de boda y del «vivieron felices para siempre».

Y entonces... termina antes de que suceda.

Tal vez sea un caso de lo que comúnmente se conoce como «pánico escénico». Quizá se levantó un día y decidió que prefería la soltería a la vida en pareja. O sea, ustedes dos. Puede que hayas descubierto un gran secreto, o la fiesta de despedida de soltera que salió terriblemente mal hizo que cambiaras de idea (por lo que nadie te puede culpar). Cualquiera que sea el motivo, el compromiso está roto. La boda está cancelada, tienes el corazón destrozado y probablemente te sientas enojada, engañada, incluso humillada. *¿Cómo* vas a enfrentar a tu familia? *¿Qué* vas a decirles a tus amigos?

Además de la parte emocional por el rompimiento del compromiso, también es posible que hayas asumido obligaciones financieras (los gastos de reservar la ceremonia y la recepción, compromisos con proveedores, depósitos, etcétera). ¿Se perdió el dinero? ¿Te están responsabilizando? ¿Cómo y por dónde empiezas a recuperarte?

Te presento a Lisa, una exitosa actriz convertida en empresaria, que se comprometió con el hombre de sus sueños... hasta que ese sueño se convirtió en una pesadilla. El viaje de Lisa, del amor a la traición y la determinación de triunfar, nos enseña que el «vivieron felices por siempre» no sólo no existe, sino que puede ser totalmente diferente de lo que originalmente pensabas.

La historia de Lisa

Cuando tenía veintitrés años, estaba enamorada y comprometida con el hombre con quien vivía. Él no quería pasar ni un instante alejado de mí. Cuando recibió una oferta de trabajo en China, unas cuantas semanas antes de la boda (supuestamente sería un trabajo temporal de dos semanas), lo animé a que fuera. Tenía que volver antes de mi despedida de soltera, pero nunca más volvió, y nunca lo volví a ver. Me torturó por meses, llamándome, diciéndome que me amaba y que simplemente había sentido pánico escénico. Lo esperé y durante semanas lloré y lloré.

Posteriormente me enteré, a través de nuestro padrino, que mi prometido había huido y se había casado con una chica china. Cancelé la boda, pero no pensé en avisarles a los padres de mi novio, suponiendo que él habría tenido la decencia de decirles que me había plantado. Por el contrario, sus padres llegaron para la boda y tuvimos que pasar juntos una humillante semana. Sus padres estaban horrorizados y yo estaba más allá de los límites de la devastación.

Justo cuando pensaba que las cosas no podían ir peor, descubrí que se había llevado todo el dinero de nuestra cuenta mancomunada y además saturó mis tarjetas de crédito en las cuales yo lo había incluido. No solamente me rompió el corazón y el alma, también rompió mi cuenta bancaria. Más tarde descubrí que no fui su primera víctima y que sin duda era todo un artista consumado.

SHOCK Y SUPERVIVENCIA. Pasé a una fase de odio hacia mí misma, en la que pensaba que había algo malo en mí. Pensé que yo no era «suficientemente buena» para que se quedara conmigo. Creí que nadie me amaría nunca más. Estaba en *shock* y no podía creer que se hubiera terminado. Seguía pensando que él volvería y que lo superaríamos juntos. Nunca pensé que se había ido para siempre.

Después de asimilar que en realidad se había casado con alguien más, me había robado mi dinero y saturado mis tarjetas de crédito, supe también que debía protegerme a mí misma. Entonces entré en fase de supervivencia, cancelé mis tarjetas de crédito, cambié los números de cuenta del banco, mi número telefónico y todas las claves de mis cuentas.

AUDICIONES PARA SEGUIR ADELANTE. Ya no tenía confianza en mi juicio o en mis instintos. Cuando descubrí que me robó mis ahorros y que una deuda de 17 000 dólares en tarjetas de crédito pesaba sobre mi cabeza, supe que debía reunir todas mis fuerzas.

Había dejado una carrera que amaba (de actriz) para trabajar en una agencia de talentos, porque mi novio no me quería de gira. Al darme cuenta de que ya no debía renunciar a lo que amaba hacer, entonces hice audiciones para la gira nacional de *Los Miserables*, y obtuve el papel. Me quedé en la gira durante años, pagando sus deudas, ahorrando dinero y reconstruyendo mis finanzas y mi autoestima.

NUEVAMENTE DE PIE. *Los Miserables* me salvó. Volví y me puse de pie económicamente. Hice amigos, tenía una carrera que amaba y había ahorrado suficiente dinero para comprar un departamento en Nueva York.

Después de una gira que duró muchos años y de sanar tanto mi corazón como mis finanzas, comencé mi propia compañía llamada Road Concierge,[1] que se especializa en viajes a Broadway y giras musicales. En menos de cinco años construí una compañía tan rentable que pude venderla eligiendo de entre cuatro diferentes ofertas de empresas diversas. Me compré un perro, el verdadero amor de mi vida, y pude adquirir la casa de mis sueños en Pensilvania. Me las arreglé para vivir entre Manhattan y el campo.

FRACASO NO SIGNIFICA DERROTA... Superar las heridas y el dolor de lo que sucedió no fue fácil. Honestamente, es un dolor que no se irá jamás, pero el tiempo ayuda. Me aseguré de pasar tiempo con mis verdaderos amigos. Muchos de ellos ya habían comprado sus boletos de avión, y, como yo ya había pagado casi toda la boda, ese día hice una «no-boda». Convertí el día más triste de mi vida en un día que me vi rodeada de amor y apoyo. Nadie te puede romper, y nada es tan malo como para que no vuelvas a ver la felicidad.

Winston Churchill decía: «Cuando estés en medio del infierno, sigue adelante». Otro mantra que me repito cada día de mi vida es «el fracaso no es caer, es quedarse abajo». Con toda honestidad, no necesito de un hombre para ser feliz. Soy capaz de mantenerme financieramente y cuidar de mí físicamente. Tengo una gran red de amigos y una gran familia. Tengo una carrera real. Tengo el perro más lindo del mundo al que adoro, y he tenido varias relaciones románticas en estos años.

En la vida a veces pasan cosas horribles, pero nunca conocerás los momentos de alegría y las alturas si no crees que sean posible. A los veintitrés años, mi corazón, mi fe y mis finanzas se rompieron. A los treinta y siete me veo mejor de lo que me veía a los veintitrés,

---

1   Para saber más de Lisa y Road Concierge, visita www.roadconcierge.com.

mis finanzas están en orden, tengo una vida feliz y la certeza de que fui capaz de hacerlo todo yo sola.

No te quedes con migajas, te mereces el pan completo. No busques la felicidad fuera de ti cuando puedes encontrarla en tu interior.

¿Cómo puedes ayudar?

La ruptura de un compromiso normalmente implica *shock*, desilusión, vergüenza y desesperación. La persona se queda sola a recoger los pedazos y a veces carece del apoyo que necesita en ese momento. Puedes estar ahí para ella y ayudarla en su camino hacia una serena recuperación.

Lo que hay que hacer

- **Estar cerca**: Sin importar cómo terminó el compromiso o quién lo haya terminado, la mujer está devastada. Hazte presente para escuchar, enjugar sus lágrimas y ofrecerle tu hombro; ahora necesita de sus amigos.
- **Ofrécele ayuda práctica**: Dependiendo del momento, tal vez ella necesite ayuda para devolver los regalos, hacer llamadas o enviar tarjetas de aviso de cancelación de la boda, llamar para cancelar varios servicios y, de ser posible, recuperar su dinero completo o en parte. Quizá necesita mudarse de la casa que compartía con su prometido. Ayúdala a elaborar la lista de todo lo que es necesario hacer y de aquellos con quienes debe ponerse en contacto. Ayúdala a empacar cualquier regalo que deba devolver.[2] Puedes ofrecerte a realizar las lla-

---

2   Seguramente muchos sugerirán que se quede los regalos de las despedidas o de la boda. Si decide quedárselos depende de ella; sin embargo, lo adecuado es al menos intentar devolver los regalos recibidos para una boda que no se celebró.

madas a los proveedores. Si hay alguna empresa de bienes raíces involucrada en el proceso, también puedes apoyarla (consulta el capítulo dos, «Pérdida de un hogar», para más sugerencias).

- **Acuérdate de ella cuando pase la tormenta**: Un compromiso roto es una de esas cosas que comúnmente la gente olvida rápido, excepto quienes pasaron de estamos-a-punto-de-casarnos a ya-no-nos-casamos. Después de un mes, envíale una tarjeta divertida o tierna, reúnanse para comer o cenar, programen una noche de chicas… En otras palabras, hazle saber que sigues ahí para ella.

Sin duda, lo que no hay que hacer

- **No subrayes lo obvio**: «Es mejor ahora que después»; «Un compromiso roto es mejor que un divorcio»; «Estás mucho mejor así».

  Un compromiso roto tal vez sea una opción preferible a un divorcio, y quizá fue mejor que la relación terminara antes del matrimonio, pero definitivamente este no es el momento de subrayar eso. Ella sabe todas estas cosas a nivel intelectual, pero no en sus sentimientos. Y ya que no pensaba en términos de divorcio (como es el caso de la mayoría de las novias a punto de casarse), es inútil comparar su ruptura con algo que ella no preveía.

- **No la presiones para que tenga una cita demasiado pronto**: «Necesitas volver a salir»; «Ahora es buen momento para hacer citas en línea»; «Conozco al chico perfecto…».

  Nunca he creído en fijar parámetros de tiempo en cualquier tipo de circunstancias para nadie que no sea yo, sobre todo cuando se trata de citas. Cuándo y cómo retomar el proceso de salir depende enteramente de la persona afectada.

Después de la de pérdida de una relación —sea por ruptura de un compromiso, divorcio o muerte—, una mujer necesita tiempo para metabolizar y digerir su pérdida. También necesita darse tiempo para averiguar quién es ella ahora, pues ya no es parte de una pareja, y, como bien sabemos, no eres la misma persona después de una pérdida. Hasta que ella externe su interés en volver a salir, no la presiones; la presencia de otra persona no es un «reemplazo» de alguien que perdiste. Cuando ella decida volver a salir, será por las razones *correctas*.

- **No le digas *«Te lo dije»* o alguna frase remotamente similar**: «Sabía que estabas cometiendo un error»; «Sabía que no era bueno para ti»; «¿Qué te dije?».

  ¿Recuerdas lo que dijimos en el capítulo cuatro, «Adiós, negocio»? A todos nos gusta tener razón, pero ¿qué tan importante es que tú ahora tengas razón? ¿Es más importante tener razón que dar apoyo? ¿Cuál es el propósito de la danza del «Te-lo-dije»? *No* la hará sentir bien, y, si a ti te hace sentir bien, ¡qué pena!

- **No des ningún consejo sobre lo que debería hacer con el anillo**: «Deshazte de ese anillo, para que aprenda»; «Consérvalo, es muy bonito como para que te deshagas de él»; «Necesitamos hacer una "fiesta de anillo" [una reunión donde se reúnen mujeres para aparentemente enterrar, arrojar al agua o subastar el anillo]».

  El tema del anillo es uno de los factores más personales y emocionales en un compromiso roto. Su anillo es el símbolo de un futuro prometido, y ahora ese futuro se perdió. Debe ser ella quien decida qué hacer con el anillo, y las sugerencias son inútiles.

  No sólo es una decisión intensamente personal, sino que en muchos estados (de la Unión Americana) está regulada por la ley. Hay docenas de decisiones de la corte de Estados Unidos[3] al respecto, que establecen que un anillo de compromiso no es un «regalo» sino una «promesa». Si esa promesa no se actualiza con el matrimonio, el anillo de compromiso debe devolverse a su dueño original; en este caso, la persona que entregó el anillo. Pero, al sugerir alguna de las soluciones anteriores, quizás inconscientemente estés presionando a tu amiga para que enfrente un caso civil en tribunales.

Si el anillo de compromiso es una herencia familiar, no hay duda de que debe ser devuelto. Fuera de esas circunstancias, deja que *ella* sea quien saque el tema del anillo y sus planes al respecto.

DE UNA MALA EXPERIENCIA A DÍAS MÁS BRILLANTES. Sin importar quién rompió el compromiso y por qué, su final es devastador, pues seguramente termina también con la relación.

Sin embargo, aunque te sientas devastada sin medida, *no hay razón* para que te sientas avergonzada, culpable o humillada. Sin importar quién rompió el compromiso, el hecho es que tu familia, tus seres queridos y tus verdaderos amigos van a estar a tu lado para apoyarte a través de este duro periodo de tu vida.

La clave para tener días más brillantes es *tomarte tu tiempo*. Tal como hizo Lisa, necesitas recuperarte, ponerte de nuevo en pie y conocerte de nuevo, y todo eso lleva su tiempo. No hay prisa en comenzar a salir de nuevo, brincar de una relación a otra o apresurarte a hacer esto o aquello, excepto los temas que se deben abordar de inmediato (cancelar con los proveedores de la boda, devolver los regalos, etcétera).

---

3   Una decisión de la corte significa que ha habido demandas ante los tribunales y se han emitido veredictos que se han publicado y se utilizan como precedente y referencia para más casos.

Una vez que hayas enfrentado las tareas emocionales y prácticas relacionadas con la ruptura de un compromiso, tienes derecho de darte tu tiempo y rediseñar la dirección que tomará tu vida. Tómate ese tiempo para *ti*. Lo mereces.

CAPÍTULO OCHO

ACEPTO... AHORA NO ACEPTO: SOBREVIVIR AL DIVORCIO

MUCHAS VECES HE DICHO que no hay novia que delante del altar con su vestido blanco piense en la posibilidad de la viudez. En ese momento, en lo único que piensas es en *ese* momento. Probablemente también pienses en las servilletas que combinan con los manteles de tu recepción, en que más le vale al novio no embarrarte pastel en la cara y que no puedes esperar más para bajarte de esos zapatos de novia carísimos que te están matando y ponerte unas cómodas pantuflas.

El mismo proceso de pensamiento vale para el divorcio. Nadie con su enorme vestido blanco piensa: «Todo esto va terminar en pleitos, enemistad, dolor inimaginable, peleas para ver quién se queda qué y cuánto le debe uno al otro, batallas por la custodia y corazones rotos».

Todas las bodas representan la promesa de un matrimonio para toda la vida. Todos los matrimonios comienzan con relucientes esperanzas de un futuro brillante lleno de un potencial sin fin. Todo mundo tiene los mismos sueños en su cabeza de «vivir-felices-por siempre», desde el inicio hasta el final.

Pero, naturalmente, lo que falta decir del divorcio, sin importar quien lo inicie, es que se trata de uno de los procesos más dolorosos que uno puede enfrentar.

TUS MALETAS ESTÁN HECHAS (DECIDES IRTE)

Hay un mito sostenido ampliamente de que quien inicia el divorcio no sufre en absoluto, que su vida está a punto de convertirse en una gran fiesta con el reingreso a la *vida loca*, tal como muchos imaginan que sucede después de un divorcio. Pero no es el caso.

La decisión de llegar hasta el divorcio generalmente está llena de ansiedad. Además de eso, sin importar la razón, la mujer que decide llegar al divorcio también busca conservar la custodia primaria de los hijos. Esto aunado a la posible pérdida de un ingreso en su hogar.

Es una decisión que raras veces se toma al vapor o a la ligera.

Los sueños de Kamrin de «vivir felices para siempre» con su esposo terminaron con su escape de un matrimonio cargado de alcohol y abusos. Ella desafió el mito de la diversión posdivorcio y nos brinda su perspectiva para quienes deciden optar por divorciarse.

La historia de Kamrin

Me enamoré de Terry cuando tenía veintitrés años. Era muy guapo y con una increíble personalidad. Era el alma de las fiestas, todos lo querían y pensaban que era el chico más lindo. Después de salir poco más de dos años, nos fuimos a vivir juntos y nos casamos tres años después.

Lo que me negué a ver durante el tiempo que estuvimos juntos fue que Terry era un alcohólico que más tarde se tornaría en un abusador verbal, emocional y físico. Cuando Terry bebía mucho o me trataba mal, constantemente me repetía a mí misma: «Esto va a mejorar cuando…»; pensaba que mejoraría cuando encontrara un mejor trabajo y empezara a ganar más dinero. Pensaba que mejoraría cuando yo terminara la escuela, obtuviera mi título y consiguiera un mejor trabajo. Pensaba que él iba a parar cuando nos casáramos y tuviéramos un bebé. Vi todos los signos de alerta y seguí diciéndome que iba a mejorar; aunque con el alcoholismo las cosas nunca mejoran, sólo empeoran.

Después de años de alcoholismo y abuso de Terry, decidí que ya era suficiente. Había sido objeto de abusos en casi todas las formas habidas y por haber, nuestro hijo comenzaba a padecer nuestras constantes peleas y gritos, y yo estaba aterrada de lo que Terry fuera capaz de hacer. Cometí el error de pensar que su alcoholismo desaparecería. No iba a esperar a que el abuso empeorara o se dirigiera a nuestro hijo.

Cuando informé a Terry que estaba llenando los papeles del divorcio, empezó a llorar y a suplicar que fuéramos a terapia. Por mi parte, yo ya había ido a terapia un año antes porque él se había negado, y, seis meses después, el propio consejero matrimonial me dijo que terminara el matrimonio por mi bien y el de mi hijo. Al decirle a Terry que era tarde, comenzó a amenazarme con lo que haría si lo dejaba. Había escuchado sus amenazas durante casi once años y ya no podía oír más.

Llené los papeles del divorcio, tomé a mi hijo y me mudé. El mismo día que lo hice, Terry se embriagó y tuvo su primer incidente manejando bajo los efectos del alcohol (DUI, por sus siglas en inglés).[1] Nunca lamenté mi decisión de dejarlo.

SOY UNA BUENA PERSONA. No entendí qué hice para merecer ser tratada de la manera como Terry me trató. Trabajé duro y fui una buena persona. Él constantemente me decía que todo lo que iba mal en su vida era mi culpa y que era por mí que bebía. Cuando era despedido de sus empleos, era mi culpa. Cuando nuestro hijo enfermaba, era mi culpa. Perdió el interés sexual en mí. Siempre me hizo

---

1   DUI: «Driving under the influence of alcohol, drugs», etcétera. Manejar bajo los efectos del alcohol, drogas o cualquiera otra sustancia que cause deterioro.

sentir terriblemente mal sobre mí misma. Fue mi terapeuta quien me enseñó que los alcohólicos acusan a los otros de lo que ven en sí mismos.

MANTENERSE FIRMES ANTE LA CRÍTICA. Tuve que decirles a mis amigos y a mi familia que dejaba a Terry. Excepto por mis dos amigos más cercanos y mi madre, nadie tenía idea de que Terry era un alcohólico abusivo. Él lo disimulaba en público y yo estaba muy avergonzada para contarlo. Todo el mundo pensaba que era el tipo perfecto y que éramos una linda pareja, así que el divorcio fue una tremenda sorpresa para mucha gente.

Fui criticada por dejarlo. Algunas personas dijeron que debía quedarme e ir a terapia con él, o bien, que debería quedarme por nuestro hijo. Es fácil para los demás decir esas cosas cuando no son ellos quienes temen por sus vidas. Fue difícil escuchar que estaba arruinando la vida de mi hijo o que era injusta con Terry, pero tuve que recordarme que yo merecía también una vida justa y mi hijo merecía crecer en un hogar seguro.

TUVE QUE TRABAJAR A TRAVÉS DEL DOLOR. Enseguida, mis amigas asumieron que quería salir de fiesta. Tenía más libertad para salir, y disfrutaba después de vivir tantos años con miedo de lo qué iba a pasar en casa. Pero la gente no comprendía que yo también estaba herida. Realmente me gustaba estar casada y tener mi familia. No quería terminar mi matrimonio. Nunca vi el divorcio en mi futuro y tuve que trabajar a través del dolor. Todo mundo piensa que, como llenaste la solicitud de divorcio, no estás herida, pero no es verdad.

La vida se hizo mucho más pacífica cuando ya no tuve que lidiar con un esposo borracho cada noche. Mi hijo se relajó y reía mucho más. Perdí peso debido al estrés y recuperé mi salud. Finalmente volví a salir y me casé de nuevo seis años después de mi divorcio.

Escucha tu corazón. Esperé mucho más de lo debido para dejar a Terry porque oía a mucha gente decirme que me quedara. No creo que debas solicitar el divorcio porque tuviste una pelea, pero tú sabes si las cosas no están bien y si van o no a volver a estar bien.

La vida es demasiado breve para estar con la persona equivocada. No te convierte en una mala persona dejar un matrimonio que no funciona; simplemente significa que no estás con la persona correcta para ti. Tienes el derecho de ser feliz, y, si tienes hijos, también tienen el derecho de ser felices.

LA SACUDIDA (TE DEJARON)

La vida de una mujer depende mucho de la capacidad de tener el control de nuestras vidas. A pesar del estatus conyugal, tenemos el control que en otros tiempos las mujeres no pudieron disfrutar. Tenemos la capacidad de decidir la trayectoria de nuestras vidas, lo cual incluye nuestra carrera, nuestras relaciones y nuestro matrimonio. Definitivamente, también tomamos muchas de las más importantes decisiones sobre la influencia y crianza de nuestros hijos, hecho comprobado estadísticamente. Asimismo, contribuimos de manera importante en las decisiones financieras que afectan a nuestro hogar.

Y de pronto, sucede. El control desaparece.

La persona con quien esperabas pasar el resto de tu vida un buen día te informa que tu existencia —la que habías planeado, diseñado y ejecutado cuidadosamente— está a punto de cambiar por siempre. La persona con quien habías comprometido tu corazón y tu futuro emocional y práctico, la persona con quien soñabas, reías, llorabas, tenías hijos (o habías planeado tener) te anuncia que ya no está interesada en compartir esas preciosas cosas contigo... y te deja sola en un abrir y cerrar de ojos.

Te presento a Michelle,[2] una madre empresaria que alguna vez fue una madre felizmente casada. Sin previo aviso, el mundo de Michelle se volteó de cabeza cuando su esposo anunció que el matrimonio estaba terminado.

La historia de Michelle

Hace algunos años, atravesé la peor época de mi vida: un divorcio. El que entonces era mi esposo llegó una noche a casa, subió las escaleras, empacó sus cosas y salió por la puerta, diciendo: «Me voy para comenzar de nuevo». Y se alejó de mí y de mi hijo de apenas diez meses.

¿POR QUÉ NO ME AMA? Al principio estaba en *shock*. No creía que me estuviera sucediendo eso, porque fue tan rápido. ¿Por qué ya no me amaba? ¿Por qué ya no quería que siguiéramos siendo una familia? ¿No era yo suficiente? ¿No era suficientemente bonita? ¿Qué hice mal?

MIRAR AL FUTURO. Mi principal preocupación era mi hijo. ¿Cómo iba a cuidar de él? Me sobrepuse rápidamente a mis sentimientos de desconcierto porque, apenas se fue, descubrí que estaba saliendo con una estudiante de preparatoria de sólo dieciséis años.

Nunca quise reconciliarme porque no lo habría amado de nuevo. Mis sentimientos eran de desagrado. La palabra «avergonzada» se quedaba corta. Tuve que enfrentar a todo mundo, sabiendo lo que él estaba haciendo. Debí sortear el chismorreo, porque él era miembro de una prominente familia y era la comidilla.

---

2   Para saber más sobre Michelle, visita www.michellemorton.wordpress.com.

Después de dejar de sentir lástima por mí misma, me dije: «¡Basta!». Era tiempo de pensar en mi futuro y en el de mi hijo.

DÁNDOLE OTRA OPORTUNIDAD AL AMOR. Me tomó tiempo sanar, pero por fin me di cuenta de que se trataba de él y no de mí. También me tomó tiempo aprender a confiar, pero lo hice. Tenía miedo de volver a salir herida, pero reconocí que, si no daba una nueva oportunidad al amor, nunca iba a tener la vida que quería para mí y que mi hijo no tendría una familia.

MI VIDA ESTÁ COMPLETA. Hoy mi vida está completa. Estoy felizmente casada, tengo tres maravillosos hijos y me emociona mi futuro. Nadie sabe lo que depara el futuro. Si tienes miedo de la vida, éste pasará de largo.

Confía en ti misma. Debes trabajar para crear la vida que quieres y mereces.

Nunca olvidarás el dolor, pero no dejes que te controle, no dejes que te amargue. ¡Nunca te rindas!

¿Cómo puedes ayudar?

Las estadísticas siguen indicando que el cincuenta por ciento de los matrimonios terminan en divorcio. En palabras llanas esto significa que, si aún no conoces a alguien que haya sido directamente afectado por el divorcio, en algún momento lo conocerás. He aquí cómo ayudar.

Lo que hay que hacer

- **Sugiere actividades para «chicas»:** Sin importar de qué lado estén los papeles del divorcio, la autoestima y la confianza de una mujer se tambalean después del proceso. Tal vez no se sienta atractiva, sienta que vale poco o se sienta desesperanzada. Esta es una grandiosa oportunidad para sugerir actividades que levanten su ánimo y la ayuden a sentirse un poquito mejor con ella misma.

Según su capacidad financiera y su idea de diversión, sugiérele cosas como un spa, un *manicure/pedicure* o un maquillaje gratuito. Terminen el día en algún bar a la hora feliz, ambas se sentirán maravillosas. ¿Acaso esto eliminará sus sentimientos sobre lo que ahora está viviendo? Desde luego que no; sin embargo, saldrá de casa, estará en compañía de alguien que se preocupa por ella y sonreirá.

- **Escucha**: Simplemente una palabra —«Escucha»— es tan poderosa. Necesita hablar. Necesita estar enojada. Necesita estar desilusionada. Incluso puede necesitar sentirse aliviada, feliz, emocionada. Sin importar el lugar donde estén (y visita varios lugares en el viaje posdivorcio), debes estar lista para escucharla sin juicios y sin reproches.

- **Ayúdala con los ajustes**: Si ella es quien se muda, ayúdala. Reúne cajas, ayúdala a empacar y/o ayúdala a desempacar en su nueva casa. Llévale café y *cupcakes* si la mudanza es en la mañana, o vino y queso con galletas si van a desempacar por la tarde.

  Si tiene niños, los ajustes que haga también implican adaptarse a la vida como padre único; todo un desafío. Si sus niños son pequeños, ofrécete para ayudar a cuidarlos o llévalos a pasear y así darle unas horas para ella misma. Si los niños son adolescentes o adultos (y si es apropiado), sugiere un tiempo para que se reúnan y ver cómo se están adaptando ellos.

- **Fomenta el apoyo**: Hay muchos y magníficos grupos de apoyo para divorciados, tanto en línea como presenciales. Aliéntala a que investigue estos grupos, sobre todo si la infidelidad o la violencia doméstica eran parte de su matrimonio.

Sin duda, lo que no hay que hacer

- **No empieces a criticar a su ex**: «No sé cómo pudiste casarte con un tipo así»; «Era una pérdida de tiempo»; «No lo soporto».

   Si ella quiere hablar sobre su exesposo y sus errores y defectos, escúchala con la amabilidad que ella necesita y responde con todo el apoyo, pero no empieces tú. Un matrimonio es de dos, y tu percepción y su realidad pueden ser cosas muy diferentes. Si él no te simpatiza y/o nunca te gustó, está bien, pero ella no necesita cuestionarse a sí misma con base en tu opinión.

- **No escarbes en los detalles**: «¿Te pegaba/tenía una amante/bebía/usaba drogas/etcétera?»; «¿Ya no tenían sexo?»; «¿Cuánto dinero te está dando?».

   Si su ex tenía alguna o todas esas conductas, te lo contará. Si su vida sexual o sus asuntos financieros son algo que quiere discutir, te lo hará saber. Por favor, apóyala en lo que ella necesita, en lugar de comportarte como Gladys Kravitz, la vecina chismosa en *Hechizada*.

- **No la culpes bajo ninguna circunstancia**: «Si hubieras puesto más atención, tal vez no se habría extraviado»; «¿Crees que diste todo en tu matrimonio?»; «Si no hubieras tenido hijos, quizá seguirías casada».

   ¿Qué logras haciendo estas preguntas a una mujer recién divorciada? ¿Culpa? ¿Vergüenza? ¿Remordimiento? ¿Dudas de por vida?

   La regla es la misma: si los resultados no van a ser positivos, no debes decirlo, y preguntas de este tipo nunca podrán tener resultados positivos.

   Una cosa más: los animales se «extravían», la gente no. La gente elige y tiene control de sus acciones. La gente distingue entre el bien y el mal. La gente no se extravía. La gente elige comportarse en la forma que lo hace.

DE UNA MALA EXPERIENCIA A DÍAS MÁS BRILLANTES. Hace años, una fantástica colega de trabajo me compartió que estuvo casada antes de su actual matrimonio; dijo que «algunos necesitamos casarnos dos veces: la primera vez nos permite saber con quién no debemos casarnos». Ella está felizmente casada por segunda vez desde hace veinte años.

Nadie discute el hecho de que, sin importar quién haya iniciado los trámites, el divorcio es uno de los eventos más estresantes que alguien pueda experimentar. Es uno de los mayores traumas de la típica «lista de traumas». Sin embargo, bajo ninguna circunstancia el divorcio significa que no haya una maravillosa vida esperándote. Sí, tendrás que lidiar con el dolor, te cuestionarás como nunca antes y te verás rodeada de opiniones, muchas de las cuales no son necesariamente útiles. Pero, como compartieron Kamrin y Michelle, lo mejor seguramente está por llegar.

Como con cualquier otra pérdida, tómate tu tiempo para recuperarte. Presta atención a ti y a tus necesidades, y recuerda que, cuando cuidas de ti, el resultado es una empleada más productiva, una madre más comprometida y una mujer mucho más feliz.

Sobre todo, abre tu corazón a las posibilidades que el futuro tiene para ti. No hay límite de edad o estatura para el amor, y, cuando sea el momento adecuado y si así lo quieres, puede haber un fabuloso futuro lleno de amor esperándote.

CAPÍTULO NUEVE

ESPERANZA INTERRUMPIDA: INFERTILIDAD, ABORTO, MUERTE FETAL E HISTERECTOMÍA

COMO MUJERES, nos criaron para creer que el embarazo y el parto deberían ser normales.

Naturales.

Parte integrante de la vida de la mujer.

Después de lo que parece toda una vida obsesionadas con la prevención del embarazo, creemos que fácilmente lograremos embarazarnos cuando decidimos dejarla. Nos hacemos a la idea de los malestares matutinos, los miembros hinchados, las fiestas de bebé y las decoraciones infantiles. Ansiamos el día en que conozcamos a la persona pequeñita que amaremos más que a nada o a nadie en el mundo y que nos transformará por siempre. Finalmente damos a luz y después de un periodo de recuperación (física, emocional, hormonal, mental y financiera), decidimos hacerlo de nuevo.

El proceso, ciertamente, nunca se presentó como complicado cuando nos lo explicaron nuestras madres y nuestros maestros de biología.

Pero a veces... las cosas no salen como las planeamos.

A veces... las cosas aparentemente simples no sólo son complicadas...

Las cosas aparentemente simples pueden ser devastadoras.

INFERTILIDAD

Desde que tenemos edad para jugar a la casita, la mayoría de nosotras comienza a imaginarse en el papel de mamá. Jugamos con muñecas (muchas de las cuales tenían mejores vestidos y accesorios de los que tenemos de grandes), jugamos a la casita, y muchas incluso nos pusimos una almohada en la barriga.

Admítelo, también lo hiciste. Sólo imagínalo.

Conforme maduramos, pasamos gran cantidad de tiempo preocupadas por la prevención del embarazo, asumimos razonablemente que cuando deseemos embarazarnos no será un problema y para muchos millones de mujeres embarazarse de hecho no es ningún problema. Excepto para las mujeres para las que lo *es*.

Desde luego, no hay nada de malo con la decisión de no tener hijos. Sin embargo, muchas mujeres no tienen la opción de elegir; en lugar de ello, esa «decisión» se impone por gran cantidad de razones: condiciones médicas, algunos medicamentos o protocolos médicos (como quimioterapia o radiación), la necesidad médica de una histerectomía o tal vez la peor de todas, una situación «misteriosa» que la profesión médica no logra identificar o explicar. Sí, somos afortunados por haber logrado increíbles avances tecnológicos que pueden ayudar a las mujeres con problemas de infertilidad, pero esos avances tecnológicos también pueden alcanzar altos precios que mucha gente no puede solventar y que no cubre la mayoría de las aseguradoras. Además, muchos tratamientos de infertilidad también incluyen efectos secundarios que son todo un desafío, por decir lo menos.

¿Cómo puedes entonces enfrentar la realidad de la infertilidad cuando todo lo que siempre has querido debería llegar de manera natural?

Pamela Mahoney Tsigdinos es la premiada autora de *Silent Sorority* [La silenciosa hermandad femenina]. Su libro explora el estigma asociado con la infertilidad y los efectos de vivir una no deseada vida sin hijos.[1] Ella comparte su experiencia personal de infertilidad y cómo la enfrenta actualmente.

La historia de Pamela

Mi vida contenía los episodios habituales: universidad, noviazgo, empleo y matrimonio. Con cada nueva etapa de la vida, las amistades se tornaban más profundas. Una a una, mis amigas anunciaban sus embarazos y nuestras experiencias de vida divergieron. La mayoría en nuestro círculo social tomó el mismo camino: formar una familia. Otras llegaron a la conclusión de que tener hijos no era para ellas. Nuestro camino aún no estaba claro.

Después de un año de relaciones sexuales puntuales sin resultados positivos de las pruebas, me fue revelado que la infertilidad opera en un rango mucho más amplio y gris. La vida se ponía complicada de una manera que jamás habría imaginado.

Mi esposo y yo nos sumergimos en una década de diagnósticos, cirugías y procedimientos siempre más invasivos. Las semanas se convirtieron en meses, los meses en años. Cada nueva visita al médico iba acompañada de nuevas expectativas de éxito. Tratar de develar el misterio biológico cobraba vida propia. La infertilidad se convirtió en un segundo empleo, ya que ambos investigábamos y probábamos sin cesar la medicina occidental y oriental.

Más allá de las facturas físicas y financieras, el desgaste emocional fue traumático. La infertilidad se convirtió en una fuerza alienante y vergonzosa en nuestras vidas. El acto más íntimo se había vuelto una tarea.

---

1   Para saber más sobre Pamela y *Silent Sorority...* (BookSurge Publishing), visita www.silentsorority.com.

LA DECEPCIÓN NOS REBASÓ. En los primeros días, cuando tratábamos de averiguar qué nos impedía embarazarnos, un desfile de emociones llenó mi cabeza: frustración, vergüenza, ansiedad. Había envidia mezclada con resentimiento cada vez que veía a esas personas —en especial aquellas que no parecían interesadas en ser padres— embarazarse o quejarse por las exigencias de sus hijos.

Los doctores continuaban asegurándonos que encontrarían una solución. Sin haber nada que pudiéramos atribuir a nuestra falta de éxito, comencé a cuestionarme. ¿De alguna forma me estaba saboteando? Todas las revistas decían: «Simplemente relájate»... ¿Cómo *podía* relajarme?

Mis elucubraciones no eran sólo sobre la infertilidad, también fueron fruto de toparme con el juicio sobre «no ser mamá». Mientras me ocupé de resolver activamente el problema, fui capaz de mantener la ira bajo control. Me aseguraba a mí misma que llegaría el día.

Después de 4380 días de intentar embarazarme, apenas pasados los cuarenta años, la etapa de esperanza voló por la ventana. Fue reemplazada por la desesperación más oscura que nunca hubiera imaginado. Sollozos que surgían sin esfuerzo sacudían mi cuerpo. La ira como un volcán emergió, para volver a adormecerse.

El sufrimiento se hizo insoportable, especialmente cuando la mayor parte del mundo no reconocía nuestra pérdida o no ofrecía el apoyo reservado para un dolor «legítimo».

CONSTRUIR UNA VIDA EN LAS SOMBRAS. Preguntándonos cómo enfrentaríamos otro ciclo fallido, pasábamos la vida en un limbo indefinido. Después de una exhaustiva conversación, mi esposo y yo dejamos de aferrarnos a nuestro frágil sueño. Empezamos a permitirnos imaginar una vida no controlada por ciclos de veintiocho días y vigilias devastadoras.

En la infertilidad participan dos personas que se aman y no pueden concebir gozosa y espontáneamente. Pero no es todo. Al descubrir la incapacidad de concebir, encontré que tan dura como la pérdida de la normalidad del embarazo es la vida en la sombra de la infertilidad. Con el juicio rodeando esta difícil experiencia humana, no sorprende que muchos decidan no hablar de ello; sin embargo, el silencio puede ser ensordecedor.

Las parejas infértiles y la industria de tres mil millones de dólares de la infertilidad están enfocadas en un resultado: el éxito de un embarazo y un parto. Aquí es donde se centra la atención. Aprendí, de manera difícil, que hay un duro aterrizaje para quienes deciden terminar el tratamiento. Quedamos solos tratando de encontrar nuestro camino de regreso a la normalidad, en medio de una sociedad que celebra la maternidad. Estamos rodeados de padres preocupados por sus hijos, en el trabajo, en los diarios, en la televisión y en Internet. Aquellos de nosotros que decidimos «salirnos» no queremos lástima, pero tampoco queremos que nos vean como quienes no se esforzaron lo suficiente.

NECESITABA PERDONAR Y ACEPTAR. Me tomó mucho tiempo lograr la transición. Una parte de mí estaba convencida de que, si permitía esta transición, de alguna forma todos mis esfuerzos para tratar de concebir serían negados y un gran pedazo de mi vida se evaporaría.

Más que nada me preocupaba que aceptar una vida como una familia de dos significaría que no había trabajado suficientemente duro para nutrir la tierra para mis embriones, que no había querido o amado a mis hijos y les había fallado, que mis hijos no importaban tanto como los hijos de alguien más. Estaba abrumada por la culpa en muchos niveles.

Pensé que era mi obligación soportar el dolor como una medalla de honor, nunca soltar la angustia, o eso significaría que mis esfuerzos no habían valido la pena. Peor aún, pensé que me volvería como todos aquellos que me rodeaban y actuaban como si la infertilidad no fuera más que un raspón que se cura. No se cura, se queda siempre contigo. Te deja cicatrices, pero no en los lugares que la gente puede ver.

Destilando mis emociones, me di cuenta de que, como Antonio Salieri, el amargado compositor de la película *Amadeus*, necesitaba no solamente perdonar a otros por su ignorancia, también debía aceptar mis limitaciones físicas. Hoy, ya no odio a mi útero más de lo que odio a mis pulmones. Al compartir lo que he vivido sobre una pena terrible,[2] comencé a metabolizar la pérdida que hemos enfrentado y a encontrar paz. Dando voz a mi experiencia, he tocado un pozo de fuerza y resiliencia y he cultivado una comunidad de mujeres cuyas vidas no incluyen la maternidad.

Hoy en día, los avisos de nacimientos o las fotos en el supermercado que promueven nuevos productos para embarazadas ya no me provocan ni envidia ni ira. He aprendido a apreciar mi cuerpo, mi vida y mis relaciones bajo una nueva luz. He caminado suavemente en nuestra nueva felicidad y en nuestra existencia vivida sin las limitaciones que enfrenta, para no ser indiferente a las luchas y a las demandas de su tiempo.

ESTOY EN PAZ. Invito a quienes viven la infertilidad a que lamenten su pena de forma activa, tanto tangible como intangiblemente. Solamente tocando el dolor puede comenzar la sanación. Sé gentil contigo mismo y con tus amigos y tu familia también. Hacen lo mejor que pueden, incluso si no siempre saben cómo expresarlo. Una de las formas más benéficas de trabajar a través del duelo es ayudar a alguien en *su* propio duelo. Entre los logros que más me enorgullecen es dar a hombres y mujeres un ambiente seguro y solidario en el que se reconocen y se miden de acuerdo con sus pérdidas.

---

2   Pena que no es reconocida por la sociedad.

Después de años de lucha, estoy en paz. Soy una mujer feliz que agradece estar del otro lado del infierno de la infertilidad. Adoro a mi esposo más que nunca. Valoro a mis amigos. Siento una cierta atemporalidad, una magia que viene al aceptar lo desconocido. Hay más de un final feliz para la historia de infertilidad.

Mi esposo y yo seguimos empujando para adelante para dar forma y definir una vida fuera del camino trazado. Nos desafiamos mutuamente para revelar nuevas posibilidades y buscar nuevas aventuras y descubrimientos que enriquezcan nuestra comprensión del mundo y nuestro lugar en él, justo lo que habríamos estimulado en nuestros hijos.

¿Cómo puedes ayudar?

Una mujer que se somete a un tratamiento de infertilidad o trata de adaptarse a vivir con su infertilidad enfrenta un sinfín de emociones simultáneas y, fuera de su familia inmediata, quizá no tenga mucho apoyo. Hay varias maneras en que puedes aportar positividad y esperanza a su vida, una vida con un futuro dramáticamente diferente al futuro que ella originalmente había planeado.

Lo que hay que hacer

- **Sé compresiva si ella no está lista para hablar**: Si bien es cierto que muchas mujeres quieren hablar, el hecho es que la infertilidad ha dominado su vida, quizá durante muchos años. Tal vez ella simplemente quiera tomarse una pausa.

  Pamela comenta: «Aunque muchas personas se enfocan en los aspectos físicos de la infertilidad, son las heridas emocionales las que toman más tiempo en sanar. Una respuesta gentil podría ser: "Tómate todo el tiempo que necesites. Estaré aquí cuando estés lista" o "Probablemente estés cansada de explicar esto a la gente. ¿Hay algunos libros en los que pueda aprender más?"».

- **Ofrécele tu apoyo para cualquier decisión que haya tomado:** Si decidió parar o continuar con su tratamiento de fertilidad, apoya su decisión. Hazle preguntas acerca de si necesita ayuda práctica; por ejemplo, a muchas mujeres les prescriben reposo en cama inmediatamente después del tratamiento y necesitan ayuda con las comidas, los quehaceres del hogar, etcétera.

  Si ha decidido detener su tratamiento de fertilidad o si va a suspenderlo/descontinuarlo, quizá necesite apoyo y consuelo. Para ella se trata de una pérdida, la pérdida de la esperanza de tener hijos y de la posibilidad de cambiar la realidad. Además de lágrimas, puede que sienta ira, amargura e incluso se eche toda la culpa. Aliéntala a tomarse el tiempo necesario para digerir la decisión que tan valientemente ha tomado.

Sin duda, lo que no hay que hacer

- **No sugieras que la adopción o la subrogación son una solución:** «El mundo está lleno de niños que puedes adoptar»; «Deberías ver en otros países la posibilidad de que haya niños disponibles»; «Siempre puedes conseguir un vientre subrogado».

  No estamos hablando aquí de llamar para ordenar una pizza. La realidad es que muy pocas mujeres eligen dar a sus bebés en adopción, pues se ha vuelto cada vez más aceptable socialmente ser madre soltera. Además, adoptar un hijo en otro país no es tan fácil como la televisión y las revistas de celebridades quieren hacer creer; por el contrario, se ha vuelto cada vez más difícil.

La adopción es un proceso arduo y no siempre exitoso que necesita ser abordado con la máxima consideración. Como expresa Pamela: «Aunque la adopción es noble, no es la "cura" de la infertilidad. Un niño adoptado no es un reemplazo genérico para un hijo biológico negado».

También nos estamos condicionando al reciente fenómeno de la subrogación; sin embargo, tampoco es algo que todo el mundo puede conseguir. Al igual que los métodos de fertilidad, la subrogación es un proceso emotivo y financieramente costoso que no está disponible para todos, y sugerir lo contrario es inadecuado. Si la subrogación es una opción adecuada para ella, será justamente ella quien lo mencione.

- **No recomiendes remedios caseros, chamánicos, hierbas u otras alternativas como medios de embarazo**: «Lo que en verdad funciona es [completa la frase con un método ajeno a la medicina convencional]»; «Yo no podía embarazarme hasta que [comencé con masajes/acupuntura/meditación/danza desnuda con dos ramitas de abedul]».

¿De casualidad tu primer nombre es «Doctor»? Si no es así, no des consejos médicos.

Es comprensible que quieras ayudar de cualquier modo. Cuando Mike batallaba con la ELA, también recibimos sugerencias por montones, «Trata esto/aquello/lo de más allá», y entendimos que eran los buenos corazones de la gente los que motivaban sus consejos. Sin embargo, sin dudar (y con algunas observaciones sarcásticas y episodios de ojos en blanco) Mike evitaba cada consejo que no provenía de alguno de sus médicos.

Cualquier mujer o pareja que enfrenta el tema de la infertilidad ha investigado más que cualquiera de quienes la rodean. Han consultado numerosos especialistas, incluso han tratado con remedios no convencionales. Y, aunque algo haya funcionado para ti o para alguien que conoces, tratándose de infertilidad, la única persona con quien una mujer quiere lidiar es con ella misma.

• **No sugieras que la infertilidad es de algún modo su culpa**: «Deja de estresarte por eso»; «¿Has pensado que tal vez no te puedes embarazar por tu peso?»; «Si dejas de obsesionarte con el embarazo, quizá suceda»; «¿Tomaste drogas alguna vez/te sometiste a tratamientos de control de embarazo/tuviste sexo sin protección o padeciste enfermedades de trasmisión sexual?».

Cuando una mujer enfrenta problemas de infertilidad es muy probable que también sienta mucha culpa. Por su mente pasa la película de su vida con un guion que intenta determinar qué fue lo que pudo haber hecho «mal». Cualquier insinuación que dé a entender que algo en su pasado causó la infertilidad es completamente inadecuada.

Si está estresada, está en buena compañía, porque no he conocido a una sola mujer (incluida tu servidora) que no experimente estrés diariamente; sin embargo, la mayoría parece ser capaz de reproducirse a pesar de ello. Lo mismo aplica para el peso. Sí, tener sobrepeso o bajo peso puede interferir con la reproducción, pero mujeres en ambos extremos de peso siguen embarazándose. Si su peso corporal es una seria preocupación, eso lo discutirá con su médico.

Por último, su historia médica —uso de drogas, control de la natalidad y ciertamente su vida sexual— es su asunto personal, y asunto de su esposo/pareja y de su médico. Si estas cosas han contribuido a su infertilidad, su médico lo discutirá con ella, a menos que ella decida discutirlo también contigo; en caso contrario, es un asunto privado.

• **No sugieras una paternidad «sustituta»**: «Eres libre para viajar siempre que quieras»; «Ahora puedes concentrarte en tu carrera, y eso no puedes hacerlo cuando eres madre»; «Mira todo el dinero que te estás ahorrando».

Aunque puede haber verdad en estas observaciones, he aquí la realidad:

1. Viajar y tener vacaciones son cosas momentáneas, no importa cuán exótico o largo pueda ser el viaje. Cualquiera que quiere ser madre y no puede, no encontrará consuelo en pensamientos de palmeras y tragos tropicales.

2. Es verdad que, en ocasiones, las profesiones se contraponen con la paternidad; ciertamente, era mi caso. Sin embargo, pregúntame qué haría si tuviera que volver a hacer todo de nuevo, y te aseguro que haría exactamente las mismas cosas por las mismas razones. Nadie recuerda los filmes que rodé en 1994 ni los premios de ventas que gané en 2003, pero yo me acuerdo de cada momento de la maternidad y mi hija recuerda que su madre estaba ahí para ella sin fallar.

   Igual que con los viajes, una profesión exitosa no es exactamente lo mismo que la paternidad. Quien desea ser madre, estaría más que feliz en hacer sacrificios en su carrera.

3. La paternidad es cara, no está en discusión. No obstante, los padres potenciales están conscientes de los retos financieros y preferirían un hijo a una cuenta de ahorros.

No hay sustituto para la paternidad, y nadie que trata de ser mamá o papá se sentirá consolado con la perspectiva de unas lujosas vacaciones, carreras meteóricas o cualquier otro supuesto «reemplazo». No existe algo como un «reemplazo» para la paternidad y sugerirlo rebasa los límites de lo ridículo. Mejor dale tiempo para que averigüe cómo quiere diseñar su vida, y, si te pregunta, dale consejos y sugerencias.

ABORTO / MUERTE FETAL

Hubo un tiempo en que los abortos se veían como algo más que una simple función biológica fallida. Las mujeres eran comúnmente dadas de alta con un «sucede todo el tiempo, no es la gran cosa», y tratadas como si no fuera una pérdida sobrecogedora. Solamente había un problema con esta actitud: *Es* una pérdida sobrecogedora.

Aunque muchos médicos expertos están de acuerdo en que el aborto involuntario no es un fenómeno inusual, es un evento devastador para la mujer embarazada, por lo general lleno de culpa, ira y tristeza abrumadoras, y necesita de compasión y sensibilidad respecto de su muy real pérdida.

Daisy White, fundadora de Daisy White's Booktique[3] en Inglaterra, experimentó la devastación de tres abortos. Katy Larsen, la propietaria y fundadora de Somewhere Over the Rainbow, una tienda que vende artículos conmemorativos para embarazos fallidos, experimentó también múltiples abortos y la muerte fetal de su hija Hannah. Ambas mujeres comparten cómo finalmente emergieron de sus muy dolorosas pérdidas.

La historia de Daisy

Sufrí tres abortos antes del nacimiento de mis dos hijos varones. La experiencia traumática, el difícil embarazo y el parto de emergencia de mis dos hijos a través de cesárea me llevaron a sufrir depresión posparto (DPP)[4] y a renunciar a mi empleo.

---

3   Para mayor información sobre Daisy, visita www.daisywhitesbooktique.co.uk.

4   Conocida en Inglaterra como depresión posnatal y en los Estados Unidos como depresión posparto.

Incredulidad y *FLASHBACK*. No podía creer lo que estaba sucediendo. Cada vez que tenía consulta para escuchar el latido cardiaco, aguantaba la respiración, esperando que todo estuviera bien. Más tarde tuve *flashbacks*, incluso después de que mis hijos habían nacido.

Encontrar un objetivo. Siempre he escrito, pero el interés de un agente literario me llevó a escribir seriamente, lo que hizo que me enfocara en otra cosa que no fueran mis experiencias de aborto. Mis hijos eran una gran fuente de alegría, pero no podía contener el sentimiento. Cuando Ollie cumplió tres años, abrí la Booktique y me enfoqué en escribir y levantar el negocio.

Definí mi éxito. Todavía tengo *flashbacks* y ataques de pánico, pero ahora los puedo controlar. He recuperado mi confianza y ya no me siento como un fracaso. Ahora soy dueña de mi propio negocio y puedo encargar a los chicos. Soy muy afortunada.

Lidiar con lo peor... a tu modo. Cuando sucede lo peor, lo único que puedes hacer es lidiar con ello. Tú te conoces mejor que nadie. Cuídate, ten paciencia y concédete el tiempo para sanar. Llora o grita, sal y reserva un día de spa... De una pequeña manera te ayudará a seguir adelante.

La historia de Katy

Perdí a mi hija recién nacida, Hannah, bajo terribles circunstancias en la sala de emergencias de un hospital... en el clóset de provisiones. Perder a Hannah fue mi inspiración para el negocio de caridad que llevo y para mi activismo que pone atención a las devastadoras consecuencias de la pérdida de un hijo.

¿QUÉ PODÍA HABER HECHO? El proceso de sanación fue extenuante. ¿Por qué perdí a mi bebé? ¿Qué podía haber hecho en forma diferente? Era un reto como ningún otro. Me había costado embarazarme, ya había tenido abortos y ahora esto.

CONVERTIR LA IRA EN ACCIÓN. La ira se convirtió en una fuerza emocional que me condujo por un increíble camino. Convertí la ira en acción. Primero empecé con una agencia llamada Dando Esperanza para Hannah, que proporcionaba información sobre cuidados y cajas de recuerdo hechas a mano, para los hospitales de mi estado que no tenían departamento de partos. También comencé a regalar artículos hechos a mano a otras madres que sufrían, lo que finalmente se transformó en Somewhere Over the Rainbow. Las ganancias de las cajas recuerdos se utilizan para regalos destinados a las familias en similares situaciones de duelo.

Mi negocio mantiene vivo el recuerdo de Hannah. Puedo criar a mis hijos que están presentes conmigo y Somewhere Over the Rainbow es mi forma de criar a Hannah.

ENCONTRAR UN PROPÓSITO. Incluso sin Hanna, la vida es indescriptiblemente completa, porque Hanna está aquí. Encontrar un propósito para su vida me dio uno mayor a mí. Tuve una hija después de que perdí a Hannah y me siento bendecida por tenerlas a ambas.

Hannah ha tocado a personas en lugares donde nunca he estado. Su nombre y su historia viajan con cada manualidad que envío. Ella está alrededor de mí y llena nuestras vidas de una enorme riqueza y de un sincero agradecimiento.

¿Cómo puedes ayudar?

Tienes la capacidad de ser una gran fuente de apoyo y consuelo para tu amiga o tu ser querido que enfrenta una o varias de estas tristes situaciones. Ten en mente que ella bien puede haber experimentado algunos de los peores comentarios y que tú seas su única fuente de positividad en este momento.

Lo que hay que hacer

- **Asegúrate de que esté cuidándose**: Además de la parte emocional, hay ramificaciones obvias en el plano físico después de un aborto o de una muerte fetal. Debido a este tipo de pérdida, tal vez ella esté enfocada sólo en las cuestiones emocionales y no preste atención a la parte de su recuperación física. Haz lo mejor que puedas para asegurarte que siga yendo a sus consultas postrauma, a fin de garantizar que su cuerpo se recupere completamente.
- **Ábrete a escuchar**: Utilizo mucho la palabra «escuchar» en «Lo que hay que hacer» porque es muy importante. Recuerda: puede que no haya mucha gente dispuesta a escuchar sus sentimientos de ira, tristeza o culpa. Conviértete en una presencia cálida en su vida. Ábrete a escuchar lo que tenga que decir, y asegúrale que estarás ahí para ella en su Viaje de Sanación.
- **Rodéala de otras mujeres que hayan vivido la misma pérdida**: Una de las primeras lecciones que aprendí sirviendo a la comunidad de viudas, fue que una de las vías más rápidas de consuelo es rodear la viudez con más viudez. Lo mismo aplica aquí. Necesita una comunidad de más mujeres que experimentaron una pérdida similar. Necesita comprender que no está sola, que sus sentimientos son totalmente justificables y que existe esperanza y recuperación. Aliéntala a buscar apoyo en Internet, consulta a su médico y solicita referencias en los hospitales; todo ello puede conducirla en una dirección positiva.

- **Si sientes que está en un lugar de desaliento,** *no dudes en intervenir de inmediato*: Una de las horribles consecuencias de los abortos y las pérdidas de nonatos es que, aun cuando la persona no tuvo a su bebé, debe afrontar tanto la parte física como la emocional del posparto. Esto puede colocarla en un lugar de desesperación donde ella puede sentirse tentada a causarse daño. Si tú percibes que está en situación de crisis, busca ayuda cuanto antes. Organizaciones como la de October 15th Organization[5] (Organización del 15 de octubre) y la International Stillbirth Alliance[6] (Alianza Internacional de los No Nacidos) apoyan, con diversos foros, educación y recursos, a quienes están sufriendo.

Por último, si sientes que se encuentra en una situación de emergencia, llama al 911 o a tus servicios locales de emergencia y, si es el caso, a la National Suicide Prevention Hotline (Línea de Emergencia Nacional para la Prevención del Suicidio),[7]* contacta a su médico y, de ser posible, acompáñala al hospital.

Sin duda, lo que no hay que hacer

- **No hagas preguntas morbosas o deshumanices la situación:** «¿Era deforme?»; «En realidad, no era un bebé»; «Es mejor un aborto que parir un engendro».

---

5   Para mayor información, visita www.october15th.com.

6   Para mayor información, visita www.stillbirthalliance.org.

7   National Suicide Prevention Hotline: en los Estados Unidos: 1-800-273-8255. Fuera de Estados Unidos, visita www.suicidehotlines.com/international.html, para consultar los países que atiende, junto con los números telefónicos.

*   En México, llama a Locatel (56581111) o SAPTEL (52598121).

Antes de que pienses que no hay nadie en el mundo tan estúpido como para decir cosas tan horribles, permite que te diga que éstas son frases reales que han tenido que enfrentar mujeres que perdieron a sus bebés.

Creas o no que un aborto no era un «bebé real» es intrascendente. Primero, aquí no se trata de tus creencias personales. En segundo lugar, te puedo asegurar que, desde el momento en que se pone azul la prueba de embarazo o sale el signo de «más» y su médico le dice «Felicidades», en su mente claro que hay un bebé. Tal vez no sea verdad desde un punto de vista técnicamente biológico, pero, desde el punto de vista emocional, es cierto, y la mujer que está sufriendo esa clase de pérdida es a quien debemos respetar.

Hacer preguntas acerca de la condición del feto es más que inapropiado y referirse al niño como «engendro» (esté dentro o fuera del útero) honestamente no te garantiza una respuesta digna. Si la mamá quiere compartir contigo este tipo de información increíblemente íntima, lo hará. De otro modo, no necesita gente pintándole un panorama visual grotesco. Ya está sufriendo bastante.

- **No añadas más culpa**: «Tal vez ya eres grande para tener un bebé»; «¿Qué estuviste comiendo/bebiendo/tomando?»; «Debiste haber hecho más ejercicio/menos ejercicio/trabajar/no trabajar/seguir teniendo sexo/no seguir teniendo sexo», etc.

Una vez más, ¿acaso tu nombre comienza con la palabra «Doctor»? Si la respuesta es «no», no te pongas a especular, y *definitivamente* no des este tipo de retroalimentación inútil. Igual que en el caso de las mujeres que enfrentan infertilidad, toda mujer que ha experimentado un aborto o muerte fetal se siente culpable. Cada mujer que ha vivido un aborto o la muerte fetal se cuestiona su edad, su peso, su estatura, su régimen de ejercicio o falta de, su historia sexual, su historia médica y todo lo que ha consumido, desde los *wine coolers* que se tomó cuando aprobó los exámenes en la universidad. ¿Por qué alguien con sentido común haría más grande la Montaña de la Culpa, haciendo que se cuestione todavía más?

- **No escondas su pérdida debajo del tapete**: «Mientras más temprana es la pérdida es más fácil sobreponerse»; «Te puedes volver a embarazar»; «No vayas donde hay niños».

  Declaraciones como esas son formas de decir: «¿Cuál es el problema? Es fácil, te vuelves a embarazar, basta sólo que lo desees, y hasta entonces no camines en medio de los departamentos infantiles en las tiendas y no vayas a ningún lugar cercano a un jardín de niños. Problema resuelto».

  ¿En serio? ¿Qué tal si ella «no puede embarazarse de nuevo?». Tal vez para ella embarazarse (o seguir el embarazo) no es tan fácil. Además, sólo porque no pasó años y años invertidos en un niño, no significa que ella no perdió algo extraordinariamente precioso.

  Por último, si alguien cree que evitar lugares con niños de algún modo «mejora» las cosas, espero que con ese nivel de inteligencia evite manejar vehículos de motor. Desafortunadamente, esta sugerencia la veremos más adelante en el libro en un caso aún más increíble.

  Ya te avisé.

- **No uses clichés espirituales o filosóficos para cuestionar su capacidad como madre**: «Dios no quiere que seas madre»; «Todo ocurre por una razón»; «Supongo que tenía que ser así»; «Dios sabe por qué hace las cosas».

  Siempre me sorprende la gran cantidad de personas que parecen saber precisamente lo que Dios quiere. ¿Adivina qué? Nadie tiene ni idea de lo que Dios quiere para otra persona. ¿Sabes quién sabe lo que Dios quiere? Dios. Toda discusión sobre lo que Él quiere, debería quedarse entre Él y la persona que quiera discutir directamente con él. Un aborto o una muerte fetal no son precisamente una clase de castigos divinos o de retribución, ni el universo está diciéndole a alguien que no debe ser padre.

A pesar del número de personas que encuentran consuelo en el pensamiento de que todo sucede por una razón predeterminada más allá de nuestra comprensión, la realidad es que tal pensamiento no brinda el mismo nivel de consuelo cuando te lo dice alguien más. Cuando tú dices: «Todo pasa por una razón», la persona a quien se lo dices piensa una de estas dos cosas: «¿Qué razón puede haber para que yo no tenga un hijo?», o que tú no quieres escucharla más y prefieres cerrar la charla de su terrible situación con un trillado cliché.

HISTERECTOMÍA

¿Por qué incluir la histerectomía en un libro sobre cosas malas? Porque la histerectomía ha sido universalmente vista como una temida cosa mala. Ha habido mucha controversia respecto a la histerectomía, desde su necesidad como un procedimiento quirúrgico, hasta el mito de que junto con su capacidad reproductiva la mujer se somete a una remoción quirúrgica de la libido y de su feminidad. Muchas mujeres creen en verdad que de algún modo serán «menos» si tienen que someterse a este procedimiento. Otras creen que la menopausia[8] será la pesadilla estereotipada o las lanzará del otro lado de la línea.

Nada de lo anterior es correcto.

---

8   Una histerectomía total tiene como resultado una «menopausia quirúrgica». En una histerectomía parcial, quizá no necesariamente experimentes una menopausia quirúrgica, al conservar los ovarios que siguen produciendo hormonas.

Una historia verdadera 2.0

Sue y Diane son mis dos hermosas primas hermanas que han sido bellas toda su vida. Hoy parecen más bien hermanas de sus hijos y no sus madres; siguen siendo hermosas, por dentro y por fuera. Desde la infancia han sido inseparables.

Cuando entramos en la adolescencia hace años, ciertas «cosas» comenzaron a cambiar, y definitivamente no a mi favor. Sue y Diane escaparon a la agonía del acné, al cabello grasoso y a una boca llena de fierros, con los simpáticos apodos que acompañaban mi boca llena de metal y otras muchas vicisitudes y cosas raras que no tuvieron ningún problema en encontrarme (mordida empalmada que requería aparatos dentales, ligas y casco; cabello grasoso, y un severo acné por doquier excepto en mis rodillas). Por su impresionante *look*, Sue y Diane también llamaban la atención de muchos admiradores dondequiera que iban.

Imagínate ser bajita, plana, con el cabello hirsuto, llena de fierros, pecas, y todo eso junto a la vez.

Quería tanto ser como Sue y Diane. Envidiaba lo bien que se veían y sus personalidades. Codiciaba su seguridad omnipresente, su tersa piel y sus perpetuos bronceados californianos. (Yo solamente lograba perpetuas quemadas californianas).

Y como si esto no fuera suficiente, mis primas también se «hicieron señoritas» (como delicadamente se decía en los años setenta) un año y medio antes de que la misma maravilla de la naturaleza me visitara. Me sentía peor. Era tan sofisticado discutir sobre los bras y los cólicos y sobre productos femeninos de tal y cual clase... y ahí estaba yo, doce centímetros más bajita, sin mi periodo y con un pecho que parecía tabla de planchar. Sentía que la Madre Naturaleza me había relegado a jugar serpientes y escaleras.

Constantemente me quejaba con mis papás por mi pecho tipo tabla de planchar, por mi tez pecosa y por estar sin razón aparente privada de cólicos. Ellos se esforzaban por no reírse de mis lamentos, y me aseguraban: «También te ocurrirá», «Todo mundo es diferente» y «No tengas prisa». Tenían razón, lo sabía, pero ellos no sufrían por mi pecho plano ni por el «síndrome serpientes y escaleras».

Lo que me habría gustado que mis padres dijeran es: «Ten cuidado con lo que deseas». Sabes, el universo atendió a mis lamentos y el universo tiene un peculiar sentido del humor.

Pronto me encontré dentro de un bra 34C, lo que creo que está bien, excepto por el hecho de que la naturaleza olvidó poner freno. Llenando una talla significativamente más grande antes de terminar la adolescencia, ahora miro mi pecho (varias décadas y un hijo después) y me río.

¿Sabes qué pasa cuando estás muy bien dotada de arriba y luego tienes un hijo? *Gravedad*, eso es lo que pasa. Imagínate dos globos de fiesta. ¿Ya? Ahora mira esos mismos globos tres días después de la fiesta. Esa soy yo ahora. Hace mucho acepté que estoy bien dotada arriba, sólo desearía que las «gemelas» estuvieran todavía ubicadas en el área geográfica que corresponde a mi pecho. Poco sabía yo que un busto floreciente sería el menor de mis problemas.

Dos meses después de mi cumpleaños trece, tuve por vez primera mi periodo. Este «milagro de la feminidad» que tanto había anhelado me encontró doblándome en dos del dolor, casi impedida para moverme y no sintiéndome muy sofisticada que digamos. ¿En serio era este el futuro que tanto había anhelado? No recuerdo a Sue ni a Diane (o a nadie que conozca) experimentando un dolor tan intenso. Lo único por lo que se quejaban era por un par de días de malestar cada mes, porque los chicos notaran la parafernalia femenina en sus geniales bolsitas de gamuza con rayas[9] y por los días en que su periodo coincidía con las fiestas de alberca o las reuniones en la playa.

---

9   Eran los años setenta del siglo XX después de todo.

¿Qué era lo que no estaba bien en mí?

Pero nadie sabía lo que después de décadas de dolor y lucha sucedería. Para ponerlo en forma simple, como sucedió con el Ford Pinto en 1978,* mi equipo femenino tuvo que modificarse.

Ya que inicié con la historia sin fin de la menstruación, durante veinte años padecí varios horrores femeninos. Fui bendecida con maravillosos médicos y especialistas, quienes se veían constantemente frustrados con la variedad de trastornos que presentaba. Sangrados interminables. Dolor que incapacitaba. Una miríada de diferentes medicamentos que no ayudaban en nada.

Las intervenciones quirúrgicas empezaron cuando tenía 15 años, primero para tratar de contener lo que rayaba en hemorragia mensual. Enfrenté mi primera cirugía abierta (con una incisión) cuando tenía diecinueve años. La cirugía fue de emergencia por la ruptura de un ovario que debió ser reconstruido. Un año después, la trompa de Falopio presentó una «torsión»[10] y también tuvo que ser reconstruida. Poco después, los médicos comenzaron con la remoción quirúrgica de quistes de varios tamaños en la zona abdominal baja.

Para cuando tenía veinticuatro años, los médicos no tuvieron más alternativa que remover el completamente remodelado ovario con su trompa. En ese punto, no estaba ni cerca de casarme ni de tener hijos y veía las posibilidades desvanecerse. En términos del sistema reproductor femenino era un desastre. ¿Dónde terminarían mis posibilidades de tener un hijo?

¿Sabes qué? Los milagros suceden.

Con todos los problemas que había experimentado, el único problema que *no* tenía era embarazarme. Cuatro años después de la

---

* Este auto presentó fallas graves de seguridad, por lo que fue retirado del mercado (N. de T.).

10 Imagínate una manguera de jardín doblada a la mitad. Imagínate que es la trompa de Falopio. Ahora trata de caminar derecha. Todo está dicho.

(súper-larga-palabra) salpingooforectomía, me casé y rápido (y un poco intencionalmente también) me embaracé. Y, aunque el embarazo también presentó sus propias dificultades, cosa que no era de sorprender, al fin di a luz a un hermoso milagro llamado Kendall Leah, quien llegó al mundo por cesárea y salió muerta de hambre. Ella es verdaderamente mi «bebé milagro», cosa que constantemente tiene el placer de recordarme.

Aunque los médicos tenían la esperanza de que dar a luz aliviaría al menos en algo los problemas mencionados, desafortunadamente volví a donde estaba apenas nació Kendall, con los mismos problemas, el dolor y las subsecuentes cirugías. Para cuando cumplí los treinta años, ya había enfrentado nueve cirugías mayores, y me encontraba de nuevo padeciendo un dolor horrible.

Incapaz de trabajar, de funcionar como madre, cosas que necesitaba y disfrutaba hacer; atiborrada de medicina para el dolor durante meses, y harta de la carga física y emocional que implicaba estar enferma durante tanto tiempo de mi vida, finalmente ya fue suficiente. Confiando en el consejo de mis especialistas y dándome cuenta de que no había alternativas, me preparé para someterme a una histerectomía. Me despedí de mis sueños de volver a tener otro hijo, y reticente firmé las formas y los reportes del hospital para mi décima cirugía mayor.

¿POR QUÉ YO? Admito un largo proceso de «¿por qué yo?», que inició en mi adolescencia y continuó durante muchos años. Todo el mundo parecía tener las típicas quejas mensuales y podían encontrar solaz en el chocolate y en el Midol,[11] en tanto yo era transportada en ambulancias por el dolor y sangraba de forma severa. Más aún, mi

_____

11 Si los fabricantes de Midol quisieran volverse millonarios, averiguarían cómo *combinar* el chocolate *con* el Midol [Midol: analgésico usado en los Estados Unidos para los malestares del periodo menstrual (N. de T.)].

condición aportó poco a la comprensión de muchos de mis superiores en el trabajo. ¿Quién había oído hablar de ovarios reventados y de trompas retorcidas? ¿Cuál era el gran problema con el periodo? Todas las mujeres lo tienen. ¿Por qué no podía ser como todas y simplemente tomarme una aspirina y volver a mi escritorio?

También me concedí el «¿por qué yo?» días antes de mi histerectomía. A pesar de saber cuán afortunada era por haber tenido una hija, siempre me vi con dos niños. Pero, debido a la necesidad médica de la histerectomía, la decisión estaba ya tomada.

Me sentía caminando en un corto circuito.

UNA BENDICIÓN DISFRAZADA. Después de la histerectomía, me sentí física y mentalmente mejor de lo que me había sentido en mi vida entera posadolescente. No más terrores mensuales. No más terribles dolores en un solo lado, preguntándome qué estaba mal *ahora*. No más medicina para el dolor que me mandaba fuera del planeta. No preguntarme más si el dolor me llevaría a algo peor que una cirugía mayor, como el cáncer. El bienestar físico y la paz mental eran fantásticos. También reconocí cuán bendecida era por tener a mi hija, porque las predicciones siempre habían estado en mi contra. Recuerda que, cuando trataba de embarazarme, ya había perdido el cincuenta por ciento de mi aparato reproductivo.

Después de la cirugía, los doctores me informaron que debido a la condición del útero y del ovario que quedaba, muy probablemente, nunca volvería a embarazarme y que, si por casualidad quedaba embarazada, no podría llevar el embarazo a término. Para mí la histerectomía salvó mi cuerpo y mi mente de enfrentar mucho más dolor físico y emocional.

(CASI) TODO ESTÁ BIEN. Por desgracia, las cirugías no terminaron con mi histerectomía. Debido a la gran cantidad de intervenciones que he sufrido a lo largo de mi vida, ahora tengo un tejido cicatrizal que debe ser removido quirúrgicamente. Es probable que deba enfrentar más cirugías en lo que me resta de vida, pero mi salud general es mucho mejor, y mi calidad de vida es fenomenal.

TU CUERPO = TU DECISIÓN. Nunca diré que la decisión de someterse a una histerectomía se deba tomar a la ligera. Creo firmemente que la histerectomía es el último recurso, no la primera opción. Tu propia situación se debe analizar detenidamente, se deben discutir los factores de riesgo y *debes* sentirte totalmente cómoda con tu médico y sus opiniones. Si no te gusta lo que el médico te dice, o no sientes que te trata con el tacto y la compasión que la situación amerita, consulta a alguien más. Esto es especialmente vital si se te recomienda una histerectomía, y si ésta es contraria a tus planes de tener hijos.

Tampoco diré nunca «No tengas miedo», porque es ridículo decir algo así. *Cualquier* cirugía es atemorizante. Después de trece cirugías abdominales, sigo asustándome cada vez que voy al hospital y dudo mucho que eso cambie. La cirugía no es como el tenis: no mejoras con la práctica.

Si bien se reconoce que cada mujer es individual y sus reacciones a los procedimientos médicos nunca son idénticas, quiero aclarar algunos de los mitos populares en torno a la histerectomía.

MITO: «YA NO SOY UNA MUJER». Las partes femeninas de tu cuerpo —*cualquiera* de ellas— no te definen. No soy menos mujer por ya no menstruar ni poder concebir más, así como nuestras valientes hermanas que se someten a la mastectomía no son «menos» mujeres después de ello.

Lo que te hace mujer eres *tú*, tu cabeza, tu corazón, tu compasión, tus metas, tus sueños, la forma como enfrentas la vida y la manera en que la vives. Lo digo constantemente: no define quien eres lo que has perdido, y eso incluye las partes de tu cuerpo.

MITO: «YA NO VOY A QUERER TENER SEXO». El órgano más importante en la producción de deseo es nuestro cerebro. La ausencia de hormonas productoras de óvulos y el útero no gobiernan mi nivel de deseo. Atravesé mi histerectomía pensando que *por fin* iba a estar completa, sana y feliz... y eso fue lo que sucedió, pero además descubrí que el sexo podía no ser doloroso y entonces mi libido se fue hasta las nubes.

Una histerectomía no compromete tu nivel de deseo a menos que creas que así será. Una histerectomía no elimina tu capacidad de llegar al orgasmo a menos que creas que así será. Si te preocupa que la histerectomía pueda interferir con tu desempeño sexual, por favor no dudes en discutirlo con tu médico.

MITO: «LA MENOPAUSIA ME HARÁ ENLOQUECER/SALIR BARBA/NO TENER MÁS DESEO SEXUAL». El torbellino de historias en torno a la menopausia es enorme, atemorizante y en gran parte falso. Sí, hay efectos fisiológicos. Sí, las cosas cambiarán. Pero no enloquecerás, no te saldrá barba, la menopausia no es horrible y, como dije antes, el deseo sexual no desaparece así porque sí.

No todo el mundo que atraviesa la menopausia (por motivos quirúrgicos o no) sufre los síntomas de la menopausia. *Si* debieras padecer los síntomas y *si* éstos fueran incómodos, son tratables y manejables. Personalmente experimenté los síntomas físicos de la menopausia, y cuando ocurrieron, enseguida me comuniqué con mi doctor e intenté diferentes maneras de manejarlos hasta que encontré lo que funcionaba para mí.

Me doy cuenta de que hay un gran debate en nuestra cultura respecto a los medicamentos para tratar los síntomas de la menopausia y, debido al acceso inmediato a la información, es fácil sentirse abrumado. Comunícate con tu médico y exploren juntos las opciones. Si te da luz verde, intenta diversos regímenes para ver cuál de ellos te funciona mejor. Revisa tu dieta y ve si algo contribuye a tus síntomas o ayuda a mitigarlos. Lo más importante: *relájate*. Sea quirúrgica o natural, la menopausia es totalmente manejable.

¿Cómo puedes ayudar?

Una histerectomía es una cirugía mayor y requiere un largo tiempo de convalecencia, y eso es sólo el aspecto físico. Debido a que los médicos se meten con el aparato reproductivo, es probable que haya un periodo de ajuste hormonal. Desde luego, hay también ramificaciones emocionales en la histerectomía. Ten esto en mente.

Lo que hay que hacer

- **Ayúdala a organizarse antes de la cirugía**: Puedes ayudarla con elaborar una sencilla lista de sus pendientes. ¿Hay alguien que se quede con ella en casa las primeras cuarenta y ocho a setenta y dos horas después de la cirugía? Es un asunto de seguridad, dado que será sometida a una fuerte dosis de anestésicos y a una cirugía abdominal. Si vive en una casa de dos plantas, ten en mente que las escaleras no son fáciles de recorrer después de una intervención. ¿Cómo se las va a arreglar con las comidas, el baño, vestirse, etcétera? ¿Necesita pagar cuentas después de la operación? No tendría que preocuparse de estas cosas cuando llegue a casa, puedes ayudarle a organizarlas antes de la cirugía, y contribuirá en su recuperación.
- **Ofrece ir a visitarla, pero sé comprensiva si no puede recibir visitas**: Antes de mi cirugía más reciente, tenía la intención de recibir visitas y hasta me compré piyamas y batas bonitas para estar presentable.[12] Desgraciadamente, tuve com-

---

12 Mucho más lindas que mis habituales estándares de *pants* talla grande, calcetines pachones y playeras viejas.

plicaciones posoperatorias y simplemente no estaba para recibir visitantes. Tuve que despachar a todos.

Aunque tengas las mejores intenciones y los pacientes realmente quieran visitas, el hecho es que no se puede predecir cómo irán las cosas con una cirugía. Si ella dice: «No visitas», sé comprensiva, mantente en contacto y hazle saber que, tan pronto como esté lista, irás a visitarla.

• **Llévale algún regalito de mejórate pronto que no sean flores**: No me malinterpretes. Adoro recibir flores… pero no cuando tengo que preocuparme de cuidarlas al volver del hospital y apenas puedo moverme.

En cambio, llévale algo que la ayude a sentirse mejor física y emocionalmente. Por ejemplo, libros o una pequeña cantidad de revistas atadas con un lazo, gel de ducha y una esponja, un antifaz de gel que se pueda enfriar en el refrigerador, loción humectante (normalmente la anestesia tiene el efecto de resecar la piel), una brisa corporal o una vela de aromaterapia. Son cosas económicas, se compran en las farmacias y seguramente la harás sonreír.

Sin duda, lo que no hay que hacer

• **No cuestiones su decisión y/o necesidad de someterse a cirugía**: «¿En verdad tienes que hacer esto?»; «Yo lo pensaría de nuevo, no me gustaría que te arrepintieras»; «¿Y si quieres tener hijos (más hijos)?».

Una histerectomía no es como una hamburguesa con queso: no puedes ordenar una sólo porque quieres una. Una histerectomía no es un procedimiento electivo. Es una necesidad médica, emocionalmente compleja y por la cual ella ya se ha atormentado. Hacer que dude de la decisión que probablemente ha tardado semanas o meses en tomar no ayuda en nada. Ha consultado médicos, ha sopesado los pros y contras, ha deliberado concienzudamente. Tu papel es apoyarla, no meterle dudas o incertidumbre. Mantente firme a su lado.

- **No cuentes historias de terror**: «¿No te da miedo pescar una infección en el hospital?»; «Ya no serás la misma»; «Conozco a una que tuvo una histerectomía y casi se desangra/nunca quiso volver a tener sexo/no lograba alcanzar el orgasmo/quedó con una cicatriz horrible».

¿Por qué una persona que enfrenta una cirugía (o en su caso, mujeres a punto de parir) se ve rodeada de gente que cuenta historias de terror? O exactamente, *¿cómo* es que contar esas pesadillas de experiencias quirúrgicas puede ayudar a alguien que intenta prepararse mental y emocionalmente para entrar a una operación?

Respuesta: No ayuda, en lo más mínimo.

Esto es bastante sencillo. Como mencioné en el capítulo uno, «¿Cómo puedo ayudar?», antes de que te veas tentada a compartir algo, por favor, pregúntate a ti misma:

- «Si yo fuera ella, ¿me gustaría que me dijeran lo que estoy a punto de decir?».
- «Lo que estoy a punto de decir ¿va a darle confianza y ánimo?».
- «Lo que estoy a punto de decir ¿va a servirle de algo?».
- La respuesta debe ser clara: las historias de terror de *cualquier* clase son inútiles y potencialmente dañinas. Si tienes alguna historia por el estilo, por favor, quédatela para ti. Concéntrate en ser positiva y apoyar, no metas escenas de horror en su cabeza.

DE UNA MALA EXPERIENCIA A DÍAS MÁS BRILLANTES... TRES VECES

Infertilidad

La decisión de explorar las opciones que estoy a punto de ofrecerte respecto a la infertilidad es sumamente personal, y esa decisión no puede hacerla alguien que no seas tú. Sin embargo, como Pamela señaló, no hay nada malo —en absoluto— en la decisión de seguir esas opciones y vivir conforme a tu plan específico.

Si deseas tener un hijo y la concepción ya no es posible, podrías explorar otra opción que consideres realistamente a tu alcance. Sin embargo, no quiero que minimices o trivialices los verdaderos impactos emocionales y psicológicos que la infertilidad puede tener en una mujer. Por esa razón, quizá también quieras considerar hablar con algún experto en salud mental que se especialice en infertilidad para ayudarte a enfrentar los comprensibles sentimientos que puedes presentar.

Por favor, ten en cuenta que, a pesar de lo que puedan decirte, la infertilidad es una función biológica, y a veces las funciones biológicas simplemente no van. Sin embargo, esto no te disminuye de ninguna manera como mujer, y ciertamente no significa que no puedas ser madre, si eso está dentro de tu corazón. Continúa tu búsqueda, rodéate de personas que puedan ayudarte y entiende que tu valor como mujer ni ahora ni nunca se basa en tu capacidad reproductiva.

Aborto / Muerte fetal

Aunque haya personas a tu alrededor que intencionalmente o no traten de trivializar estas devastadoras experiencias, debes saber que hay muchas más personas que están para apoyarte durante y después de estas terribles pérdidas.

Como con cualquier otra pérdida o duelo, tus mejores aliados en tu Viaje de Sanación son la educación, el apoyo y la comunidad. En otras palabras, no trates de hacer esto sola. Utiliza los recursos que provee este capítulo. Rodéate de una comunidad comprensiva y que te apoye. Busca a quienes te envuelven literal o figurativamente entre sus brazos y te dicen: «Lo entiendo, también he estado ahí».

Además, es importante que recuerdes que tu cuerpo está atravesado un trauma físico y debes cuidarlo a fin de estar lista, fuerte y participativa para tu propio Viaje de Sanación. Acude a tus citas con el médico y sigue al pie de la letra sus instrucciones. Come cuando tu cuerpo te lo pida (las pequeñas comidas son más fáciles de digerir) y descansa adecuadamente. No te metas en regímenes de ejercicio sin la previa aprobación de tu médico.

Acuérdate: no importa qué tan grande sea tu pérdida para otros. Los abortos y la muerte fetal son pérdidas de gran magnitud y merecen ser reconocidas como tales, y está realmente bien hacerlo así.

Histerectomía

Si te sugirieron una histerectomía, generalmente hay una razón médica detrás de esa recomendación. A nadie gustan las cirugías, al menos a mí no. No obstante, la preservación de tu salud es mucho más importante que arriesgarla si te abstienes de una intervención quirúrgica.

Si no estás cómoda con la recomendación de la cirugía, busca tantas opiniones como te sean necesarias, hasta sentirte cómoda con el consenso de la opinión médica. Si no estás cómoda con el trato de tu médico y/o cirujano, pide a otras mujeres que te recomienden un médico que te acomode.

Lo más importante: por favor, recuerda que, como mujer, no te define la suma de tus partes. Te define el tamaño de tu corazón... y en verdad vas a estar bien.

CAPÍTULO DIEZ
GOLPEADA POR UN RAYO: LESIONES SEVERAS

TODOS LOS DÍAS, vamos por la vida dando todo por sentado. Nos subimos a autos, trenes y aviones, y viajamos del punto A al punto B. Vamos al trabajo. Hacemos nuestros mandados. Participamos en deportes y en hobbies. Nos vamos de vacaciones. Pastoreamos a nuestros hijos en incontables y variadas actividades. Vivimos sin casi pensar en catástrofes. Y hacemos bien. ¿Cuánta vida perderíamos si nos fuéramos a vivir al País de Algo Horrible Puede Suceder?

Sin embargo, no hay duda de que, así nos subamos al auto o escalemos la ladera de una montaña, vivir tiene sus riesgos, y el riesgo implica la posibilidad de salir lastimados, a veces de fea manera.

Las lesiones severas son como ser tacleados en futbol sin el equipo de protección adecuado o sin que la línea ofensiva bloquee el ataque en nuestra contra. Las lesiones graves son algo que nadie espera y para lo cual pocos están preparados. Jamás esperamos ser quien resulte herido o afectado por alguna lesión que ponga en riesgo la vida, y hay una lógica para esa expectativa. Continuamente enseño y creo con fervor que la vida no está hecha para vivirla con el miedo constante de que algo horrible puede pasarnos a nosotros o a nuestros seres queridos. Pero la triste realidad es que, como tantas otras cosas malas, las lesiones severas nos *pueden* suceder a nosotros o a aquellos que amamos, y esto sucede dónde, cuándo y a quién menos esperamos.

Las dos mujeres que estás a punto de conocer son ejemplos perfectos de cómo las lesiones que amenazan la vida se presentan repentinamente y la cambian para siempre, llevándola en última instancia en direcciones que jamás habrían imaginado.

ENFRENTAR UNA LESIÓN SEVERA

Christine King[1] estaba entrenando para el concurso Miss Fitness USA. Tal como indica el nombre del concurso, el entrenamiento y la preparación necesarios son increíblemente demandantes y requieren un extraordinario nivel de compromiso. Christine tenía el nivel y los resultados lo avalaban. Estaba en forma y lista para competir y ganar el título.

Todo ese compromiso —y su vida entera— fueron devastados en un accidente en menos de una fracción de segundo. La tragedia también alteró la trayectoria de su vida y la llevó por un camino que ella nunca hubiera esperado.

La historia de Christine

Entrenaba rigurosamente para el concurso «Miss Fitness USA» cuando tuve un serió accidente de *jet ski*. Mientras me sacaban del agua, repetía constantemente «No siento mis piernas». Me había roto la columna y los doctores no podían asegurar si volvería a caminar. El accidente causó una explosión de las vértebras lumbares y después de la cirugía los doctores dijeron que no morí porque estaba en

---

1   Para saber más sobre Christine King, visita www.lifeonlybetter.com.

forma y esos comentarios positivos me convencieron de que caminaría nuevamente.

Decidí que, si lograba salir de la cama, dedicaría mi vida a ayudar a otros a entrenar. Durante mi rehabilitación estudié y me certifiqué a nivel nacional por el Consejo Americano de Ejercicio. También me convertí en especialista en posrehabilitación y en ejercicio médico.

ESTO SUCEDIÓ POR UNA RAZÓN. Cuando el accidente ocurrió, yo estaba en la etapa más fuerte de mi vida, tanto física como mentalmente. Cuando recuperé la conciencia, supe que estaba paralizada de la cintura hacia abajo. Supe que podría pasar el resto de mi vida en una silla de ruedas, pero supe también inmediatamente que esto había ocurrido por una razón.

TENÍA UN PROPÓSITO MÁS GRANDE. Cuando los doctores me dijeron que no morí porque estaba en forma, tuve un propósito y un objetivo. Supe que mi trabajo de por vida era rehabilitarme y sacar provecho de ello. Cada día iba al gimnasio y regresaba a casa para estudiar para mi examen como entrenador personal, tomaba una siesta y volvía al gimnasio por una o dos horas más. Me iba a dormir a las 8:00 p.m. y empezaba de nuevo al día siguiente.

Supe que nunca volvería a mi puesto como vicepresidente de una productora de videos. Tenía un propósito mayor. Estaba muy centrada y motivada, y supe cuál sería mi misión en la vida.

ESTOY REALMENTE BENDECIDA. Encontré mi clientela en el centro deportivo donde me rehabilité y, en pocos meses, ya tenía mi agenda llena con citas para entrenamiento personal. Sin embargo, me di cuenta de que mi misión tendría que ser más amplia. Visitaba frecuentemente Florida, tanto antes como después de mi lesión, y pensé que sería el ambiente perfecto para encontrar mi nicho. Fui muy afortunada en contar con los contactos que me conectaron con clubs (de golf y *country clubs*) en el sur de la Florida.

Estaba bendecida con el regalo de la vida: la capacidad de caminar de nuevo y el privilegio de ayudar a otros. Aunque caminar con una ligera cojera y lidiar con heridas internas no es un día de campo, reitero que estoy realmente muy bendecida.

TU TRABAJO NÚMERO UNO ES ENFOCARTE EN TU RECUPE-RACIÓN. He construido un negocio que continúa creciendo a través de mi misión original y también a través de nuevas oportunidades que se me presentan cada día. Después de estar en la industria por más de dieciséis años, te das cuenta de que siempre hay alguien cuya situación es peor que la tuya. Siempre hay alguien más lastimado que tú, y mientras más gente atiendo más satisfactorio es el trabajo de mi vida.

Tu mente y tu corazón te guiarán para enfrentar cada día y hacer todo lo que puedas en ese día para mejorar tu bienestar y fuerza. Tu trabajo número uno en la vida es enfocarte en tu recuperación. Sin importar cuán severa sea la situación, mejorarás. Hay personas en tu vida (algunas que ni siquiera conoces todavía) que están para ayudarte a mejorar y apoyarte durante ese proceso. Tú has estado para muchas personas en tu vida, y ahora es tu turno de aceptar ayuda de otros.

LESIÓN SEVERA DE UN SER QUERIDO

Yo estoy convencida que Lee Woodruff[2] es una persona que ha descubierto el secreto del día de cuarenta y un horas. Bendecida con

---

2   Para saber más de la Fundación Lee y Bob Woodruff, visita www.leewoodruff.com y www.bobwoodrufffountadion.org.

cuatro hijos y un esposo trotamundos (Bob Woodruff, corresponsal de la ABC), Lee es una autora de best-sellers del *The New York Times* y colaboradora de CBS *This Morning,* en CBS News. Constantemente viaja por todo el país, y aun así tiene tiempo para todo y para todos. Es una participante activa en la vida de sus hijos. Cocina y tiene un blog, es madre y preside una fundación de caridad multimillonaria en beneficio de las tropas militares que regresan; siempre se ve maravillosa y nunca falla en contestar un correo donde quiera que esté en el planeta.

(Por cierto, yo tengo la mitad de los hijos que tiene ella; no puedo recordar la última vez que cociné algo, pero estoy segura de que fue a causa de un soborno o en una fiesta, y mi tasa de velocidad para responder correos es usualmente dentro del mismo *mes*).

Después de la muerte del veterano presentador Peter Jennings, de ABC *World News Tonight,* Bob fue promovido como presentador. Menos de treinta días después, fue integrado a una unidad en Irak, cuando el tanque en que iba fue alcanzado por un explosivo, hiriéndolo seriamente a él y a su asistente de cámara. Aferrándose a la vida, Bob atravesó numerosas cirugías de emergencia y pasó treinta y seis días en coma, seguidos por intensas terapias para ayudarle a su recuperación tanto física como neurológica.

La condición física de Bob no fue lo único que esa bomba había destrozado. También colapsó el mundo que él y Lee habían construido y amado cuidadosamente. Aunque es una historia con un final feliz, el camino hacia ese final fue largo, difícil, inmerso en la incertidumbre y en un tremendo dolor. ¿Despertaría Bob algún día del coma? Si despertaba, ¿reconocería a Lee, a sus hijos, a su familia? ¿En qué calidad de estado físico y mental dejaría esta catastrófica lesión al esposo, padre y periodista? ¿Aquella vida que tanto amaban volvería a parecerse a lo que era?

¿Alguna parte de sus vidas volvería a ser igual otra vez?

La historia de Lee

El presidente de noticieros de ABC no suele hacer llamadas sociales a las esposas de sus empleados a las 7:00 a.m. los domingos, ni siquiera a la esposa de un presentador.

—Hemos estado tratando de localizarte —dijo David Westin—. Bob fue herido en Irak.

Me senté tratando de procesar la información.

—¿Herido? ¿Qué quiere decir con herido?

—No tenemos mucha información por el momento, pero hacemos lo más que podemos. Estamos dándole los mejores cuidados posibles.

Lo interrumpí:

—David... ¿mi esposo está vivo?

—Sí, Lee... pero creemos que tiene una esquirla en el cerebro.

Está vivo; empezaré por ahí.

«REGRESANDO LA CINTA». Recuerdo haber pensado que podía «regresar la cinta» e imaginar la escena —hubiera querido ser capaz de volver a reproducirla en mi mente—, porque seguramente esto no estaba pasando.

Había pasado ya algunas altas y bajas antes (perder un bebé, dos abortos). Con un poco de buena terapia y amigos maravillosos, logré darme cuenta de que suceden cosas malas a la gente, y eso es por completo al azar; las malas cosas no son «castigos». Simplemente observa la vida de todo el mundo y verás que todos han tenido alguna cosa mala. Pero recuerdo haber pensado: «¿por qué yo... otra vez?».

PLAN B —UN DÍA A LA VEZ. Tenía que calmar mi mente y vivir el día a día. Tenía un gran plan B: vender la casa, volver a trabajar tiempo completo y conseguir un seguro de gastos médicos a través del trabajo. Se trataba de proteger a los chicos y asegurar que sus vidas no se vieran impactadas negativamente por lo sucedido.

Mi mente, sin embargo, volaba y me preocupaba por cosas que no podía controlar. Hacer listas me ayudaba muchísimo. Hablar con el contador y hacer nuevos testamentos de vida[3] eran objetivos que ayudaban a mitigar en parte la ansiedad que sentía por el futuro.

Francamente, había días donde me hartaba de mí misma. Debes permitir esos días de bajón; el pánico de las 3:00 a.m. cuando despiertas preguntándote cómo vas a resolver todo. Me decía que todo se veía mejor por la mañana, y es cierto. Y cada vez que lograba algo o tachaba algo de la lista de cosas que necesitaba para sentirme segura, me decía a mí misma que sí podía con esto. Hubo mucho parloteo mental en mi cabeza. Cuando las cosas parecían llegar al límite, salía a caminar o a mirar el cielo y me daba cuenta de que había todo un mundo allá afuera.

UN PANORAMA SIEMPRE CAMBIANTE. Seguir adelante es un proceso constante. Es diferente para cada quien, pero las situaciones traumáticas o las pérdidas te obligan a valorar cuán preciosos son la vida y el tiempo… y muchas personas (yo incluida) cambian sus prioridades. Antes del accidente de Bob yo era una escritora *freelance* con trabajos de clientes corporativos y de los medios. Después me enfoqué en escribir solamente lo que *yo* quería escribir y en trabajar en proyectos de libros a los cuales quería dedicarles tiempo. Me volví mejor diciendo «no» al trabajo y «sí» al tiempo con amigos y familia.

La vida es siempre un panorama cambiante. Si permito abrirme hacia donde me lleve esta bifurcación del camino, tendré una respuesta diferente cada año, y eso es emocionante.

---

3   Los testamentos de vida (DNR, por sus siglas en inglés) son una orden legal para respetar el deseo de un paciente de no recibir resucitación o soporte de vida extremo a fin de «permitir una muerte natural».

PERDÓNATE Y SOBREVIVIRÁS. A pesar de que nunca olvidarás tu experiencia, se desvanecerá. Un día despertarás y no será la primera cosa en la que pienses. El tiempo ayuda a seguir adelante y cura. Recaerás —el progreso es lento y a un buen día pueden seguirlo dos malos—, esa es la montaña rusa de la recuperación. Perdónate. Los seres humanos están hechos para sobrevivir.

¿Cómo puedes ayudar?

Si la lesión es seria, debes darte cuenta de que ésta y el proceso de recuperación no serán ni bonitos ni sencillos. Necesitarás prepararte mentalmente, y no es fácil. Sin embargo, el objetivo debe estar en tu amiga (o en la persona de su vida que haya sufrido la lesión), más que en la incomodidad que puedas sentir ante la situación.

Lo que hay que hacer

- **Utiliza con frecuencia palabras de aliento**: Lee dice: «Me ayudaba oír cosas como "No hay palabras para hacerte sentir mejor, pero quiero que sepas que estoy para ti, me preocupo y estaré aquí en las buenas y en las malas" o "Esto apesta y siento mucho que te haya ocurrido a ti". Empatizar, no compadecer, pues nadie quiere ser objeto de lástima».

  Christine comparte: «Mis visitantes me daban palabras de esperanza y amor. De manera sorprendente, [algunas de estas personas] no eran amigos cercanos, sino conocidos que habían escuchado mi historia en el club o a través de los diarios. Me conmovía como nada».

  Es realmente muy simple ser la dosis de amor que tanto se necesita en ese momento.
- **Ofrece ayuda práctica**: ¿Qué puedes hacer para ayudar tanto al paciente como en su casa en un sentido práctico? Por ejem-

plo, ¿hay niños que cuidar? ¿Necesita que rieguen sus plantas? ¿Las mascotas requieren atención? ¿Se tiene que preparar comida? Cualquier cosa que puedas hacer para ayudar al paciente o al cuidador a mantenerse enfocado donde debe los ayudará a sentirse más tranquilos. Y aunque los regalos mejóratepronto son geniales, decirle a alguien «No te preocupes, esto se va a arreglar» (lo que sea que «esto» sea) es aún mejor.

- **Aliéntala para que busque apoyo:** Sinceramente, no conozco casos de lesiones que cambien la vida o enfermedades catastróficas donde no se brinde asesoría. No obstante, muchas personas se hacen las fuertes y ven la búsqueda de ayuda como síntoma de debilidad. La realidad es que las lesiones severas cambian el paradigma de lo que alguna vez fue una vida normal. Nadie puede atravesar algo como esto sin un «mapa». Y aquí es donde la terapia es de enorme valor.

  Anima a la persona más cercana a ti (paciente o cuidador) para hablar con alguien en posición de ayudar —doctor, sacerdote, trabajador social, profesional de la salud mental—, quien sea que pueda ayudarle a enfrentar lo sucedido y a pensar cómo empezar a diseñar el futuro, tanto en lo inmediato como en el largo plazo.

Sin duda, lo que no hay que hacer

- **No cuestiones su juicio:** «¿Por qué estabas haciendo algo tan peligroso?»; «Deberías de haber sabido... [lo que sea]»; «¿Cómo pudiste ser tan tonta?».

  En un momento u otro, todo mundo desearía ser el Señor Peabody y Sherman con su máquina del tiempo para volver al día *antes* de que ocurriera la desgracia. Lee describió sus propios intentos por «regresar la cinta» de los eventos que llevaron a su esposo a tan grave condición. Por desgracia no hay máquina del tiempo ni botón para borrar. La situación es tal cual.

Cuestionar el juicio diciendo cosas que se pueden interpretar tipo: «¿Cómo pudiste ser tan descuidado/estúpido/necio?» no ayuda en nada, excepto tal vez en causar *más* ansiedad o culpa, o en que alguien se sienta menos que un adulto. Es lógico que ni el paciente ni sus seres queridos se pusieron a propósito en medio de una serie de circunstancias trágicas. Por favor, no insinúes nada por el estilo.

- **Por favor, no lo evites**: «No puedo soportar verle así»; «¿Qué pasa si los veo y fallecen?»; «No soporto los hospitales».

Me encantaría conocer a la persona que dice: «Me *encantan* los hospitales», o a la persona que vive para ver a otros sufrir. Es momento de que aceptemos que *todos* odiamos los hospitales, *todos* odiamos ver sufrir a otros, y que decidamos nunca más decir una cosa así.

Al recordar su propia hospitalización, Christine comparte: «Cuando la tragedia te golpea, descubres quiénes son tus amigos. La gente que yo esperaba ver en el hospital no estaba ahí. Mientras estaba sola en el hospital, debí reconciliarme con esto. Creía que, dada la naturaleza extrema de mis lesiones, sencillamente podían soportar visitarme. Eso lastimó mucho mis sentimientos».

Igual que en cualquier otra situación, estás en posibilidad de ofrecer tu ayuda y consuelo, aquí no se trata de ti o de tu nivel de incomodidad. Se trata de la gente que necesita tu compasión y comprensión. Si las visitas son permitidas, por favor deja de lado tus miedos y ve a visitar. Brinda compasión, no seas el típico metido en sí mismo que no puede estar disponible para las necesidades de otros.

- **No asumas que sabes cómo se siente alguien o qué debería hacer o no durante su recuperación**: «Sé exactamente cómo te sientes, porque cuando yo me rompí la pierna [seguido por tu historia]»; «¿Crees que estás mal…?»; «He estado en tu misma situación y lo que tienes que hacer es [llena el espacio con tus propias opiniones médicas]».

¿Notas el patrón?

Este es un excelente momento para volver a lo que decíamos en el capítulo uno, «¿Cómo puedo ayudar?». Incluso si tu experiencia es idéntica a la del otro, este no es tu momento. Es el de alguien más y su reto es serio; no cambies el reflector de donde debe estar.

Recuerda otra cosa muy importante: cualquier intento de comparar lo que alguien ha atravesado o está atravesando con una experiencia tuya del pasado, es totalmente inapropiado. No puedes saber cómo se siente alguien porque tú no eres él. Tratándose de temas de salud, cada persona es diferente. Por tanto, su reacción física, emocional y psicológica es también diferente. Casi puedo ver a Lee echando los ojos hacia arriba cuando comparte: «Nunca presumas que sabes cómo se siente alguien o que tu situación era tal como la de él o ella… Por ejemplo, "Oh, sé cómo te sientes. Yo perdí a mi gato la Navidad pasada"». Igual sería la declaración de alguien que se rompió la pierna. Aunque desde luego no es divertido, una pierna rota no se compara con alguien como Christine quien se rompió la espalda o que casi pierde a su esposo por un bombazo, como en el caso de Lee.

Si tienes una experiencia directa con la misma lesión o una parecida, o si has cuidado a alguien cuya vida pendía de un hilo a causa de una lesión gravísima, usa esa experiencia para bien, como una fuente de apoyo, no como la oportunidad de obsequiar al público con tus cuentos.

Si te piden tu opinión para cosas como recomendaciones de terapia física, protocolos de recuperación, cuidados, etcétera, o si alguien te pide referencias, entonces comparte. Tales cuestiones son una clara señal de que tu opinión y consejos son bien recibidos y necesarios. En caso contrario, deja en casa tu «Sé cómo te sientes».

- **Evita los clichés:** «Dios nunca te da algo que no puedas soportar»; «Todo sucede por una razón [¿otra vez con lo mismo?]»; «Lo que no te mata te hace más fuerte».

Has visto estos clichés esparcidos periódicamente a lo largo del libro y por una buena razón: se emplean demasiado seguido. El mayor problema es que esos clichés no ayudan a nadie. Además de que tal vez estés hablando con alguien que casi muere (o estés cuidando a alguien que casi muere), hacer referencia a una fuerza revitalizadora después de estar cercano a la muerte es inadecuado, y estas trilladas y baratas frases son insensibles.

Ahora bien, se trate del paciente o del cuidador, si la persona te mira con gran convicción y te dice: «Sé que Dios me puso en este lugar por una razón» o «Volveré/volverá más fuerte después de esto», entonces tómalo muy en serio y háblalo, porque, si es el caso, este es un sistema de creencias. En caso contrario, el uso de clichés tiende a hacer que algo que es sincero parezca sacado de una lata de galletitas de la buena suerte.

DE UNA MALA EXPERIENCIA A DÍAS MÁS BRILLANTES. Si has sido víctima de una lesión seria o potencialmente mortal, lo más importante que debes hacer es lo que nosotras las mujeres tendemos a ignorar: te *debes* poner en primer lugar en la lista de prioridades. Como enseña Christine, tu recuperación *debe* convertirse en tu trabajo de tiempo completo y en tu centro. Lo demás es secundario.

Escucha atentamente a tus doctores, terapeutas y equipo de recuperación y sigue los protocolos que han diseñado para ti. Haz millones de preguntas y no te sientas estúpida por hacerlo. Si no te gusta el curso que sigue la terapia, la medicación, etcétera, habla de ello. Si no te acomodan las personas que se ocupan de ti, busca con quien te sientas cómoda.

Debes entender que, aun cuando el mayor daño lo sufrió el cuerpo, también necesitas apoyo psicológico. Tal vez sufras los efectos del desorden de estrés postraumático, depresión situacional o condiciones similares, y quizás estos asuntos sean igualmente graves. Desgraciadamente, por razones que no logro comprender todavía, la sociedad tiende a considerar que pedir ayuda emocional es síntoma de debilidad. Sólo porque las heridas psicológicas no se sean visibles a los ojos, no significa que sean menos importantes. Por favor, no ignores esta importante área de la recuperación.

Para quienes son cuidadoras: como cuidadora de mi difunto esposo, aprendí una muy importante lección de la peor manera. Los cuidadores no sirven de nada si no se cuidan a sí mismos. Debo admitir que fui una de esas personas que veía el pedir ayuda o el aceptarla como un síntoma de debilidad y fracaso. ¿El resultado? Cuando Mike estaba en medio de su enfermedad, me vi en cama con un caso de herpes zoster,[4] todo porque comprometí mi sistema inmune al no cuidarme adecuadamente.

Igual que con las enfermedades terminales, las lesiones que ponen en peligro la vida afectan tanto al paciente como a sus seres queridos. Aunque el punto de atención principal es el paciente, alguien se tiene que fijar en ti. Contacta a tu médico o al trabajador social de tu hospital local para obtener los respectivos servicios y, de ser posible, consigue ayuda en casa. Permite que quienes te rodean sepan que aceptas gustosamente comida preparada, para sólo

---

4   Y cuando te encuentras con el virus del herpes, aunque el grado de severidad varía de episodio en episodio, lo más probable es que se vuelva recurrente en tu vida. Y no es nada divertido.

recalentarla; ofertas de invitaciones a dormir para tus niños; que te ayuden con las compras, o, incluso, «quedarse con el paciente» un par de horas para que puedas distraerte un poco o simplemente tomar una larga ducha y dormir sin interrupciones.

Aunque el viaje de la recuperación es largo, también encontrarás victorias a lo largo del camino. Christine no tenía idea de si volvería a caminar. El esposo de Lee tenía lesiones tan graves que no podían saber cómo sería su vida después. Con férrea determinación en su recuperación, Christine volvió a caminar y tiene un maravilloso negocio. La familia Woodruff enfrentó retos tremendos durante la larga recuperación de Bob; posteriormente, Bob volvió a ABC News; Lee se volvió autora de best-sellers y corresponsal de televisión, y sus hijos siguen sus propios caminos exitosamente.

Aparte de su increíble valor, lo fundamental que estas dos mujeres tienen en común, es que ambas admiten haber enfrentado estos sobrecogedores retos con una mezcla de determinación y los inevitables «días malos», sin jamás rendirse. Resolvieron el conjunto de circunstancias que tan seriamente amenazaba todo, sabiendo que saldrían victoriosas. Vieron alteradas sus vidas en formas que nunca esperaron, y ambas lo aceptaron y siguieron adelante hacia su futuro con esperanza, determinación y convicción.

Tú también puedes.

CAPÍTULO ONCE
LA NEGRA NUBE DE LA INCERTIDUMBRE: ENFERMEDADES SERIAS Y GRAVES

Es una de esas cosas que todos asumimos alegremente: «Eso les pasa a otras personas...».

Hasta que te sucede a ti o a alguien a quien amas.

Recibir el diagnóstico de una enfermedad seria es uno de los miedos más terribles hecho realidad. Sea tu enfermedad o la de un ser querido, un frío miedo permea al paciente, su hogar y sus seres queridos, y esa negra nube de incertidumbre se torna una constante compañía.

Cuando una enfermedad importante invade tu vida, condiciona en gran medida cómo vas a vivir de ahí en adelante. Dependiendo de tu perspectiva, la enfermedad puede determinar absolutamente todo, desde dónde vives hasta cuándo puedes ir por una hamburguesa.

TU PROPIO DIAGNÓSTICO

Habiendo experimentado las ramificaciones de una enfermedad grave como cuidadora, tanto de mi difunto esposo como de mi padre, puedo asegurar enfáticamente que la presencia de una enfermedad grave en tu vida cambia absolutamente todo. Sin embargo, pocas cosas impactarán tanto tu vida como cuando el diagnóstico de una

179

enfermedad grave es el *tuyo*. Una miríada de preguntas emerge: «¿Qué va a implicar el tratamiento?»; «¿Voy a sentir dolor?»; «¿Cómo cuidaré de mí/mi familia/mi trabajo?».

«¿ME VOY A MORIR?». Sonya[1] es una sobreviviente de cáncer y vocera de la conciencia de esta enfermedad. Anita Mahaffey[2] es también una sobreviviente de cáncer y propietaria de un exitoso negocio. Soania[3] es una cirujana, empresaria y filántropa. Todas ellas recibieron y enfrentaron devastadores diagnósticos; sin embargo, ellas perseveraron y se negaron a dejar que esos diagnósticos definieran quiénes son y les evitaran lograr sus objetivos y cumplir sus sueños.

Lo más importante es que sabemos que, aun cuando no podemos controlar muchas de las circunstancias que la vida nos impone, nuestra *reacción* a esas circunstancias está ciertamente bajo nuestro control y es vital para los respectivos resultados.

La historia de Sonya

Mi historia comienza cuando me diagnosticaron un carcinoma ductal (cáncer de mama). Como parte del diagnóstico, necesitaba que me quitaran dieciocho nódulos linfáticos para ver si el cáncer se había esparcido. Me hice análisis de sangre a fin de prepararme para mi primera cirugía, y, mientras esperaba en la sala preoperatoria, mi cirujano y su enfermera entraron y me dijeron que querían hablar en privado conmigo. El análisis de sangre revelaba que estaba embarazada de mi hija Faith.

---

1 Para saber más sobre Sonya y su historia, visita la American Cancer Society en YouTube, en https://www.youtube.com/watch?v=o5fyEPAM5go.

2 Para saber más sobre Anita y su compañía, http://visita www.cool-jams.com.

3 Para conoccer más acerca de Soania, visita http://www.designingacure.com/ y http://www.myhippylicious.com/.

En la consulta inicial me habían dicho que debía recolectar mis óvulos si quería tener hijos. Me di cuenta de que posiblemente me causaría daño por estar embarazada. Mi cirujano me advirtió que, como estuve expuesta a altas dosis de radiación, el feto corría el riesgo de padecer deformidades y discapacidades intelectuales. Posteriormente me sometí a tres cirugías (incluida una doble mastectomía) y a mis primeras cuatro rondas de quimioterapia estando embarazada.

Me sentí elegida para ese viaje. Sentí que me habían elegido para este viaje y no estaba segura de por qué. Mi única elección, dadas las circunstancias, era permanecer calmada y esperanzada... Sentí que Dios haría el resto.

Sopesando la información. Una vez que me diagnosticaron, quería saber cuáles eran mis opciones de tratamiento. Pedí toda la información necesaria respecto al tratamiento, la cirugía y sobre cómo podría seguir adelante con un tratamiento agresivo, pero manteniendo mi embarazo. Era una de las primeras pacientes atendida por los médicos que enfrentaba al mismo tiempo cáncer y embarazo. Era un alivio saber que contaba con un equipo que trabajaba para ayudarme a combatir el cáncer y a llevar un embarazo seguro.

Un mes y medio después de ser diagnosticada tuve una doble mastectomía. La cirugía reconstructiva generalmente se lleva a cabo al mismo tiempo que la mastectomía, pero mi cirujano de mamas no quería que estuviera bajo anestesia durante otras siete horas estando embarazada. Cuando mis marcadores tumorales bajaron a la semana treinta y siete, me indujeron rápidamente el parto. Me sometieron a una tomografía axial computarizada al día siguiente de dar a luz a Faith y descubrieron que estaba «limpia» (no había nueva actividad tumoral). Una semana después de dar a luz, retomé mi agenda de quimioterapia.

En 2012, tuve tres hemorragias uterinas. Era el cumpleaños de Faith y quería celebrarlo llevándola a su primer viaje en avión. Me encontré con dos amigas en San Diego, California, y a la mañana siguiente empecé con las hemorragias. Mis amigas me llevaron a urgencias, luego de perder cuatro unidades de sangre. Entré en paro cardiaco y mi hija vio cómo casi moría. Me sometieron a cuatro transfusiones de sangre y a un procedimiento de dilatación y legrado para detener la hemorragia. Desde entonces, me he sometido a más cirugías, incluidas una cirugía reconstructiva, una ablación uterina y una histerectomía parcial.

CENTRÁNDOME EN LOS DONES. Diez cirugías más tarde, sigo caminando por fe. Tengo un maravilloso sistema de apoyo familiar que me ha acompañado a lo largo de mi viaje. Me enfoco en el regalo de cada día y en que todos deberíamos vivir más enriquecedoramente. Pongo atención en los amaneceres y en los atardeceres. Reconozco a la gente por su buen desempeño, siempre tengo una palabra de aliento que compartir y trato de darme tiempo para las cosas importantes. Estar presente y comprometida con mi hija es muy importante para mí. Así nos estemos pintando las uñas o coloreando, quiero que ella sepa que tiene mi total atención.

Me siento sana y pienso aprovecharlo al máximo. Estoy planeando llevar a Faith de vuelta a casa en Guam, y también planeo volverme instructora certificada de Zumba. Tengo mucho que hacer y planeo estar por aquí para lograrlo.

NO TEMAS CAER. Ahora vivo poniendo mucha más atención. Soy hipersensible a las necesidades de los demás. Vivo alegremente aun sin motivo y como chocolate todos los días sin sentirme culpable. Faith salvó mi vida y alimenta mi alma.

Vivo cada día «a todo pulmón». Espero impactar con la vida que tengo e inspirar a otros a hacer lo mismo. Como seres humanos, todos tenemos momentos de reflexión donde consideramos cómo estamos viviendo y cómo podríamos mejorar nuestras vidas para lograr un mayor impacto. Le pediría a quienes contemplen esos pensamientos que se ¡muevan! La gente no debería esperar que llegue una situación dramática para darle un giro a sus vidas. No temas caer, hay un regalo en cada experiencia.

La historia de Anita

Mi primer episodio con cáncer en la cabeza fue cuando tenía cerca de veinte años. Después de enfrentar un cáncer de cabeza recurrente tres veces, perdí mi ojo izquierdo y mi párpado cuando tenía treinta y nueve años, en la que fue mi tercera cirugía, y el tumor se localizaba a dos milímetros de mi cerebro. Si el cirujano no hubiese tomado medidas drásticas, habría muerto. No había más alternativa que remover un amplio margen alrededor del tumor, lo que incluía mi ojo izquierdo, el nervio óptico y los párpados.

TRATAR DE ENCONTRAR SOLUCIONES. La primera vez que me dijeron que necesitaba cirugía para salvar mi vida, entré en pavor y pasé cada día tratando de encontrar otra solución. Fui con sanadores de fe, de cristales, exploré tratamientos de cáncer en línea, hasta finalmente aceptar lo inevitable.

Después de la cirugía, mi mandíbula estaba trabada y necesitaba terapia física para abrir la boca. Necesité un aparato prostético. Estaba asustada porque no sabía si la «bestia» volvería. Ya me habían quitado mi ojo y párpados y parecía un fenómeno. Usé un parche cerca de seis meses y la gente sin fallar comentaba algo al respecto. Era un recordatorio constante de mi «defecto».

APRENDER A AMARME DE NUEVO. Tras vencer al cáncer tres veces, decidí que mi única póliza de seguro era vivir de la mejor forma posible. No es parte de mi naturaleza escabullirme al rincón ni esconderme detrás de mi cara prostética. Realmente necesitaba aprender a amarme de nuevo. Decidí hacer cambios profundos, sabiendo que quería ser feliz y no sufrir más por el cáncer.

¡COME CHOCOLATE TODOS LOS DÍAS! Muchas cirugías después, evidentemente no soy fan de los procedimientos cosméticos. Hice lo que pude para mejorar mi aspecto físico, pero el trabajo real fue interior. Al cambiar mi manera de pensar, noté grandes cambios. Estar presente y llevar una vida sana, se ha vuelto una forma de vivir. A continuación, algunos de los cambios que he hecho:

- La inacción causa preocupación, y la preocupación hace que pierda mi preciosa energía. Elijo usar mi energía para propósitos positivos.
- Inicio mi día pensando cómo puedo mejorar la vida de aquellos que me rodean. Trato de dedicar al menos diez actos aleatorios de bondad al azar. Cuando los que me rodean están felices, en gran medida se me regresa.
- Estoy comprometida a hacer ejercicio físico cada día por el resto de mi vida. Cuando estoy cansada, escucho a mi cuerpo y salgo a dar una dulce caminata o practico yoga; cuando tengo más energía, hago una caminata intensa, corro o practico pilates.
- Me apego a la comida natural, vegetales y frutos frescos, pan y cereales de grano entero, nueces, proteínas magras y bajas en grasa. Bebo agua, té, café y ocasionalmente un vaso de vino o champaña. La vida es una continua celebración que no debe ser desaprovechada.
- Amo el chocolate, así que me consiento todos los días con un poquito. Tomo mi chocolate, mi latte y pienso en todas las cosas buenas por las que estoy agradecida.

- Hago lo que amo y amo lo que hago. Mis pasiones incluyen mi familia, mi negocio (una compañía de piyamas que regulan la temperatura), hablar en público, asesorar a mujeres emprendedoras, leer, hacer voluntariado y ejercitarme.

Estos simples pero efectivos cambios de vida, han permitido mantenerme llena de energía, feliz y saludable, a pesar de las dificultades que he enfrentado.

Vivo la mejor vida posible. Llevo libre de cáncer casi quince años. Suelo bromear de que, a los diez años de darme de alta, mi médico me «corrió» de su consultorio. Cuando el doctor me dijo que estaba casi a cero la posibilidad de que el cáncer volviera, fue uno de los días más felices de mi vida.

Tengo un maravilloso esposo, tres hijos fantásticos y un exitoso negocio. He aprendido mucho de estos tiempos oscuros. Cuando está oscuro afuera, las estrellas brillan más. No sería la misma persona que soy ahora si no hubiera atravesado todo esto. Mi vida no ha sido sencilla, pero es como la montaña rusa: muchas emocionantes subidas y bajadas, y al final, el paseo vale la pena.

La historia de Soania

Mis síntomas comenzaron con un ligero temblor en mi pulgar derecho. Antes había escuchado de pacientes con temblores, pero médicamente era todo un enigma para mí. Por esa misma época, me programaron una cirugía para remover un tumor benigno del cerebro. La cirugía fue exitosa, y, mientras me recuperaba, estaba muy preocupada como para prestar atención a un temblor esporádico que fue descartado por mi neurocirujano en mi siguiente cita.

Un par de meses después de la cirugía, mi esposo —que iniciaba su carrera como urólogo— y yo estábamos emocionados de saber que esperábamos a nuestro primer hijo. Pero conforme avanzaba mi embarazo, lo hizo también el temblor, tanto que consulté a un colega neurólogo en la clínica donde mi esposo y yo empezábamos nuestras prácticas. Después de muchas pruebas neurológicas, mi colega me miró y lenta y cuidadosamente me anunció que pensaba que yo padecía la enfermedad de Parkinson. De inmediato descarté su diagnóstico como un error de juicio clínico. Pero unos meses más tarde del diagnóstico inicial, una segunda opinión de uno de los más importantes expertos en el campo me lo confirmó.

Durante casi una década me vi inmersa en el cultivo de mi práctica profesional y en mi familia, dando la bienvenida a tres hijas. El temblor empeoró en mi mano, comenzó en mi pie derecho y progresó al lado izquierdo de mi cuerpo. Hice absolutamente el mínimo para manejar mi diagnóstico, sin querer afrontar el desafío que me presentaba la vida.

La enfermedad estaba apoderándose de mi cuerpo. Lamenté el día que debí dejar de ayudar en la sala de operaciones y no poder suturar más en la unidad de urgencias. Odié tener que cronometrar mis medicamentos y tratar de que mis manos no temblaran al aplicar vacunas o tomar muestras. Me enfurecía que el temblor me diera ese aire nervioso cuando estaba bien segura de mis conocimientos y habilidades. Pero la enfermedad invadió todos los aspectos de mi vida, desde cuidar de mis hijos pequeños, atender mi casa y mis relaciones. Algo tan simple como una invitación a un evento social requería una cuidadosa planeación para la toma de mis medicamentos, y como resultado, empecé a aislarme.

NEGACIÓN Y RECHAZO. Durante mucho tiempo me enfoqué en las dificultades que enfrentaba diariamente y en todo lo que sentía que estaba perdiendo, porque no era mi elección ser más lenta. Mi esposo y yo disfrutábamos de la crianza de nuestros hijos, teníamos florecientes carreras y estábamos construyendo una casa nueva. La vida debería haber sido ideal considerando cuán bendecidos éramos, pero siempre estaba esa sombra pendiendo sobre mí.

Estaba enojada porque un tiempo mi vida fue maravillosa y ahora tenía que lidiar con este diagnóstico. Aunque nadie podría dudar de mi comportamiento alegre, no me gustaba el hecho de que rara vez reía. Intentaba distraerme con mi «ajetreo», pero me estaba agotando. Me vi consumida por los pensamientos de la discapacidad que estaba enfrentando. ¿Qué pasaría con mis planes de viajar con mi esposo cuando me retirara? ¿Iba yo a ser físicamente funcional para mis hijas mientras crecían? Pasé casi una década de negación y rechazo al tema, y fue un periodo de ira, miedo y desesperanza.

DE LA ADVERSIDAD VIENE LA FUERZA. Mi párkinson siguió empeorando y mi capacidad para enfrentarlo se deterioró. Pero de la adversidad viene la fuerza, y esta experiencia condujo a un momento decisivo en mi vida. Mi futuro incluía el párkinson, pero gradualmente me di cuenta de que mis experiencias de vida serían muy diferentes, dependiendo de cómo enfrentara este reto. Era necesario un cambio. Fue claro para mí que había elegido tener miedo y ser pesimista, y reconocí que esta actitud no estaba funcionando. Llegué a comprender que, a pesar de que el diagnóstico no estaba bajo mi control, la forma como enfrentara el reto determinaría pasar de una posición de desamparo a una de poder.

USAR LA EXPERIENCIA DE VIDA PARA AYUDAR A OTROS. Con el cambio de paradigma necesario, los años de tormenta interior y dudas llegaron a su fin. Reconocí que en realidad no estaba viviendo cuando estaba en ese estado mental. Esta fue una poderosa lección de vida, y es aplicable a todas las áreas de mi existencia. Acepté mi diagnóstico y decidí que el Parkinson no definiera mi vida; mientras pudiera, florecería a pesar de las limitaciones. Este darme cuenta permitió moverme más allá de mi enfermedad para enfrentar esas variables en mi existencia sobre las que sí tenía control, para dar algo a cambio a mi comunidad y usar mis talentos y experiencia de vida para ayudar a otros.

EMPODÉRATE... VIVE TU PRESENTE. La enfermedad de Parkinson nos presenta retos diarios. Es una enfermedad neurológica progresiva, así que con el tiempo mi condición se deteriorará. Pero elijo ser optimista, mantenerme enfocada en la investigación que traerá mejores tratamientos y hasta una cura. Intento controlar las variables sobre las que sí tengo influencia, optimizando mi salud general y mi bienestar emocional para vivir bien. Sé que hay mucho que se puede hacer para vivir bien con Parkinson y con cualquier otra enfermedad crónica: empodérate a ti misma y conviértete en participante activa en la forma de manejar tu condición.

Debes abandonar tus miedos respecto al futuro para empezar a vivir tu presente. Tal vez no tengas alternativas en cuanto a lo que te imponen los retos de la vida, pero tienes la elección de cómo enfrentarlos. El poder de elección puede llevarte de una posición de desesperanza a una de empoderamiento.

ENFERMEDAD GRAVE DE TU ESPOSO

Era la esposa sentada frente al doctor cuando éste daba las horribles noticias a mi esposo. Entré directamente en esa licuadora mental a la que te lanzan, mientras en silencio escuchas palabras que ni siquiera puedes entender. Al instante tu cabeza se pone en modo cuidador, mientras tu corazón trata de aferrarse a la nueva realidad. ¿Cómo vas a cuidar de tu esposo enfermo y de tus hijos al mismo tiempo? ¿Qué hay de los efectos secundarios del tratamiento? ¿El seguro de gastos médicos cubre todo? ¿Cómo vas a ir a trabajar? ¿Qué va a pasar con tu casa? ¿Qué va a pasarte a ti?

Louise* es una profesional altamente respetada en la industria, con frecuencia trabaja entre doce y catorce horas al día, con muchos viajes y trabajo incluso en su tiempo personal. De hecho, ella recorrió el camino de la enfermedad de su esposo ya una vez; utiliza sus experiencias de esa primera vez, y comparte lo que siente al ser nuevamente la esposa de un hombre que lucha por su vida contra una enfermedad y que depende de ella tanto en sentido práctico como emocional.

La historia de Louise

Luego de perder a mi pareja debido a una seria enfermedad, me tomó seis años lograr despertarme en la mañana y sentirme normal de alguna manera. Con el tiempo, mi vida parecía estabilizarse, iba reconstruyéndola día a día. Comencé a relacionarme y a tener citas de nuevo. Fui muy afortunada, conocí a alguien y nos enamoramos. Llevábamos un año de relación cuando le diagnosticaron linfoma.

MALA SUERTE Y CULPA. Me dije: «Oh, Dios mío, ¿soy la de la mala suerte?». Culparme fue una gran parte de este proceso. No podía creerlo, y trataba de comprender cómo un rayo me había golpeado dos veces.

DEFINIR EL NUEVO PAPEL CON UNA NUEVA ACTITUD. La primera vez yo estaba de acuerdo con la negación. No alenté mi participación en manejar ni las finanzas personales, ni su testamento y así sucesivamente. Después aprendí que la negación no es justa para nadie, y no querer ver la realidad no ayuda.

Me di cuenta de que mi papel es apoyar y ayudar de cualquier manera posible. Esto incluye tener buena actitud, una de las cosas que estoy desarrollando al «envejecer y aprender», ya que la actitud es muy importante en el trabajo, en las relaciones, en la familia, en la vida de casa, y especialmente cuando tu pareja atraviesa un severo reto de salud. Estar ahí para apoyar, alentar y para ser una porrista.

TOMÉ ACCIONES POSITIVAS CONTRA EL ESTRÉS. El estrés era inconmensurable. Mi cabello empezó a caer y mis otrora hermosos rizos eran ahora hebras secas. Sin embargo, cuando estoy asustada y bajo mucho estrés, el tomar acción positiva me ayuda. Investigar y leer me ayudó. Encontré un excelente artículo sobre una isla donde la «la gente olvida morir». Llevaba conmigo el artículo dondequiera que iba y lo enseñaba a la gente diciéndoles que lo leyeran.[4]

ESCUCHAR Y AMAR. Tu papel como pareja es dar amor y apoyo tanto como se requiera. Escuchar es un acto de amor. Es lo mejor que puedes hacer… simplemente escuchar y no decir ni una palabra.

ENFERMEDAD GRAVE DE UN PADRE

Somos una población que vive más, como nunca antes. Por tanto, es natural que la posibilidad de tener que cuidar un día de un padre enfermo se haya incrementado. Además, los cuidadores de padres enfermos con frecuencia están en posición de cuidar simultáneamente a sus propias familias, lo cual representa un reto incluso mayor en términos de tiempo, energía y desgaste financiero.

Desde un punto de vista emocional, la persona enferma no es sólo un «caso», también fue quien nos cuidó cuando nosotros estuvimos enfermos. ¿Qué pasa cuando los roles se invierten, estás en el umbral de la vida adulta y te ves en un papel que sólo tú eres capaz de cubrir?

---

4   "The Island Where People Forget to Die", *The New York Times*, 24 de octubre de 2012.

La historia de Tory

Yo era como cualquier otra graduada de la preparatoria hasta que un día mi madre fue diagnosticada con cáncer de mama. Inmediatamente me volví su cuidadora, llevándola a sus tratamientos, haciendo la compra cuando no se sentía bien y llevándola al salón de belleza. Frotaba su espalda cuando vomitaba después de la quimio, y permanecía con ella en esos días que no quería salir de la cama.

Hubo una remisión en su enfermedad, al punto de poder mudarme a Maui. Como me había quedado en casa durante mi primer año de universidad para cuidarla, éste era un gran paso; era la primera vez que vivía sola. Casi dos años después de irme a Maui, recibí una llamada de papá diciéndome que el cáncer de mamá había hecho metástasis y le quedaban aproximadamente tres meses de vida. Las noticias eran devastadoras. Puse en venta mi departamento, acomodé a mi perra para que la cuidaran hasta poder llevarla conmigo a California y me fui a casa al día siguiente.

Comencé a hacerme cargo de todos los deberes que mamá tenía bajo su responsabilidad: cocinar, limpiar, lavar, hacer las compras y llevar las cuentas de los negocios familiares; también ayudaba a organizar las citas con los doctores y el régimen de medicinas. Después de intentar dos tipos de quimio, nos dijeron que ya no había opciones y que nuestra prioridad debía ser hacerla sentir cómoda. Posteriormente encontramos a un naturópata que nos gustó tanto que comencé a tomar clases de la terapia de masaje por las noches para poder ayudar a mamá con su dolor. Justo ahora tengo una práctica de masaje.

Mi madre vivió tres años más de lo predicho por los médicos. Su calidad de vida era nuestra prioridad número uno: continuamos viajando, riendo y conservando las tradiciones. Ciertamente, hubo una lucha de poder, pero, como en cualquier relación, trabajamos nuestras diferencias y las superamos.

Vi a mi madre dar su ultimo respiro. Fue un momento íntimo y pacífico, compartido solamente con mi padre, mi hermano, la hermana de mi mamá y nuestro perro, Bailey.

No nos merecíamos esto. «¿Por qué a mí?» fue literalmente mi primera pregunta. Hice todo «según el manual» y tenía la «familia perfecta». ¿Cómo rayos podía pasarme esto a mí? Era una buena hija. Mantuve un promedio alto de calificaciones y tenía una beca para la universidad. Mamá era una madre increíble, no se lo merecía, y en verdad yo no merecía un mundo sin mamá.

No me tomó mucho tiempo darme cuenta de que la palabra «merecer» debía eliminarse del diccionario.

¿Qué hago ahora? Tuve dos muy diferentes momentos de «qué hago ahora». El primero fue cuando vivía en Maui y mi papá llamó para decirme que el cáncer de mamá había vuelto. La última cosa que me dijo durante esa llamada fue: «¿Qué vamos a hacer?». Al llegar a casa me volví el capitán del equipo. Los siguientes tres años y medio estuvieron llenos de momentos de «qué hago ahora».

El otro momento de «qué hago ahora» fue cuando mamá falleció. Estaba enojada y con mi corazón roto, pero sobre todo no sabía qué hacer. Fui tan organizada y siempre estuve un paso adelante cuando estuvo enferma, pero esta vez sentía que había fallado miserablemente. Cada momento de los últimos tres años y medio habían sido literalmente programados y nunca consideré que *realmente* iba a morir. No tenía un plan de duelo para-después-de-su-muerte.

Convertir el duelo en acción. Faltaba un mes y medio para mi cumpleaños veinticinco cuando mi mamá falleció. Pensaba que para los veinticinco tendría un grado universitario, una carrera, un esposo, una casa, etcétera. Después de una fiesta de autoconmiseración (y algunos cocteles), decidí hacer algo al respecto.

Tras la muerte de mamá, mi hermano, mi padre y yo compramos boletos sencillos para Bangkok, Tailandia, vía Maui con intención de sanar. Esparcimos las cenizas de mamá en su playa favorita de Maui y luego pasamos meses de mochila en Tailandia. Fue una experiencia que cambió nuestras vidas.

La experiencia como cuidador de alguien es algo que la mayoría de la gente enfrentará en sus vidas (en los Estados Unidos hay aproximadamente sesenta y cinco millones de cuidadores informales). Pensé que tal vez habría alguna forma en que yo podría ayudar a otros. Mientras viajábamos por Tailandia, comencé a revisar *The Medical Day Planner*,[5] una guía para ayudar a los cuidadores y a los pacientes a mantenerse organizados durante el proceso de atención.

EL MAÑANA TRAE UNA OPORTUNIDAD DE CAMBIO. Atender a un enfermo es un agotador y desinteresado acto de amor. Nos volvemos cuidadores porque nos importa. Eso no significa que dejes de preocuparte por ti al mismo tiempo. Delega tareas, pide ayuda, encuentra el momento para hacer lo que amas y ten una vida aparte de los cuidados. Llegará un punto donde tus labores como cuidador terminen y, más que nunca, es cuando te das cuenta de que afuera sigues teniendo una vida.

El proceso sigue, y es importante recordar que el proceso siempre cambia. Siempre hay un mañana… y mañana es una oportunidad de despertar con una visión, actitud o sentimiento diferente. La oportunidad de cambiar siempre está ahí.

---

5 Para más información sobre Tory y *The Medical Day Planner* (Victory Belt Publishing), visita www.toryzellick.com.

ENFERMEDAD GRAVE DE UN HIJO

Hace algunos años en las horas de la noche, Kendall se sintió enferma, literalmente. Estaba tan enferma que perdió el conocimiento y, al desmayarse, se pegó en la cabeza con la tina de baño. Después de una desesperada llamada al 911 y un viaje frenético en ambulancia, uno de los paramédicos me llevó aparte en la sala de emergencia para informarme que, al tomarle el pulso, estaba en cuarenta.

Me petrifiqué.

Kendall más tarde dijo que se había sentido tonta al tener a su madre en la sala de emergencia. Después de todo, tenía poco más de veinte años y, siendo adulta, no debería recurrir a su madre durante una crisis.

La escuché, suavemente besé su mejilla y respondí: «Puede que seas mayor…, pero para mí sigues siendo mi pequeña».

Sin duda, fue una de las cosas más inteligentes que jamás haya dicho, y hablo en nombre de todas las madres.

Enfrentémoslo. A pesar de lo que quieran pensar nuestros hijos, nadie los conoce mejor que nosotros. Sabemos *todo* sobre ellos: sus personalidades, sus peculiaridades y sus idiosincrasias. Todo lo que hay que saber… lo sabemos.[6]

También sabemos cuando algo no va bien y, cuando eso pasa, nos entra un frío que congela nuestro corazón. Sonreímos ante nuestros hijos y les aseguramos que todo va a estar bien, mientras que por dentro temblamos como gelatinas. Hacemos tratos con el poder superior para proteger a nuestros hijos y suplicamos que sus dolores o pruebas pasen a nosotros, tratando de convencernos de que todo va a estar bien.

Pero a veces, *no* está bien.

---

6 Generalmente antes que ellos.

Shanon es una vibrante y extraordinariamente inteligente mujer con grandes metas, grandes sueños y un corazón aún más grande. Si pronuncias la palabra «Necesito…», Shanon ya está ahí. Es una mujer de acción, verdaderamente activa y emprendedora.

Shanon también ha enfrentado una serie de retos difíciles, primero con la muerte de su esposo, seguida de un diagnóstico grave de su hijo. Su historia es a la vez conmovedora y llena de esperanza para los padres.

La historia de Shanon

Mi historia inicia como muchas: conocí a un chico y me enamoré. Por desgracia el final no fue «… y vivieron felices para siempre». Me casé con Tim en noviembre de 2003. Tuvimos a Lucas, nuestro hijo, el 3 de agosto de 2007. El 6 de mayo de 2008, Tim falleció de regreso a casa en un intento por rebasar el tráfico. Cuando Tim murió tenía veintinueve años, yo tenía veintiséis y Lucas tenía nueve meses. Debía reconstruir mi vida para poder hacerme cargo económicamente de mi hijo, nuestra casa y nuestras vidas.

Para junio de 2010 tuve a mi hija Ashlynn y, aunque estaba soltera, seguía adelante con mi vida. Lucas, entonces con tres años, dejó de caminar. En su guardería pensaron que estaba jugando, porque permanecía sentado y se arrastraba por el suelo. Pronto me percaté de que era incapaz de sostener su peso sobre sus piernitas.

En pánico, lo llevé al hospital local. Después de varios análisis y sin muchas explicaciones, lo pusieron en una ambulancia y nos transfirieron a un hospital más grande, como a una hora de casa. Las siguientes dos semanas las pasamos en el hospital mientras Lucas se sometía a exámenes. Sentada en el cuarto de hospital y temiendo por la vida de mi hijo, todo lo que quería era a mi difunto esposo.

Después de lo que me pareció una eternidad, recibimos un diagnóstico: Lucas tenía distrofia muscular de Becker. De alguna manera el diagnóstico fue un alivio, pues por fin pusieron nombre a lo que estaba afectando a Lucas y podíamos idear un plan de acción. También fue sobrecogedor, ya que esta enfermedad no está muy estudiada y actualmente no tiene una cura.

POR FAVOR QUE SEA YO. Cuando Lucas fue diagnosticado, rogué a Dios que me ayudara a entender por qué me tocaba enfrentar tanto tan joven. Estuve mucho tiempo enojada a raíz de la enfermedad de mi hijo. Estaba enojada con Tim por haberse ido. Tenía miedo de que Lucas muriera antes que yo y de cuán injusto sería. Rogué que fuera yo y no él.

PERMITIRLE SER UN NIÑO. Como ya había atravesado enormes tragedias antes de la hospitalización de Lucas, estaba devastada emocionalmente a partir de su diagnóstico. No sociabilizaba y seguía con mi casa y mi trabajo en la escuela. No podía ir a reuniones sobre la enfermedad de Lucas porque simplemente estaba aterrada.

Me sigue costando mucho trabajo no sollozar cuando me dice que sus piernitas le duelen. Sin embargo, sus médicos me dijeron que lo deje ser un niño, y es justo en lo que más me centro: en dejar que sea un niño.

ESTOY DONDE DEBO ESTAR. Aprendí a dar un paso a la vez y a permitirme sentir como necesito sentirme. Pasé mucho tiempo diciéndome cómo debía sentirme y dejando que la gente me dijera qué tenía que hacer. Aprendí a liberar mis emociones. Estoy donde debo estar.

Con el diagnóstico de Lucas, he tratado de respirar hondo y dejar que la vida siga su curso. He tenido que aprender a dejarlo ser un niño porque la mayor parte del tiempo es un niño normal. Claro que tenemos días duros y muchas veces maldigo a Tim por no estar aquí para compartir este camino. Pero ahora trato de tener un papel más activo en la recolección de fondos para la Asociación de Distrofia Muscular,[7] con la esperanza de que puedan encontrar una cura para Lucas.

ENCONTRAR SONRISAS EN LAS PEQUEÑAS COSAS. Si eres padre de un niño con necesidades especiales, recuerda tomarte el tiempo para respirar. Está bien tomar descansos, porque una mami feliz es una buena mami. Si te sientes estresado, encuentra una niñera y vete al cine o a cenar con un amigo. Está bien y necesitas darte permiso de hacerlo.

También necesitas estar consciente de tus limitaciones. No sientas pena si necesitas pedir ayuda. Asegúrate de estar bien informada sobre el desorden o la enfermedad de tu hijo, así como de lo que necesitas hacer, pero no olvides que tú conoces mejor que nadie a tu hijo. Entre los mejores consejos que me dieron fue que dejara a Lucas ser un niño. Es importante mantenerlo a salvo, pero es más importante que disfrute su vida.

Es natural preocuparte, pero no dejes que esas preocupaciones se vuelvan el centro de tu vida. Enfócate en las pequeñas cosas que los hacen felices. Algunos de nuestros mejores días son cuando nos sentamos con la familia y hacemos palomitas, vemos películas, nos entretenemos con juegos de mesa y armamos rompecabezas juntos. Esos son los momentos que cuentan.

¿Cómo puedes ayudar?

Enterarte de que alguien a quien quieres ha sido diagnosticado con una enfermedad grave es terrible, pero no tan terrible como lo es

---

7 Para mayor información sobre la Asociación de Distrofia Muscular y de otros recursos para pacientes y familiares afectados por enfermedades neuromusculares, visita www.mda.org [en México consulta www.admo.org.mx].

para los directamente afectados. Las noticias sobre una enfermedad siguen siendo situaciones donde más comúnmente escucho decir «No sé/No supe qué hacer o qué decir».

No es momento para dejarte abrumar por el miedo porque no encuentres las palabras. Más bien, es momento de aportar toda tu fuerza. Incluso si no te sientes fuerte por dentro (y es absolutamente normal), como sabes, necesitas guardar esos sentimientos para ti mismo. Ahora es momento de que estés para la persona que te necesita.

Lo que hay que hacer

- **Pregúntale acerca de su condición de salud con la voluntad de escuchar una respuesta honesta**: «Realmente, ¿cómo te sientes hoy?»; «¿Cómo va todo hoy»; «¿Qué novedades hay?».

  Dale una rápida revisión al capítulo uno, «¿Cómo puedo ayudar?», y la historia de Joel y Rob. Recuerda, ellos nunca dudaron en preguntarle a Mike cómo se sentía y, al hacerlo, reconocían lo que él estaba viviendo.

- **Muestra interés sincero por la situación**: «¿Qué ha dicho el doctor?»; «¿Cómo está funcionando el tratamiento?»; «¿Cuáles son los siguientes pasos?».

  Una vez más, estás creando una atmósfera donde el paciente o cuidador puede compartir no sólo los pormenores de lo que está sucediendo, sino también sus sentimientos, buenos y malos (y habrá una mezcla de ambos).

- **Llámale o envíale un correo antes de ir de visita**: «Me encantaría ir a verte, ¿está bien para ti esta [fecha, día y hora]?»; «¿Qué te puedo llevar?».

  Siempre pregunta antes de visitar. Tu horario no es necesariamente su horario, y nunca sabes qué está pasando en casa o con la enfermedad en un momento dado.

- **Si médicamente se permite y es apropiado por el tipo de relación, sigue con las demostraciones físicas de afecto:** Recuerdo con cariño las noches cuando Kendall se quedaba dormida y yo me metía con Mike en su cama del hospital. Veíamos episodios de *Friends* y *M*A*S*H*, y yo me sentaba tan cerca de la cama como la silla lo permitía. Tomaba su mano (ya totalmente atrofiada por la enfermedad) y entrelazaba sus dedos con los míos. Lo abrazaba, lo besaba y procuraba tanto contacto físico como era posible. Mike era una persona muy cariñosa y, aunque ya no podíamos tener intimidad, él adoraba que siguiéramos con la conexión física tanto como su enfermedad lo permitía.

  Igualmente, invitaba a los visitantes de Mike a que lo abrazaran, le dieran besos, lo saludaran de mano (el visitante debía tomar la mano de Mike y apretarla) o mantuvieran contacto físico con él en cualquier forma, como hubieran hecho si no estuviera enfermo. Era una manera sutil de recordarle que, a pesar de la enfermedad, seguía siendo Mike... y, aun cuando se viera y se oyera diferente, seguía siendo el mismo osito abrazable.

  Si médicamente no es peligroso, también puedes continuar con el mismo nivel de proximidad que disfrutabas antes con tu paciente. Salúdalo con un abrazo, beso, apretón de mano o cualquier forma que acostumbrabas antes de la enfermedad. Incluso si no es capaz de corresponder, el afecto ayuda al paciente a sentirse más normal y menos «enfermo».
- **Sigue la vida normal como parte de la vida del paciente o del cuidador:** «No sabes lo que ha pasado en la oficina»; «Viste [programa de televisión, ultima sensación en Internet] anoche»; «¿Cómo van tus hijos en la escuela?».

  Si bien es necesario reconocer la enfermedad y hablar de ello, el paciente no quiere enfocarse exclusivamente en su enfermedad. A pesar de ésta, la vida continúa; los pacientes que enfrentan condiciones serias aún quieren disfrutar la vida de forma tan normal como sea posible. Esto incluye conversaciones sobre el trabajo, niños, relaciones, los últimos fiascos de los *reality* de la televisión, el precio de la gasolina o cualquier cosa que contribuya a ayudarlo a sentirse tan normal como sea posible dentro de las circunstancias.

Siéntete libre también de compartir lo que sucede en tu vida sin sentirte como una carga para el paciente o que de alguna manera tu vida es insignificante en comparación. Las conversaciones como éstas pueden actuar como un bálsamo en la que alguna vez fue una vida tranquila.

- **Si el paciente o cuidador pueden, ofréceles llevarlos a tomar un café, una comida o alguna actividad divertida**: Nada se siente mejor que una pausa temporal en medio de una enfermedad, doctores, compañías de seguros y cualquier cosa relacionada con ello. Pueden ser un par de horas afuera, pero qué diferencia pueden hacer esas horas; pueden dar al paciente un sentimiento de normalidad y refrescar y revivir al cuidador.

En las ocasiones que pudimos salir, adoraba el hecho de que alguien llevara la comida y limpiara después. No importaba si estábamos en un restaurante o en un área de comida rápida, sólo salir periódicamente por un rato hizo maravillas en mí: hizo que me transformara en mejor cuidadora para Mike y mejor madre para Kendall.

Sin duda, lo que no hay que hacer

- **No trivialices la enfermedad o los sentimientos del paciente al respecto**: «No tengas miedo»; «Vas a estar bien»; «Los médicos siempre se equivocan».

Declaraciones como éstas apagan la necesidad del paciente de hablar de su enfermedad y sus sentimientos respecto a lo que le depara el futuro. No sabe si se va a recuperar, ni qué va a tener que atravesar para sanar, o puede que sepa *exactamente* lo que implica el tratamiento y lo atemoriza. Cualquiera que sea el caso, necesita discutir lo incierto de la situación, no preocuparse por tu incomodidad ante su enfermedad.

• **No compares negativamente su situación con tu propia experiencia o con la experiencia de alguien que conoces**: «Pasé exactamente lo mismo cuando estuve enfermo, deseaba morirme»; «Conozco a alguien que tuvo lo mismo y él/ella [murieron o sufrieron terribles consecuencias]».

¿Has notado que nadie cuenta historias que digan «Conocí a alguien con tu misma enfermedad y no pasó nada terrible»? Al parecer siempre son las historias de terror las que compartimos.

Cuando tenía veintiséis años me extrajeron las anginas, que no es una cirugía tan sencilla como cuando tienes cinco años. Entre el momento en que me programaron la cirugía y la cirugía misma, me contaron numerosas historias de personas que sufrían dolores inimaginables, terribles hemorragias y peor. No podía comprender cómo podía ayudarme cualquiera de esas historias. Ahora, una cirugía de amígdalas no es una condición seria o una cirugía mayor, ¿te puedes imaginar cómo se debe sentir el escuchar historias de horror cuando enfrentas una serie de terribles circunstancias?

No sirve de nada hablar sobre cualquier clase de potenciales resultados negativos o atemorizantes. La idea es levantar al paciente y darle esperanza y optimismo, no hacer más grande la tormenta de temor que ya está viviendo.

• **No critiques ni cuestiones los protocolos de tratamiento**: «Los doctores no saben nada, necesitas ver… [alguien que no

está entrenado médicamente]»; «No deberías seguir ese tratamiento, deberías [cualquier cosa que es potencialmente no
sana o ilegal, contraria a las órdenes de los médicos o que
no ha sido probada médicamente o desconocida]».

A menos que seas un doctor especializado en la enfermedad que padece el paciente, tu trabajo es ofrecer apoyo y un
oído atento, no cuestionar el tratamiento o el juicio del enfermo. Si has escuchado algo interesante en el frente médico que
quizá sea pertinente para la enfermedad del paciente, puedes
averiguar si su doctor sabe de estas interesantes novedades;
sin embargo, sugerir alternativas o tratamientos (que puedan
ser ilegales o peligrosos para la salud del enfermo) es totalmente inapropiado.

- **No insistas en hacer visitas si el paciente o la familia piden lo contrario:** «Voy a ir a verte, y no acepto un no como
respuesta»; «Estoy yendo para allá ahora mismo».

Tu necesidad de visitar siempre debe estar supeditada a lo
que sucede con el paciente, así como con quienes se ocupan
de su cuidado. Si te piden que no vayas de visita en determi-
nado día o en cierto horario, debes darte cuenta de que hay
una buena razón por la cual el paciente y quienquiera que lo
cuide así lo solicitan. Estás obligado a respetar el delicado
equilibrio del hogar donde se enfrenta una seria enfermedad,
o, si se trata de un hospital o cualquier otra instancia, acata
las reglas de la institución.

Cuando hay visitas presentes, todos (incluido el paciente)
sienten que las deben atender. No puedes asumir que sólo
porque alguien está enfermo, esta persona (o sus familiares)
tiene deseos de atenderte. Un hogar que enfrenta una enfermedad seria no es como una tienda veinticuatro horas abierta
para cuando quieras ir, y, por el bienestar de los pacientes, los
hospitales son muy rígidos en los horarios de visita.

Si deseas visitar al paciente y te dicen que el día o la hora que propusiste no son convenientes, sé comprensivo, pregunta cuándo sería mejor ir de visita y respeta su decisión.

• **Nunca llegues sin avisar, sea que estén en casa o en el hospital**: «Estaba por el rumbo y pensé en pasar a saludarte»; «¡Sorpresa!»; «Este es el único momento que tengo para visitarte».

Esto no es sólo mal educado y desconsiderado para el paciente y todos los miembros de la casa, sino que no sabes si interrumpirás el tratamiento o evitarás que el paciente o sus cuidadores puedan descansar.

Recuerdo un domingo cuando llegó una visita inesperada. Además de que no teníamos ayuda los domingos, Mike y yo habíamos estado despiertos la noche anterior por sus problemas respiratorios. Ambos estábamos exhaustos y no teníamos ganas de nada más que de cerrar los ojos, y, a pesar de nuestras sutiles indirectas, el visitante no parecía darse cuenta... durante casi cinco interminables horas.

Este tipo de «sorpresa» es desconsiderada para el paciente y las personas o el lugar a cargo de su cuidado. PD: los cuidadores también necesitan descansar.

• **No hagas proselitismo o de alguna manera «fuerces» una espiritualidad que puede no ser bienvenida (parte I)**: «Lo que no te mata te hace más fuerte»; «Dios tiene un plan»; «Ha llegado el momento de que pienses en... [unirte o convertirte a una religión a la cual el paciente no pertenece]».

Incluso las personas más espirituales no necesariamente quieren escuchar sobre el «plan de Dios» o algo similar. Lo mismo vale para tratar de convertir a alguien a otra fe durante lo que puede ser uno de los momentos más atemorizantes de su vida, y, si no son espirituales, no debes cruzar esa línea, pues quizás hasta te pidan que no vuelvas.

Si un paciente y su familia necesitan guía o consejo espiritual, lo dirán y lo solicitarán. Sin importar qué tan bien intencionado seas, a menos que conozcas al enfermo y a su familia sumamente bien y sepas que son muy espirituales, abrir esta línea de conversación es inadecuado en el mejor de los casos, pero, en el peor, es increíblemente ofensivo y molesto para el paciente y su familia.

- **No te mantengas alejado porque «no puedes con ello»:** «No soporto verte/verlo "así"»; «La gente enferma me aterra»; «¿Qué tal si me contagia?».

En primer lugar, si hubiera peligro de contagio, no te permitirían ir de visita. La semana anterior al fallecimiento de Mike, presentó un terrible resfriado y, aun cuando yo quería estar a su lado, sus doctores y el equipo médico comprensiblemente no me dejaron estar cerca de él.

En cuanto a «aterrador», te invito a revisar el capítulo diez. Igual que con una lesión seria, esto no se trata de tu incomodidad. Nadie está diciendo «No estés triste» o «No estés molesto». Simplemente no uses tus sentimientos como una excusa para evitar una situación difícil. También serás culpable de omisión. La gente *sí* se da cuenta.

DE UNA MALA EXPERIENCIA A DÍAS MÁS BRILLANTES. Nadie niega que una enfermedad grave es una de las cosas malas más atemorizantes que cualquier persona puede enfrentar. Independientemente de a quién le pase o qué le pase, tu mejor aliado siempre será la educación-conocimiento, el apoyo, la proactivad y la perseverancia. Seas tú el paciente o el cuidador, no trates de enfrentar una enfermedad grave por ti mismo. Hay mucho apoyo disponible, y necesitas recurrir a éste.

Lo más importante: recuerda que, donde hay vida, hay esperanza… y donde hay esperanza, hay vida.

CAPÍTULO DOCE
CUANDO «MEJÓRATE PRONTO» DA UN GIRO TRISTEMENTE INESPERADO: LAS ENFERMEDADES TERMINALES

Pocas cosas en la vida son tan atemorizantes como enterarte de una enfermedad grave incurable, y que la transición de paciente crónico a agudo... se vuelva terminal.

¿Un tema divertido? Para nada. Sin embargo, es uno de los temas más importantes que podemos discutir, ¿por qué? Porque, a pesar de que es dolorosamente insoportable, ser parte del ocaso de la vida de otra persona es uno de los actos de bondad más desinteresados que podemos mostrar a alguien, y no será correspondido.

Jodi O'Donnell-Ames sabe lo que es vivir con ELA, pues perdió a su amado esposo Kevin a causa de esta enfermedad. Ella comparte su historia, desde que recibió el diagnóstico y su viaje como familia hasta cómo fue que se sobrepuso a su pena ayudando a otros.

La historia de Jodi

Me casé con Kevin en 2002, fuimos bendecidos con nuestra hija Alina y estábamos en la cima del mundo. Kevin fue diagnosticado con ELA y mi mundo se derrumbó. Me volví la enfermera de Kevin, sus brazos y su voz. Aprecio lo afortunada que soy por haber tenido seis años para despedirme de él. Cuento mis bendiciones.

En 2007, inicié la Hope Loves Company[1] (La esperanza ama la compañía), la única asociación sin fines de lucro en los Estados Unidos, que apoya a los niños con ELA. Los milagros suceden y mi vida y felicidad han vuelto.

PROACTIVIDAD FRENTE A LA INCERTIDUMBRE. No estaba enojada, simplemente estaba muy triste por nosotros. ¿Cómo era posible que mi joven, saludable y guapo esposo tuviera esta enfermedad terminal? Inmediatamente quise saber todo sobre la ELA, a fin de ser proactiva en la lucha. Estaba deprimida y necesitaba entrar en acción. Si no hubiera utilizado esa energía en forma positiva, no sé si habría aguantado.

DEL CUIDADO A LA PROMOCIÓN. Desde joven fui cuidadora natural y las habilidades de cariño fueron el impulso y el apoyo en nuestro viaje con la enfermedad. Fui enfermera 24 horas al día, siete días a la semana, durante seis años. Kevin usaba un ventilador, estaba paralizado, tenía un tubo de alimentación y no podía hablar. Cuando murió, quedó un espacio vacío.

Después de su muerte, tuve todo el tiempo del mundo y nadie con quien compartirlo. Recuerdo muchas noches en vela, hasta que mandé un correo a las 2:00 a.m. pidiendo a alguien si, *por favor*, podía darme un trabajo, un propósito. Obtuve una respuesta y empecé mi trabajo como Directora de Comunicaciones de la Fundación Hope de ELA. Ese trabajo fue el catalizador de mucho más por venir.

UN NUEVO PROPÓSITO ALIVIÓ MI DOLOR. Seis años después de perder a Kevin, mis habilidades y experiencia se fueron entretejiendo para un propósito. Comprendí mi papel en el proceso de sa-

---

1   Para saber más acerca de Jody y Hope Loves Company, visita www.hopeloves-company.com.

nación y entrega. Volví a casarme y criaba a tres hijos, quienes habían perdido a su padre a causa de la ELA. Me di cuenta de cómo mi pérdida podía ayudar a otros, así que me convertí en paramédico, a fin de corresponder a mi comunidad. Me entrené como terapeuta certificada en masaje, porque dar masajes a Kevin lo ayudaba mucho. Luego comencé Hope Loves Company. Mientras más hacía, más propósito encontraba y mi dolor se aliviaba.

Ahora soy feliz, casada otra vez, con mis tres maravillosos hijos, y me levanto cada día emocionada por poder apoyar a las familias con ELA. Amo quien soy y lo que hago. Sobre todo, Kevin está siempre conmigo, mientras yo continúo mi trabajo con ELA en su honor.

RESPÉTATE Y ÁMATE. Todo el mundo necesita tiempo para sanar de la enorme pérdida; por lo tanto, sé amable contigo. No existe tal cosa como lo «normal». Respétate y ámate a ti misma lo suficiente para aceptar los ingredientes de tu sanación: amor, apoyo y paciencia.

RODÉATE DE GENTE POSITIVA. Si te cuesta trabajo ser la persona que quieres ser, encuentra a esa persona o ese grupo y sumérgete dentro. ¡El bienestar es contagioso! Conserva frases positivas a tu alrededor, en tu casa; acepta tu viaje y reconoce que estás haciendo lo mejor que puedes.

¿Cómo puedes ayudar?

Cuando una enfermedad terminal golpea a alguien que conoces (o a uno de tus familiares), tienes la oportunidad de demostrar fuerza, compasión y gracia ante quien enfrenta el final de su vida. Puedes proporcionar comodidad al paciente y a quienes lo rodean. Tristemente, son momentos en que muchas personas de plano huyen o desaparecen por completo del escenario, como si su repentina ausencia lograra pasar desapercibida. Tú puedes elegir estar ahí mientras otros prefieran estar en otra parte... Hay pocos regalos tan grandes que alguna vez puedas proporcionar.

Lo que hay que hacer

- **Presta atención a todos los miembros de la casa**: ¿Están todos comiendo bien? ¿Se necesita llevar niños a la escuela, ayudarles con sus tareas, o sólo requieren un abrazo o alguien que los escuche? Ofrece tu ayuda cuando puedas y como puedas. Uno de los mayores apoyos que recibimos provino de otra familia de nuestra sinagoga que se ofreció a cuidar a Kendall en su casa para darnos un fin de semana de respiro. Este amoroso gesto dio a Kendall un descanso que tanto necesitaba, permitiéndole ser una niña, algo que muchas veces se pasa por alto cuando hay un paciente terminal en la familia.

- **Manda tarjetas**: No tarjetas electrónicas... tarjetas reales. Cuando se trata de enfermedades terminales, no puedes mandar algo como: «Mejórate pronto», porque la triste realidad es otra. Sin embargo, una tarjeta que haga saber al paciente o cuidador que piensas en ellos es perfecta, y no temas enviar tarjetas divertidas (adecuadas). Durante los momentos difíciles, una buena carcajada —de la forma que llegue— siempre es bien recibida y apreciada.

- **Está bien ser honesto sobre tus sentimientos**: Una de mis historias favoritas tiene que ver con el cantinero de nuestro restaurante favorito, quien se hizo nuestro amigo con el paso del tiempo. Cenamos en el restaurante en nuestro aniversario de bodas, lo que por desgracia coincidió con el primer día de silla de ruedas de Mike... y, todavía más triste, la última vez que pudo ir a ese restaurante.

  Según nuestra costumbre, fuimos al bar a tomar un trago después de cenar. Mi esposo y el cantinero iniciaron la típica ronda de insultos, diciéndose cada uno cuán feo era el otro y así sucesivamente.[2] Conforme las bromas seguían, el cantinero sutilmente me pasó una nota. Me disculpé y fui al baño y abrí la nota. Decía solamente: «Quiero llorar».

Adoré esa nota. Me hizo saber que, comportándose tan normal como era posible dentro de las circunstancias, nuestro amigo también estaba devastado al ver que la enfermedad de Mike progresaba.

Es perfectamente correcto ser honesto sobre tus sentimientos. *Es* feo, da miedo. Quieres llorar. Es muy reconfortante cuando quienes te rodean te hacen saber estas cosas.

Sin duda, lo que no hay que hacer

- **No restes importancia a la situación o des falsas esperanzas**: «Habrá un milagro»; «No vas a morir»; «Vas a vencer esto»; «Cuando esté bien, vamos a… [participar en una actividad, viajar o hacer algo que seguro no va a pasar]».

Una de las razones por las que los doctores tardan tanto tiempo en dar un diagnóstico terminal es porque «terminal» es absolutamente el *último* diagnóstico que van a dar. A los doctores no les causa placer dar un diagnóstico así cuando hay un futuro sombrío. Si un paciente ha sido diagnosticado como terminal, lo más seguro es que sea terminal. Es cierto que los doctores no pueden determinar plazos con un cien por ciento de exactitud y son ellos los primeros en admitirlo. Sin embargo, si un médico dice que alguien es terminal, debe respetarse ese diagnóstico y la realidad que lo acompaña.

---

2   No puedo imaginarme pidiendo martinis con mi mejor amiga y diciéndole que es horrible, que debería sobornar a alguien para que se case con ella. Nunca comprenderé la amistad masculina.

Cuando niegas la realidad de un paciente, también estás negándole la necesidad muy real de hablar de lo que le pasa. Una cosa es una actitud positiva y otra es pretender que la situación no es tan grave. Cuando reconoces la situación, también le permites al paciente hablar, llorar, reír o lamentarse, en síntesis, sentirse como sea que se sienta en ese momento (y los estados de ánimo cambian diametral y frecuentemente). Crear ese entorno para que el paciente se exprese es primordial a fin de darle apoyo en esos momentos difíciles.

- **Tampoco los «entierres vivos»**: «Para qué sirve todo [tratamientos, terapias, etcétera] si no vas a sanar»; «Deja que la naturaleza siga su curso»; «¿Ya planeaste tu funeral?».

Si al paciente se le prescribió algún tipo de tratamiento, tu trabajo es apoyar su decisión, estés o no de acuerdo. El tratamiento puede ser de naturaleza paliativa y quizá lo ayude a sentirse más cómodo durante un proceso que de otra forma sería doloroso; tal vez retrase el avance de la enfermedad. Puede ser experimental y no es dañino intentar algo nuevo en el horizonte médico, si el paciente desea participar en una prueba clínica o ha dado su permiso para que se le administre medicación experimental. En cualquier caso, la decisión no es tuya, y, para decirlo suavemente, estas sugerencias y opiniones no son bienvenidas.

Lo mismo aplica para la planeación del funeral. A menos que seas un miembro inmediato de la familia (y quiero decir condenadamente cercano), la discusión de los planes funerarios no te incumbe. Si el paciente saca el tema sobre ciertos deseos o cosas que quisiera que tú resuelvas, por lo que más quieras, no calles. Escucha atentamente, haz las preguntas necesarias y tómalo en serio. En cualquier otro caso, sacar el tema es de lo más insensible e inapropiado.

- **No hagas proselitismo (parte II)**: «¿Ya te pusiste en paz con Dios?»; «Necesitas comenzar a rezar inmediatamente»; «Te voy a traer unas personas [de mi credo religioso, congregación)] para que hablen contigo».

  Simplemente te remito a la parte I de «No hagas proselitismo»; sin embargo, esta área requiere una breve revisión.

  Al igual que en otras áreas, aquí *no* se trata de ti, y eso incluye tus creencias religiosas. Si deseas orar por el bien, paz y bienestar de un paciente y su familia, hazlo.

  Si buscas la serenidad para tu corazón que te brindan la oración y la meditación, te invito encarecidamente a hacerlo. Sin embargo, a menos que un paciente o sus seres queridos te pidan específicamente que ores con ellos o que de alguna forma participes en la búsqueda espiritual, este no es momento de proselitismo.[3]

  La espiritualidad es intensamente personal. Incluso quienes son ateos o agnósticos son intensos en sus creencias. Tu trabajo es respetar y apoyar las creencias del paciente. Recuerda que, si él y su familia necesitan guía espiritual, *ellos* la buscarán. Si necesitan tu apoyo espiritual, créeme, ellos te buscarán. Sin importar cuán bien intencionado seas, meter a la fuerza tus creencias en un paciente terminal que no está en posición de decirte lo que deberías escuchar (lo que resumido podría ser «cállate y lárgate»), es aprovecharte de alguien en su momento más vulnerable. No está bien y sólo molestarás a quienes están íntimamente involucrados en la situación.

- **No discutas los asuntos financieros terminales**: «¿Estoy en tu testamento?»; «¿Quién es el beneficiario de tu seguro de

---

3   No estoy muy segura de si alguna vez existe un «momento correcto» para el proselitismo, pero sí sé que hay momentos que no son adecuados; éste sería uno de ellos.

vida?»; «¿Me puedo quedar con [cosas, bienes, propiedades, valores] cuando mueras?»; «Conozco a un excelente notario».

El solo hecho de mencionar estos temas es muy desagradable; no obstante, la razón por la que debemos hablar de ello es porque estas palabras (y otras peores) llegan a decírselas a enfermos terminales y/o a sus familias. Ponte por un momento en una cama de hospital o en una silla de ruedas, ¿cómo te sentirías si alguien —*quien sea*— empieza a preguntarte acerca de quién se queda con tu coche, cuánto dinero vas a dejar y a quiénes? Seas un miembro cercano de la familia o no, este tipo de preguntas es casi de naturaleza macabra. Si eres alguien de la familia que se preocupa en serio sobre el paradero de papeles o por la existencia de documentos legales, desde luego, habla con el cuidador o con otro familiar cercano… *no* con el paciente.

Déjame poner esto en claro: sin importar con quién hables, dar consejo legal, indicaciones o, peor aún, presentar una «lista de deseos» de lo que tú quieres que te den después de que el paciente ya no esté es absolutamente desagradable. Serás visto como los buitres a los que estás imitando.

Cuando diagnosticaron cáncer de hígado a mi padre, y su condición fue declarada terminal, lo primero que pregunté fue por el paradero de su testamento. Cuando avergonzado admitió que no tenía un testamento actualizado, me escabullí para preparar un testamento estándar de acuerdo con las leyes del estado, tarea que mi título legal me permitía hacer. Tanto como su hija y como alguien versado en términos legales, era adecuado que yo hiciera esas preguntas y actuara en consecuencia, a fin de proteger a toda mi familia, y estaba legalmente calificada para ello.

Sin embargo, incluso como su hija, nunca pregunté qué me dejaba o si había algo «para mí», o cuándo podía organizar el «saqueo» de su casa. Insistí en dejar que él hablara y, con todo derecho, controlara las disposiciones de sus modestas propiedades en la forma que decidiera.

Si en verdad te preocupan los documentos legales, y/o si las cuestiones financieras o legales potencialmente pueden causar complicaciones posteriores, habla en *privado* con los miembros de la familia al respecto. De otro modo, estos temas no están bajo discusión.

DE UNA MALA EXPERIENCIA A DÍAS MÁS BRILLANTES. No hay una manera dulce de decirlo. Cuando se trata de una enfermedad terminal, las cosas van a empeorar antes de mejorar. Sin embargo, también tienes la posibilidad de ordenar todo, de modo que llegado el momento, tengas un sentido de guía, dirección y la certeza de que no debes enfrentar esto sola. Cuando te rodeas con las herramientas de sanación (libros, CD, etcétera), un sistema de apoyo (personal o en línea), educación (dondequiera y que la puedas adquirir) y una comunidad (de quienes comprenden por lo que atraviesas), estás tomando medidas proactivas para preparar tu Viaje de Sanación, y estás controlando la situación de la forma humanamente más adecuada.

Como expresé previamente en *Happily Even After*...[4] [Y vivieron felices por siempre], querrás hacer lo mejor que puedas para cuidar tu salud mental, y no temas pedir la ayuda que necesites. Como compartí más arriba, equivocadamente sentía que pedir ayuda era una muestra de fracaso o de incapacidad para cuidar de mi familia, error que me costó todo un año (y algunos amorosos pero firmes regaños de varios miembros de mi familia). En otras palabras, si recibes ofertas de personas para quedarse con tus seres queridos

---

4   *Happily Ever After: A Guide to Getting Through (and Beyond) the Grief of Widowhood* (Viva Editions). Todos los derechos reservados.

mientras tú necesitas descansar o tomarte un par de horas libres de la casa o del hospital, acepta la oferta... por el bien de tu salud.

Te deseo mucha paz en tu camino, sabiendo que, llegado el momento, cuentas con apoyo y ayuda cerca de ti.

CAPÍTULO TRECE
MÁS ALLÁ DEL VELO Y CRUZANDO EL PUENTE

EL DUELO ES UN TREMENDO PRECIO que pagamos cuando amamos plenamente, apasionadamente, gozosamente e incondicionalmente, con abandono y sin medida o límites.

Es un costo doloroso y difícil... pero cuán vacía sería la vida si eligiéramos, en vez de pagar ese precio, mantener nuestro amor, guardado por siempre en nuestros corazones.

LA MUERTE SIN DUDA ES EL GRAN ECUALIZADOR. Sin tener en cuenta quiénes somos, el camino de la vida que recorramos o lo que logremos, la muerte es el destino del cual nadie escapa. Es algo que nos tocará a todos y cambiará por siempre el resultado. Además, tenemos garantizado que seremos tocados por la pérdida de seres queridos a distintos niveles de relación, y también nos corresponderá consolar y dar apoyo a aquellos que enfrentan tan grave dolor.

Aunque las noticias de la muerte deberían sacar lo mejor, el lado más compasivo del espíritu humano, a través de muchos años de leer cientos de miles de cartas y de escuchar miles de historias, tristemente me he dado cuenta de que la muerte también tiene la capacidad de sacar lo peor de la gente o, al menos, la más abyecta estupidez e ignorancia. No es muy diplomático... pero es totalmente verdad.

Bienvenida a lo que creo de vital importancia en cuanto a la educación sobre la «etiqueta de las pérdidas»: cómo brindar consuelo a quienes sufren de una devastadora pérdida, en un momento en que tal vez necesitan más que nunca de ese consuelo.

Comencemos con los puntos básicos, enfocados en ayudar a cualquiera que enfrenta la pérdida de un ser querido.

Lo que hay que hacer

- **Expresa auténtica simpatía**: «Lo siento, no hay palabras en un momento como este»; «No puedo siquiera imaginar el dolor que estás experimentando ahora»; «Vamos a salir de esta».

  Tu objetivo es brindar consuelo inmediato y un sentido de fuerza y seguridad a alguien cuyo mundo ha sido golpeado, y reforzar que no enfrenta solo esta debacle. Recuerda evitar la urgencia de decir «Sé cómo te sientes», porque, como aprendiste en el capítulo uno, «¿Cómo puedo ayudar?», aquí no se trata de tus experiencias, no en este momento.

- **Crea un ambiente donde alientes al otro a hablar y disponte a escuchar**: «Puede que no estés listo para hablar ahora, pero, cuando lo estés, estoy aquí y quiero escucharte».

  La mayoría de quienes han experimentado una pérdida en realidad quieren hablar de ello, tal vez no ese mismo día, pero con el tiempo querrán hablar con alguien a quien le importe realmente. Los efectos posteriores de una pérdida se extienden mucho más allá del funeral, y una de las mejores herramientas de sanación en el mundo es un oído amable. Elige ser ese oído amable haciéndole saber que estás ahí para ella y seguirás estando ahí para escuchar, sostener su mano y enjugar sus lágrimas. No seas una de esas personas que juega a «el muerto al pozo y el vivo al gozo», porque cuando «todos se hayan ido a casa» es cuando más te necesitarán.

Sin duda, lo que no hay que hacer

En seguida, verás una gran cantidad de «Nuncas», pero el «Nunca» más importante es: No uses clichés.

Nunca.

La queja más frecuente en la comunidad afligida se refiere a quienes tratan de brindar consuelo a través de frases trilladas, hechas, escuchadas una y mil veces, clichés. Ya has visto muchos de ellos. He aquí algunos de los que se usan más seguido y deben ser desechados inmediatamente:

- «Vivió una larga vida»: El hecho de que alguien haya vivido en esta tierra durante décadas no hace que la pérdida sea más fácil. La frase también envía el mensaje subliminal de que sólo porque alguien alcanzó sus años dorados antes de fallecer, no tiene sentido vivir el duelo.
- «Era tan joven»: La muerte de una persona joven es en verdad trágica. No hay razón de poner una lupa para hacer más grande la tragedia enfatizando su juventud.
- «Deberías de celebrar/regocijarte»: Usualmente dicho dentro de un contexto religioso; mi experiencia es que, incluso entre los más creyentes, «celebrar» o «regocijarse» es lo más lejano en la mente de alguien que acaba de sufrir la pérdida de un ser querido. Llegará el tiempo en que celebre y se regocije. Ahora no es momento.
- «La muerte es parte de la vida»: Todo mundo mayor de cinco años lo sabe. Lo que nadie ha sido capaz de explicarme es por qué un adulto piensa que esto es una expresión de simpatía.
- Y no olvidemos el cliché favorito que suele decírseles a todos, y parece ser el que más enojo produce: «Todo pasa por una razón».

Has visto incluida esta frase en numerosas ocasiones a través del libro en los «No hay que hacer», y la razón es obvia: se usa demasiado y siempre sin éxito.

Una vez más, si una persona en duelo te mira y te dice con toda seriedad «Creo que todo pasa por una razón», sin duda es su convicción. No obstante, si tu idea es consolar a alguien con esta frase, necesitas trabajar con tu originalidad y tus habilidades compasivas. Después de contener el fuerte deseo de darte un pisotón con el tacón, probablemente se alejará de ti pensando «¿Cuál puede ser la razón de que yo tenga que afrontar este dolor?».

Ahora que las reglas básicas están claras, estás a punto de conocer a varias mujeres increíblemente valientes, quienes han enfrentado difíciles y dolorosas pérdidas. Prepárate para una experiencia de crecimiento como ninguna otra.

HOY AQUÍ Y HOY SE FUE: PÉRDIDAS REPENTINAS

Un beso de despedida entre marido y mujer en la mañana y por la tarde uno de los dos ha enviudado. Una atleta adolescente en aparente perfecta condición de salud colapsa en el campo de juego. Un padre con una enfermedad menor que se torna trágica.

Una muerte repentina implica un increíble *shock* para la condición humana. Es un terremoto del alma que no puede ser cuantificado en ninguna escala Richter. Obliga a la acción rápida por parte de los más allegados, pues han sido lanzados a una situación que los tomó absolutamente desprevenidos.

A continuación la historia de Nicole,* quien comparte el relato de la repentina pérdida de su joven esposo, donde vemos cómo enfrentó una nueva vida tras la inimaginable tragedia.

La historia de Nicole

Conocí a Lee* en mi antiguo trabajo que poco después dejé, comenzamos a salir y nos enamoramos rápidamente. Construimos juntos una vida, nos casamos y tuvimos un hijo casi de inmediato. Un día, cuando iba a su trabajo, Lee falleció en un accidente automovilístico. Sin aviso, sin despedida, sin preparación... simplemente se fue. Nuestra vida entera juntos se desmoronó en un abrir y cerrar de ojos. No alcancé a decirle «Te amo» una vez más. No pude darle un beso de despedida en sus últimos momentos. No fue posible preguntarle qué hacer, cómo preparar o cómo criar a nuestro hijo sin él. Ambos teníamos veintitantos, y ni siquiera habíamos cumplido nuestro quinto aniversario de bodas.

ESCONDIÉNDOME DE LA PESADILLA. La policía fue a mi trabajo para informarme sobre lo que había sucedido y en ese momento me sentí succionada por un remolino. No podía escuchar, no podía pensar y mi cerebro estaba gritándome que me despertara porque estaba teniendo una pesadilla.

Pasé horas reviviendo nuestra conversación final, tratando de averiguar todos los «Y si...»: ¿Y si lo hubiera llamado para pedirle que volviera a casa? ¿Y si en lugar de llevarse el coche se hubiera llevado la camioneta? Me volvía loca tratando de cambiar el resultado de ese día. Apenas habíamos empezado nuestra vida juntos y no era justo. La mayoría de los días los pasaba llorando y escondiéndome porque simplemente no sabía cómo funcionar.

A GRANDES CAMBIOS, GRANDES APOYOS. Después de que pasó el tiempo, supe que necesitaba seguir adelante. Busqué terapia. Anotaba en un diario mis sentimientos. Conocí a otras viudas a través del sitio web Widows Wear Stilettos (Viudas en Tacones) y conservo aún hoy esas amigas. Me mudé con mi madre para poder llegar a fin de mes (Lee ganaba casi el doble que yo). Hubo gente que me decía las cosas más estúpidas como: «Oh, te vas a casar de nuevo» y «No entiendo por qué has cambiado tanto». Sólo otra viuda comprendería. Fue un tiempo de grandes cambios en mi vida.

ENCONTRÉ PROPÓSITO Y REALIZACIÓN. Estaba charlando con una prima que es profesora de la universidad y mencioné que quería volver a la escuela, pero no tenía idea de qué estudios seguir. Me preguntó qué era lo que más me había gustado de lo que ya había cursado, a lo cual contesté que psicología y leyes. Y me planteó: «¿Entonces por qué no estudias justicia criminal?» ... Y ésa fue mi respuesta. Me inscribí en clases y, conforme pasaba el tiempo, me enfoqué en la escuela. Eso me dio propósito, me forzó a seguir un horario y me dio el sentido de realización.

NO ESTÁS SOLA EN TU VIAJE. Todavía hay momentos en que la repentina muerte de Lee me pega duro y con la fuerza de una ola. Escribo mi diario cuando surge la necesidad. Paso una buena cantidad de tiempo reevaluando mis relaciones, me alejo de aquéllas que no me ayudan y he hecho nuevas amistades a través de la escuela. Aprendí que está bien sentirme triste porque nosotros teníamos un amor maravilloso. Me permito mi duelo, a pesar de lo que piensen los demás.

La muerte repentina es algo para lo cual nadie está preparado. Te roba el aliento. Como si alguien hubiera oprimido el botón «reset» de la vida, te borran la pizarra y tienes que comenzar de nuevo. Sin embargo, mejores días están por llegar. Puedes moverte y sentir de nuevo.

Valora tus recuerdos y llévalos contigo. Nunca olvides que la vida es preciosa y no desperdicies lo que te queda en cosas que no valen tu tiempo. Encuentra algo que te recuerde cómo sonreír.

¿Cómo puedes ayudar?

La gente que enfrenta una muerte repentina está en un estado total de *shock*; trata de moverse en medio de una niebla que nubla mente, cuerpo, espíritu y alma, y generalmente no sabe qué debe hacer primero. Aunque quizá tú también estés en *shock*, siempre puedes ser una fuente de consuelo.

Lo que hay que hacer

- **Determina qué necesidades requieren atención inmediata:** «Estoy en camino para recoger a los niños del colegio»; «Dame una lista de personas a las que llamar (o mandar un correo)»; «Te estoy llevando la cena. ¿Cuántas personas hay ahora ahí?».

  No es poco común olvidarse de los niños que van a la escuela o guardería, perder de vista que su casa estará llena de gente, o bien, olvidar que hay personas a quienes llamar y arreglos que hacer. Vuélvete su «vigía» ofreciéndote para hacer cosas que sabes que requieren ser resueltas y es probable que se hayan olvidado.

- **Dile lo que harás por ella en los siguientes días:** «Llevaré y recogeré a los niños de la escuela»; «Me pondré en contacto con tu jefe»; «No te preocupes de la cena de los miércoles».

  Nadie espera que te hagas cargo absolutamente de todo; sin embargo, puedes ser de gran ayuda anticipándote a resolver necesidades en los días venideros y a tomar algunas tareas.

Sin duda, lo que no hay que hacer

- **Preguntar detalles explícitos del fallecimiento:** «¿Qué pasó exactamente?»; «Cuéntame todo»; «¿No te dieron detalles?».

Las personas que enfrentan una pérdida repentina te contarán exactamente lo que se sientan cómodas de contarte. Forzar a alguien a revelar detalles más allá de lo que te han dicho es una intrusión insensiblemente horrible. Si consideras que muchas de las situaciones de muerte repentina no son debidas a causas naturales, los detalles implicados pueden ser grotescos. Dependiendo de las circunstancias específicas, incluso los sobrevivientes no siempre conocen todos los particulares. ¿Por qué alguien debería de forzar a un sobreviviente a contar tales circunstancias?

- **Indagar sobre planes inmediatos para seguir una acción legal o dar consejos legales**: «¿Vas a demandar?»; «Conozco un gran abogado»; «Definitivamente, deberías de… [seguido por un consejo legal]».

Numerosos fallecimientos repentinos tienen potenciales ramificaciones legales, por ejemplo, lesiones personales, muertes culposas, mala praxis médica, cargos criminales, etcétera. A menos que seas miembro de la familia o un abogado que sospecha que tal vez estén en juego importantes asuntos, no te toca involucrarte en esto. Si ella aborda el tema, disponte a escuchar, pero preguntar sobre acciones legales relacionadas con la muerte es semejante a preguntar sobre finanzas: es personal, es privado y, a menos que seas un experto en leyes o un miembro de la familia que busque lo mejor para los afectados, no te corresponde.

- **Magnificar la tragedia**: «Pero si apenas hablé con él/ella anoche»; «Él/ella se veía bien»; «Él/ella era el vivo retrato de la salud».

El hecho de que alguien «se viera bien» no ayuda en nada. Solamente sirve para amplificar el hecho trágico de que la persona que estaba en sus vidas apenas unas horas antes ahora ya no está.

- **Tratar de ofrecer un «lado brillante»**: «Al menos no sufrió»; «Encontrarás a alguien más»; «Tendrás otros hijos»; «Lo que no te mata, te hace más fuerte».

Comprendo totalmente que, al resaltar que alguien no sufrió, la intención es que el otro se sienta mejor; nadie quiere pensar en que sus seres queridos sufran de manera alguna. Sin embargo, el hecho de que alguien no haya sufrido hace las cosas más sencillas para esa persona, pero no para sus deudos. Además, sin importar la relación de perspectiva, ningún sobreviviente es capaz de actuar como un «reemplazo» de alguien que falleció. Por favor, no hagas comentarios de ese tipo recordando que hay otros hijos en la casa, o sugiriendo que ir a la caza de otra pareja arregla todo.

Por último, insisto en que, cuando la gente escucha «Lo que no te mata, te hace más fuerte», es cierto, la hace más fuerte... tan fuerte como para querer pegarle a la persona que está diciendo eso. Este es otro de los famosos clichés que no sirven para nada.

No hay nada luminoso en eso. No aporta nada. Sólo hay una pérdida, y el duelo que acompaña la pérdida debe ser reconocido y respetado.

EL ATARDECER MÁS LARGO: LA PÉRDIDA DESPUÉS DE UNA ENFERMEDAD LARGA O TERMINAL

Otra historia real

Con su uniforme de policía o con su «uniforme» favorito, unos jeans Wrangler y una playera a rayas, botas vaqueras y un sombrero Stetson, Mike Fleet era todo un personaje. Apenas entraba en cualquier lugar, él mandaba. De poco más de 1.90 metros de estatura y 100 kilos de dimensión física, perseguía a los malos, entrenaba perros policía, montaba su caballo o felizmente sacaba brillo a la pista de baile.

Exactamente una semana después de caer del caballo que entrenaba, Mike comenzó a tener espasmos en su brazo izquierdo. Cuando los espasmos empeoraron, fue a atenderse con un quiropráctico y acupunturista, todo en vano. Pensando que probablemente el incidente había exacerbado décadas de una vieja lesión, Mike se sometió a una cirugía de columna cervical. Su neurocirujano, junto con todos nosotros, esperábamos que los espasmos desaparecieran después de la convalecencia.

Un plan perfecto… sólo que los espasmos no desaparecieron. De hecho, empeoraron.

Frustrado, el neurocirujano lo envió a un neurólogo, quien empezó con lo que serían meses de dolorosos análisis. Después de un EMG[1] (al que insistió en acudir solo), Mike regresó a casa con una cara que nunca había visto, el rostro del miedo. Al preguntarle qué sucedía, dijo que el doctor le pidió que volviera al día siguiente y «llevara a su esposa». Sonreí confiada, di a Mike un fuerte abrazo y le pasé una cerveza fría mientras lo tranquilizaba asegurándole que desde luego todo estaría bien.

Por dentro, sentí la sangre helarse.

Después de lo que se transformó en un año de análisis, Mike y yo nos encontramos sentados en el consultorio del especialista neuromuscular. Durante un rato en silencio que nos pareció una eternidad, el doctor cuidadosamente consultaba una y otra vez los resultados, las disertaciones de varios médicos y los síntomas que empeoraban ante sus propios ojos; de repente se levantó de su silla,

---

1   El EMG (electromiograma) es una prueba para detectar actividad eléctrica anormal en los músculos, lo cual sucede en múltiples enfermedades, incluida la ELA. Es una prueba dolorosa y no simple.

rodeó el escritorio, se sentó en el borde y puso una mano en el hombro de Mike con simpatía. Luego miró fijamente a Mike a los ojos y lanzó la frase «Lo siento tanto...», y nos confirmó el diagnóstico de esclerosis lateral amiotrófica: ELA.

En ese momento el mundo entero se detuvo.

Deja que te cuente del síndrome ELA. Es una enfermedad neuromuscular que cae dentro de la categoría de la distrofia muscular. «Ellos» (ese escurridizo término) no saben qué la causa, y desgraciadamente no hay aún una cura o tratamiento que detenga o retrase el avance de la enfermedad.

Para decirlo sin rodeos, como viste en el capítulo doce, «Cuando "Alíviate pronto" da un giro tristemente inesperado», ELA es un diagnóstico terminal.

A pesar de que la ELA progresa de manera diferente en cada paciente, no es una enfermedad que robe lentamente al paciente la capacidad de funcionar de forma independiente. Por lo general pierden el uso de sus extremidades. El habla va complicándose hasta que se pierde la capacidad total. Tragar es otra función que se ve afectada, y, si comer se vuelve peligroso, se coloca un tubo para la alimentación. En suma, hasta las habilidades más básicas y los placeres: bañarse, vestirse, caminar, hablar, comer, beber y mucho más, son arrancados.

Lentamente.

Implacablemente.

Tortuosamente.

Por último, la enfermedad ataca el sistema respiratorio. Algunos pacientes eligen someterse a una traqueotomía y se les coloca ventilación. Otros, como Mike, rechazan este tipo de intervención. Es una decisión personal intensa, que, nos guste o no, quienes estamos cerca debemos de respetar.

Fíjate que usé la palabra «respetar», no «compartir». Hablaré más al respecto más adelante.

Posiblemente, lo más cruel es que la enfermedad no afecta las facultades mentales del paciente. Él está al cien por ciento en su capacidad mental y totalmente consciente de lo que está ocurriendo, y es también cien por ciento impotente para detenerlo. En última instancia, está encerrado en la «prisión» en que se transforma su cuerpo, una prisión de la cual sólo hay una forma de escape... La muerte.

Dado el hecho de que Mike adoraba la actividad física, fue irónico que sufriera una terrible enfermedad que acabaría con todas y cada una de sus capacidades físicas.

No podía ser posible.

En mi cabeza, el síndrome ELA habitualmente sucedía a «alguien más».

En el mundo de las enfermedades, la ELA es considerada «rara».[2]

Las cosas raras *siempre* le pasan a «alguien más», ¿cierto?

Tal como tú y probablemente millones de personas en el mundo, crecí viendo los teletones de apoyo para la Asociación de Distrofia Muscular. Teníamos fiestas para ver el teletón. Donábamos a la causa cada año. Lloraba a mares con las numerosas historias trágicas de pérdida y esperanza, sin jamás siquiera soñar con que *esta* clase de cosas «raras» pudiera tocar a mi familia.

Que *pudiera* tocar a Mike

Que finalmente se *llevara* a Mike.

ELA.

Sabía exactamente lo que esas letras significaban.

Mike iba a morir.

---

2   De acuerdo con la National ALS Association, se estima que cerca de 30 mil estadounidenses padecen la enfermedad; sin embargo, debido a la dificultad de su diagnóstico, el número quizá sea mucho más alto. En otros países (incluidos Canadá, Gran Bretaña y Australia), la enfermedad se conoce como Enfermedad de la Neurona Motora (*sic*), ENM.

Y eso iba a suceder pronto.

UN NUEVO VIAJE COMIENZA. Un nuevo viaje comenzó para Mike y todos quienes lo rodeamos, porque la enfermedad terminal obviamente no afecta tan sólo al paciente.

El proverbial reloj inició la cuenta regresiva. O al menos así se sentía.

Literalmente, al día siguiente al diagnóstico, Mike tomó la decisión unilateral de no permitir ninguna intervención extraordinaria para sostener su vida. En otras palabras, no permitiría apoyo de vida, una decisión que nunca cambió a lo largo de sus dos años de batalla. En ese momento, yo quería colgarlo, y debo admitir que tuvimos una «acalorada discusión» al respecto.

Al concluir tan larga discusión (quiero decir «acalorada discusión»), Mike se salió con la suya; después de todo, era *su* vida. Hizo la oferta magnánima de permitir la colocación, en caso necesario, de un tubo de alimentación. Aunque era un triste consuelo, me dio un poco de paz. Egoístamente, sentía que al menos un tubo de alimentación lo tendría vivo más tiempo.

El Nuevo Viaje continuó... y a ninguno nos gustó. En lo más mínimo.

«¿Por qué a él?».

«¿Por qué a *nosotros*?».

«¿Por qué tiene que sufrir?».

«¿Por qué tenemos conversaciones sobre asistencia vital y tubos de alimentación y planes de entierro? Deberíamos de vivir, no planear una muerte inminente».

Nuestras vidas se transformaron instantáneamente. Nuestros días se volvieron ejercicios de sobrevivencia; nuestras noches se veían empañadas por el miedo y la ansiedad. Tratábamos de mantener la vida de Kendall lo más normal posible. Desesperadamente tratábamos de seguir siendo marido y mujer, en tanto la vida se empeñaba en que fuéramos paciente y enfermera. Es innegable que vivíamos sintiendo cómo pendía la espada de Damocles.

Sin embargo, llevamos una vida tan normal como nos lo permitía la enfermedad, mientras nos lo permitió.

El tic-tac del reloj era cada vez más ensordecedor... y Mike seguía empeorando.

Menos de un año después de su diagnóstico, Mike perdió el uso de sus brazos y fue incapaz de bañarse, vestirse o alimentarse por sí solo. Empezó a usar silla de ruedas cuando sus piernas dejaron de sostenerlo. Seis meses más tarde, pasó de crónico a agudo, conforme la enfermedad atacaba con fuerza su sistema respiratorio.

Tic-tac... tic-tac... tic-tac...

Dos años después del diagnóstico, Mike ya no podía hablar. Se volvió dependiente del oxígeno y de los nebulizadores. Los paramédicos eran visitantes regulares de nuestra casa, y el personal de la sala de emergencias nos conocía ya por nuestro nombre.

Tic-tac... tic-tac... tic-tac...

Después de tener que aplicarle la maniobra de Heimlich[3] dos veces, era evidente que comer y deglutir se había vuelto extremadamente peligroso, y la comida sólida era ya una seria amenaza. Entonces colocaron la sonda que Mike había previamente acordado.

Tic-tac... tic-tac... tic-tac...

Dos meses más tarde, sus pulmones comenzaron a colapsarse y a llenarse. Sus órganos vitales y las funciones comenzaron rápidamente a apagarse, una a una.

Tic-tac... tic-tac... tic-tac...

El tiempo se detuvo.

Diciembre 19, año 2000, a las 7:56 p.m.

El momento que tanto temíamos había llegado.

---

3   Si no sabes cómo hacer esta maniobra, aprende. Salva vidas en verdad.

La espada de Damocles cayó.

Era una espada terriblemente afilada.

Y no sólo cayó.

Nos partió en dos.

Sabía que la muerte de Mike era inevitable.

Lo sabía.

Mike murió.

Pacíficamente.

En casa, tal como lo deseaba.

Rodeado por quienes amaba y quienes lo amábamos.

Su batalla de más de dos años había llegado a su trágico e inevitable fin.

Dejándonos... y, nos gustara o no, en ese momento, nuestro Nuevo Viaje se transformó en una simple pregunta:

«¿Y ahora qué?».

No tenía absolutamente idea.

Si hubieras podido medir nuestras reacciones inmediatas después de la muerte de Mike, podrías haber pensado que no teníamos ninguna idea de que su muerte era inminente. Sin embargo, la tarde del fallecimiento de Mike fue también la noche en que aprendí que saber que la muerte es inminente no hace menos duro el golpe.

Como si perder a Mike no hubiera sido suficiente —y dejando de lado por un momento la pérdida gigantesca—, en realidad hubo otras pérdidas de las que no estábamos conscientes. Primero perdimos el propósito. Desde el momento en que Mike fue diagnosticado, el síndrome ELA tomó ventaja sobre nuestras vidas y nos dictaba cada movimiento... gobernó nuestra existencia. La vida de todos fue puesta en pausa porque la enfermedad se *convirtió* en nuestra vida.

Cuando Mike nos dejó en ese horrible día, el «propósito», es decir, la enfermedad, también se fue. Aquello que había regido todas y cada una de las decisiones de nuestras vidas, ya no estaba. Me despertaba y me preguntaba: «¿Quién rayos soy ahora, y qué *hago* con mi vida y con este día de ochenta y siete horas que tengo por delante?». Era casi imposible recordar cómo era la vida antes de que esa desgraciada enfermedad se la llevara.

También sentíamos la pérdida de las expectativas positivas. Al comprender que el diagnóstico de ELA es esencialmente una sentencia de muerte, cada vez que Mike tenía una crisis, esperábamos ir al hospital, lidiar con la situación, volver a casa y retomar la vida donde la habíamos dejado. Y, aunque sabíamos que no había cura, teníamos una *expectativa* de vida mucho más larga que los dos años que vivió.

Necesitábamos tiempo para asimilar *todas* esas pérdidas, así como el *shock* de esa nueva realidad: el hecho de que la vida de Mike había llegado a su fin.

QUE TE HAYAN NOQUEADO NO SIGNIFICA QUE TE QUEDES EN LA LONA. Contrario a lo que suele ser la creencia popular, las enfermedades largas o terminales que preceden a la muerte de un ser querido no constituyen un curso de preparación para el Duelo 101. Más bien contienen capas de complejidad combinadas con la incertidumbre, el duelo y la perplejidad. El periodo de duelo no empieza con el momento de la muerte, sino con el diagnóstico.

Comenzando nuestro Viaje de Sanación después de la muerte de Mike, Kendall y yo nos topamos con un inesperado nivel de sorpresa por parte de varias personas, muchas de las cuales suponía que conocía mejor. La gente parecía sinceramente sorprendida por el hecho de que, aun cuando ya sabíamos que la muerte de Mike era inminente, estábamos abrumadas por el duelo. Constantemente me decían: «Bueno, sabías lo que iba a suceder»; «Al menos tuviste tiempo para prepararte», o mi favorita: «Eres tan afortunada». Cada vez que me topaba con una de estas joyas, me sentía como si hubiera algo malo en mí. Quiero decir, todos tenían razón, sabía lo que iba a suceder. ¿Tenía el *derecho* de vivir mi luto? ¿Y por qué no me sentía particularmente «afortunada»?

Me tomó algún tiempo descubrir por qué, a pesar de saber que Mike iba a morir, aún teníamos el derecho de estar en *shock* y de vivir el duelo de nuestra terrible pérdida. Verás, la inminente muerte de Mike era sólo un concepto hasta el momento en que nos dejó, después de ello fuimos lanzadas precipitadamente del «concepto» a la «realidad», y la diferencia entre concepto y realidad es enorme. Saber que la muerte se aproxima más pronto que tarde ni remotamente disminuye el dolor y la conmoción de la *realidad* de la pérdida.

Para impugnar las observaciones previas:

- Saber que la «muerte es inminente» no hace ninguna diferencia.
- No existe nada parecido a estar emocional o mentalmente «preparado» para la muerte de un ser querido. La única cosa para la que puedes estar preparado es para el papeleo.
- A pesar de que he tratado de comprender cómo es que alguien dice a una viuda cuán «afortunada» es (suponiendo que «afortunada» se refiera a que tuvimos la fortuna de haber estado juntos antes de su muerte), te puedo asegurar que no hay manera de que una mujer que recién ha enviudado se sienta afortunada. Mike sufrió lo indecible durante dos años en manos de una terrible enfermedad y perdió la vida. Kendall perdió a su papá, una parte de su infancia y la inocencia con los ojos muy abiertos.

Simplemente estaba desorientada… punto.

Nadie se sintió «afortunado», ni durante la enfermedad de Mike ni después de su muerte. Lo que nos sentíamos era… solas.

Sin embargo, pronto me di cuenta de que, en medio de la tristeza, también tenía una oportunidad para modelar un duelo sano para una pequeñita que me veía de cerca. Podía tomar esta horrible situación y enseñarle a Kendall cómo íbamos a mejorar, aun cuando debía aprender yo misma cómo hacerlo. Sabía que la lección más importante que nuestros hijos aprenden de nosotros se vive, no se enseña. Más que nada, quería que Kendall comprendiera que siempre era bueno... llorar, estar en silencio, enojarse, hablar de papi o sentirse del modo que ella se sintiera en cualquier momento. Siempre creé un ambiente donde ella supiera que, sin importar lo que sintiera, iba a ser apoyada, un ambiente que sigo creando para ella hasta hoy.

La enfermedad de Mike y su muerte subsecuente nos pegó duro en todas las formas posibles: financiera, física, psíquica, mental y emocionalmente... pero no nos íbamos a quedar en la lona. Sí, había días buenos y días difíciles, pero estábamos decididas a seguir adelante; Kendall debía estudiar duro, seguir sus metas y convertirse en la mujer en la que finalmente se convirtió. Yo tenía que vivir tan plenamente como él lo había hecho, llevar adelante el legado de amor y servicio a los demás que él nos dejó. Con ese espíritu emprendimos nuestros primeros pasos tentativos hacia la nueva vida, pasos tímidos y cuidadosos al inicio, y luego pasos más grandes conforme avanzábamos.

TIEMPO DE REDESCUBRIMIENTO. Si perdiste a un ser querido luego de una larga enfermedad, debes aceptar que haber tenido este supuesto «tiempo de preparación» o saber que la muerte se acercaba, no suaviza el *shock* de la experiencia. *Vas* a experimentar un *shock*. *Vas* a sentirte aletargada. *Vas* a vivir un duelo. Permítete sentirte así, y bajo ninguna circunstancia dejes que *nadie* te impida vivir el proceso del duelo.

Asimismo, habrá un periodo de redescubrimiento. Como ya sabes, no eres la misma persona que eras antes de la pérdida, y saber quién eres *ahora* —después de todo lo que has vivido— es un proceso. Tómate el tiempo de conocerte. Sé proactiva en diseñar tu Viaje de Sanación en la forma en la cual quieras que se desenvuelva. Te prometo que descubrirás un nuevo propósito y motivos para volver a sonreír.

En otras palabras, realmente va a mejorar.

¿Cómo puedes ayudar?

Una persona que vive la pérdida después de una larga enfermedad terminal está a la deriva en ese momento. Enfrenta ella misma la pérdida, pero no sabe qué hacer antes y después. Aun cuando se haya preparado en el sentido práctico (arreglos del funeral, papeleo, etcétera), es un mito eso de estar lista emocionalmente. No está más «preparada» emocionalmente que alguien que ha enfrentado una pérdida repentina.

Lo que hay que hacer

- **Ayúdala con sus necesidades inmediatas**: Da un vistazo rápido a la situación, evalúa cuáles son sus necesidades más urgentes y, hasta donde te sea posible, haz lo que puedas para ayudarla en los primeros días de su pérdida.

  Como la mayoría de los cuidados de Mike (al igual que su muerte) ocurrieron en casa, ésta se había transformado en un minihospital. Tras el deceso de Mike, Kendal y yo fuimos a vivir a casa de mi madre porque era muy difícil estar en nuestra casa en esos momentos. Al mismo tiempo, una de mis amigas de toda la vida, Nanci, voló desde Colorado veinticuatro horas después de morir Mike, a fin de consolarnos y ayudarnos con la logística de lo que resultó un gran funeral.

  Sin que yo supiera, Nanci contactó a varios amigos y colegas de mi trabajo el día posterior al funeral, y entre todos coordinaron a los proveedores y a las organizaciones para que retiraran de mi casa todo el equipo y suministros médicos relativos al cuidado de Mike. Este increíble gesto de nobleza de parte de Nanci aseguró que, cuando Kendall y yo volvimos a casa (la noche de Navidad), no estuviéramos en medio de la escena de muerte, simplemente estábamos volviendo a casa. La nobleza de Nanci y de quienes la ayudaron es algo que jamás podré pagarles.

Este es sólo un ejemplo de las muchas muestras de generosidad que recibimos. Otros amigos y colegas organizaron una «Brigada Tupper-ware» en la que, cada tercer día, alguien de la Brigada llevaba a casa un platillo. Casi una semana después, debí llamar al organizador de este amoroso proyecto para decirle que literalmente no teníamos más espacio para comida. También recibimos tarjetas de regalo para las tiendas de café y víveres, e incluso de una casa de artículos de decoración para el hogar, y así pudimos comprar nuevas sábanas para nuestras camas.

Estas son sólo algunas de las grandiosas ideas que nos ayudaron en esas primeras difíciles semanas. Puedes evaluar lo que tu amiga/ser querido necesita y ayudarle de la mejor manera que puedas. No tiene que implicar un gasto de dinero: algo tan simple como ofrecerte a llevar y traer a los niños del colegio es una gran ayuda, así como hacer mandados, organizar la lista de agradecimientos, elaborar la lista de víveres e ir por ellos a la tienda. Hay innumerables maneras en que puedes ser una parte positiva y productiva en los inicios de su Viaje de Sanación.

- **Sigue ahí cuando los demás «se hayan ido»**: Una de las quejas más grandes que recibo de los sobrevivientes, es que todo el mundo «desaparece» después del funeral, y al instante les recuerdo que nadie va a sentir la pérdida tan intensamente como ellos y que es totalmente normal que la gente «vuelva a casa y siga con su vida». Sin duda es sensacional cuando al menos una persona llama y te dice: «En verdad, ¿cómo te estás sintiendo?», y te escucha, llora, comparte una risa o te alienta como pueda. Elige ser esa persona; tu gentileza jamás se olvidará.

- **Quédate al pendiente de ella**: El duelo es la más dolorosa y devastadora emoción que experimentamos. Desgraciadamente, muchas personas no cuentan con una red de apoyo que las auxilie al sufrir su pérdida y les asegure un duelo saludable.

  Si sospechas, aunque sea remotamente, que está en problemas físicos o emocionales, por ejemplo, una seria falta de apetito o un inusual incremento del mismo, repentinos cambios de peso, insomnio excesivo, dolores de cabeza, caída de cabello, fatiga seria (al punto de no ser capaz de trabajar o de algún modo funcionar de manera normal), o se siente desesperada o da cualquier pista de ideas suicidas, haz todo lo posible por ayudarla. Si no escucha tus palabras, busca a alguien a quien ella escuche, otro amigo o un miembro de la familia, su doctor o incluso una línea de emergencia o algún sitio web de asistencia inmediata. Si sientes que la situación es urgente, no dudes en llamar al 911 o al número de emergencias local, o llévala al hospital más cercano.

Sin duda, lo que no hay que hacer

- **No hables de expectativas de estar emocionalmente preparada**: «Tuviste tiempo para prepararte»; «Deberías haber estado lista para esto»; «¿Por qué estás tan triste? Sabías que sucedería».

  Cuando alguien dice cosas como estas, lo que piensan los sobrevivientes es: «Claro, tienes razón... sabía que esto sucedería. Debería de haberme "preparado", pero no estoy "preparada", estoy devastada. Obviamente, algo no está bien en mí».

¿Realmente es el mensaje que quieres transmitir?

La verdad es que esperar la muerte no hace que la realidad de la muerte sea más fácil. Hasta que su ser querido no da el último respiro, la muerte era conceptual, y ya sabes la diferencia entre concepto y realidad. Frases como estas niegan a los sobrevivientes su derecho fundamental: el derecho de conmocionarse, el derecho de dolerse, el derecho de vivir su duelo. Nadie tiene el derecho de negar a otro esas necesidades tan reales.

- **Nunca uses la palabra «c»,** *nunca*: Vas a leer más sobre la odiosa palabra «c» más tarde, y esa odiosa palabra es «cierre». En breve: es que no hay nada como la palabra «c» y, a menos que hablemos de carreteras en construcción, necesitamos desprendernos cuanto antes de esta palabra.

- **No sugieras que la muerte de alguien es un alivio para sus seres queridos:** «Apuesto que estás contenta de no tenerlo que cuidar más»; «Esto es algo bueno, debía ser una carga»; «Finalmente tu vida ha vuelto».

Nadie está «feliz» cuando alguien fallece. Hay una medida de alivio para todos los involucrados cuando el *sufrimiento* llega a su fin, pero insinuar que ese alguien era una carga o que sea momento de regocijarse porque la parte del programa de cuidados llegó a un desgarrador fin… en verdad da asco.

Siempre debes preguntarte qué es lo que la persona está escuchando en realidad y, en este caso, lo que escucha es una insinuación de que en el fondo ellos, en realidad, querían que su ser querido muriera.

Y DOS SE HARÁN UNO... SÓLO UNO: LA PÉRDIDA DEL ESPOSO

Como se abordó antes en el capítulo ocho, «Acepto, ahora no...», perder a un esposo es algo que nunca se piensa realmente posible. Las palabras «Hasta que la muerte nos separe» —o semejantes— pueden haber salido de tu boca, pero en realidad nadie se para en el altar y piensa: «Vaya, podría enviudar».

Laura es una de esas mujeres a quien no puedes más que quererla desde el momento en que la conoces. Es activa en el trabajo y en el juego a la vez, y se desenvuelve maravillosamente como madre de una hermosa hija. Laura enviudó muy joven, de repente su esposo le fue arrebatado de su lado sin previo aviso. Aprende cómo alcanzó un asombroso potencial que ella nunca antes supo que tenía, y cómo se ha dedicado a cuidar a mujeres como ella.

La historia de Laura

Enviudé repentinamente. Mi esposo de cuarenta y tres años había presentado síntomas de resfriado durante tres días y fue al doctor ante mi insistencia porque teníamos planeadas vacaciones la siguiente semana. El doctor notó un ardor en su abdomen, decidió sacarle sangre y lo mandó a casa con un *spray* nasal y antibiótico para la infección.

Esa noche, Greg se quedó dormido en el sofá y despertó a las 2:00 a.m. gritando porque tenía un dolor de cabeza masivo y no sentía la parte derecha del cuerpo. Llamé al 911 y, mientras trataba de ayudarlo a vestirse, colapsó en el suelo incapaz de hablar. Una ambulancia y un helicóptero lo llevaron y me dijeron que había tenido una hemorragia cerebral debida a la no diagnosticada leucemia mielógena aguda (LMA) y le quedaban horas de vida.

Mi mundo se quebró en pedazos con el *shock* de la noticia. De alguna manera logré tomar decisiones de último minuto sobre el fin de su vida, entre las horas de la devastadora noticia y su muerte, tratando de permanecer en calma por mi pequeña hija de cinco años y mi familia.

LLEGAR AL OTRO LADO. Greg y yo habíamos trabajado a lo largo de tres difíciles años en nuestro matrimonio por cuestiones de infertilidad, una separación y casi un divorcio. A través de la terapia, conocimos el otro lado de nuestros desafíos para comprender realmente cómo relacionarnos el uno con el otro. No entendía cómo pudo suceder esto después de todo el esfuerzo invertido en nuestro matrimonio.

Admito que viví un periodo donde sentí que Dios estaba enojado con nosotros. Pensé también que la vacuna contra la hepatitis B que Gregg se aplicó un mes antes pudo desencadenar la leucemia. Al ser una muerte tan repentina, todas las posibles teorías iban y venían por mi mente.

UNA NUEVA PERSPECTIVA Y UN CAMINO DE SANACIÓN. Pedí un permiso para ausentarme de mi trabajo como representante farmacéutica de ventas, pues no creía tener la fuerza de hablar con mis clientes con un tono de voz alegre. Pasé mi tiempo leyendo libros sobre el paraíso y guías espirituales sobre el más allá, para satisfacer mi necesidad de saber más acerca de dónde estaba Greg. Asistí con un grupo de apoyo de duelo para enfermos terminales, y mi hija y yo hallamos fuerza en otro grupo de apoyo de mi iglesia. Estos caminos me ayudaron a encontrar el consuelo que necesitaba. Sentí que no podía apoyarme en mis amigas, que se quejaban de sus esposos.

El tiempo también me dio la oportunidad de una búsqueda del alma. Eso cambió mi perspectiva sobre el propósito de la vida y las cosas importantes. Supe que quería conservar viva la memoria de mi esposo y hacer una diferencia en las vidas de otros; participé en mi primera colecta de fondos para la Sociedad de Leucemia y Linfoma en memoria de Greg.

FIJÉ MI MENTE EN OBJETIVOS. Me despidieron de mi trabajo y eso fue una bendición disfrazada. Tenía tiempo para dedicarme al duelo y apoyar a mi hija que me necesitaba. Me inscribí en el programa de entrenamiento de la Sociedad de Leucemia y Linfoma y decidí comprometerme con el entrenamiento, iba a correr la distancia completa del maratón. Completé mi primer maratón y recaudé más de seis mil dólares para la Sociedad, lo cual me dio el objetivo que necesitaba para seguir adelante en mi duelo. Ahora soy una «adicta» a correr y he hecho muchos medios maratones.

Correr y recolectar fondos por una causa fue una de las terapias más sanadoras que pude encontrar para mí. Soy afortunada de haber sido líder del grupo de Viudas en Tacones del Área de la Bahía durante los últimos años, y sé que el grupo «Viudas y chicos», que creamos para ayudar a muchas viudas, ha brindado apoyo cuando se sienten perdidas.

DE NUEVO MI FUTURO ES BRILLANTE. Ser madre sola y ver a mi hija atravesar las etapas de su duelo es todo un desafío; sin embargo, a través del trabajo duro, la autorreflexión y encontrar maneras de ayudar a otros, ahora sé que de nuevo enfrento un futuro brillante.

Mis amigas viudas son mis faros de esperanza y no estaría donde estoy sin ellas. Busca a otras viudas que te puedan ofrecer el apoyo y aliento que necesitas mientras atraviesas el camino del duelo; darán validez a tus sentimientos y no sentirás que enloqueces. Encuentra una comunidad donde te sientas cómoda y recuerda que no estás sola en este viaje, y lo mismo aplica también para los niños.

¿Cómo puedes ayudar?

«No sé qué decir». «Tengo miedo de decir algo equivocado». La cantidad de veces que he escuchado estos sentimientos expresados por aquellos que rodean a los dolientes es literalmente incontable. Puesto que comencé en el mundo de los libros escribiendo para la comunidad de viudas en su conjunto y como alguien que ha recorrido en persona el camino de la viudez, dedicaré un buen espacio a este punto, con la esperanza de que quienes las rodean estén equipados para ayudar en lo que puede ser un largo Viaje de Sanación.

Lo que hay que hacer

- **Sé parte activa de su proceso**: Como cualquiera que ha perdido a un cónyuge, hay mucho por hacer durante la transición en términos legales y financieros. Ayúdale a hacer la lista de personas a quienes es necesario llamar (recuérdale que es prioritario dar aviso a las entidades que proveerán el ingreso para su hogar), qué documentos necesita organizar, etcétera.
- **Recuérdale que está a cargo de su Viaje de Sanación**: Al menos una persona va a decirle: «¿Aún no lo superas?» o «Ya supéralo», o alguna tontería similar. Recuérdale que se encamina por su propia ruta y a su tiempo, y, mientras no se lastime a sí misma o a alguien más, como quiera que ella decida enfrentar su Viaje de Sanación es totalmente correcto.

Sin duda, lo que no hay que hacer

Por desgracia, muchas personas parecen perder de vista el hecho de que las palabras «Lo siento mucho» pueden ser las de mayor consuelo de todas. Aunque pueda ser un intento por consolar, la gente en cambio suele tener salidas bastante estúpidas. Habiendo recibido yo muchos de estos comentarios (y peores), sigo sorprendiéndome con lo que dice la gente en tono de simpatía.

Además de comentarios como «Al menos estabas preparada» o «Al menos él no sufrió», a continuación presento algunos comentarios que *por favor* nunca digas:

- Cuando alguien dice: «Estabas destinada a estar sola», lo que la viuda piensa es «Si estuviera destinada a estar sola, para empezar no me hubiera casado».
- Cuando alguien dice: «Vas a encontrar a alguien más», lo que la viuda piensa es «¿Qué te hace pensar que buscaré a alguien más en este momento?».
- Cuando alguien dice: «Ya tendrías que haberlo superado», lo que la viuda piensa es «No lo he superado, nunca lo voy a superar y siento mucho si mi tiempo de sanación no se ajusta con el tuyo».
- Cuando alguien dice: «Ahora tendrás un cierre», lo que la viuda piensa es «No quiero "cerrar" ninguna parte de mi vida, ¿qué significa eso?». Aprenderás más sobre la palabra «c» en el capítulo dieciocho, «Una palabra respecto a la palabra C».
- Cuando alguien dice: «Está en un mejor lugar», lo que la viuda piensa es «¿Mejor allá que conmigo?».
- Cuando alguien dice: «Puedes comprar una mascota que lo reemplace», lo que la viuda piensa es «¿En verdad me acabas de decir eso a mí?».
- Cuando alguien dice: «Estoy divorciada, y el divorcio es lo mismo», lo que la viuda piensa es «No es igual. Comprendo que has vivido la muerte de una relación, pero en tu caso alguien tomó la decisión. Nadie eligió abandonar mi matrimonio».
- Cuando alguien dice: «Estuviste casada muchos años y él vivió una larga vida», lo que la viuda piensa es «Nunca será suficientemente larga».

- Cuando alguien dice: «No eres realmente viuda porque sólo estuviste casada por poco tiempo», lo que la viuda piensa es «Me perdí esa parte de la ceremonia de matrimonio donde decían cuánto tiempo debíamos *estar casados* antes de que empezara a contar para la viudez».
- Cuando alguien dice: «No estaban casados, así que no enviudaste», lo que la viuda piensa es «Mi corazón no entiende de tecnicismos. Mi corazón sólo sabe que la persona con quien decidí pasar el resto de mi vida se ha ido».
- Cuando alguien dice: «Él era mi hermano(a)/otro pariente. Ustedes técnicamente no estaban relacionados», lo que la viuda piensa es «Por favor, invítame cuando digas a nuestros hijos que papá y mamá no estaban técnicamente relacionados».

Otro No, muy importante:

- **Nunca te refieras al difunto esposo como el «ex»... *nunca*:** «Por qué sigues teniendo fotos de tu ex?»; «Apuesto a que extrañas a tu ex»; «A tu ex le gustaría que siguieras con tu vida».

  Tanto en el hospital como en general, he escuchado este error muchísimas veces. Sin embargo, cuando oigo esta referencia en la televisión y en los medios, imagino que lo hacen a propósito para crear polémica.

  Tal como lo define virtualmente todo diccionario en cualquier idioma, el prefijo «ex» significa *pasado*. La muerte de un esposo o una pareja no nulifica el matrimonio o la relación; esa anulación sucede en el divorcio o en la ruptura. Te puedo asegurar que, tratándose de viudez, nadie deja el matrimonio voluntariamente.[4] Nadie llena los papeles o pronuncia un «in-

---

4 Y hablo también de los que mueren por su propia mano.

cómodo discurso de ruptura». A las viudas la muerte les arrancó a sus esposos, y fueron lanzadas hacia vidas que no habían planeado ni elegido. ¿Te puedes imaginar cómo se siente que llamen a tu difunto esposo tu «exesposo» o tu «expareja»? Al usar esa referencia no sólo insultas a la viuda, también manchas la vida compartida y el Viaje de Sanación en que se ha embarcado.

El término correcto es «difunto». «Ex» se refiere a alguien con quien ya no estamos involucrados y ese alguien en algún momento eligió acabar la relación. La viuda no está «soltera», ya que su estatus se refiere a alguien que estuvo casada.

Si conoces a alguien que ha enviudado, nunca te refieras a su difunto esposo como un «ex». Ya ha sufrido bastante y no necesita otra puñalada en el corazón por parte de alguien que debería preocuparse por ella. Me doy cuenta de que tanto énfasis sobre una referencia de dos letras puede parecer trivial, pero me preocupo sinceramente por los millones de viudas que se ven sometidas constantemente a esta insensibilidad. Puedes ayudar a corregir esto con la adecuada referencia a su fallecido esposo. No son «ex». No son «pasados».

Para decirlo en pocas palabras, «ex» *no* indica una vacante.

UNA PÉRDIDA SIN NOMBRE: LA «VIUDA SOLTERA»

Muchas personas asumen erróneamente que la experiencia de perder a un prometido o compañero de vida es más fácil porque no hay certificado de matrimonio. En realidad, no estar casado al momento de la pérdida, a veces puede hacer las cosas aún *más* difíciles, tanto práctica como emocionalmente.

A pesar de que evidentemente no se busca un título, cuando un cónyuge casado fallece, quien sobrevive de inmediato se reconoce como viuda/viudo y así se denomina. Y los viudos por lo general tienen acceso a numerosos recursos, pueden valerse de muchos medios de apoyo (financiero, emocional y espiritual) sin reproches ni opiniones. Reciben el reconocimiento instantáneo de cónyuge supérstite, junto con las debidas condolencias.

No es lo mismo para quienes no estaban casados al momento de la pérdida.

Para ellas/ellos no hay títulos, excepto que son subestimados rotundamente con la palabra «solamente», por ejemplo: «Solamente tenía un prometido/novio/pareja». Las viudas no casadas, con frecuencia, son rechazadas por los grupos de apoyo, debido a su falta de matrimonio «técnico». Habitualmente son dejadas de lado por las familias de su difunto amado (y en numerosos casos, son excluidas de las decisiones finales). Es común dejarlas con cuentas por pagar (porque compartían la vida con alguien y normalmente asumían el cincuenta por ciento de las responsabilidades) y rara vez cuentan con recursos para solventarlas.

En pocas palabras, la mayoría de las viudas solteras son sancionadas de forma práctica y emocional por la sociedad porque simplemente no tuvieron la oportunidad de caminar por un pasillo con un elegante vestido de una sola puesta. ¿Eso hace la pérdida más fácil? ¿El amor se mide por ceremonias, certificados, vestidos vaporosos y trajes de pingüino?

Pérdida del prometido

Las mujeres que estás a punto de conocer se identifican como viudas y son modelo de valor, fuerza y perseverancia. Meagan comparte la historia de cómo perdió a su prometido sólo ocho días después de formalizar su compromiso, y Karen comparte su historia de cómo perdió a su prometido el mismo día de su boda, horas antes de la ceremonia.

La historia de Meagan

Mi historia comienza y termina en tragedia. Conocí a mi difunto prometido, KC, en el funeral del padre de un querido amigo, que era tío de KC. Al instante surgió la chispa y nos sentimos muy cómodos juntos. Tres días más tarde lo llamé y fijamos la hora en que me visitaría. Lo amé desde el inicio y para KC fue igual.

Dos meses después de volver de un viaje de aventura a Alaska, KC me llevó a una de nuestras escapadas favoritas en la costa. Estaba sentada en la ventana envuelta en una manta, KC caminó hacia mí, y yo veía por la ventana sin decir nada. Respiró hondo y entonces dijo:

—Amor, sabes que te voy a amar por siempre, ¿verdad?

—Sí —le dije, y continuó:

—Y sabes que mientras estemos juntos estaremos bien y podremos hacer cualquier cosa, y que nadie te amará como yo te amo, ¿cierto?

—Sí —respondí.

Se puso de rodillas ante mí, sosteniendo una pequeña caja en forma de corazón con un moño. Me miró y dijo:

—Amor, ¿te casarías conmigo?

Extendí mi mano, me puso el anillo en el dedo y me besó. Me dijo:

—No me respondiste.

Y grité:

—¡Sí!

Ocho días después de proponerme matrimonio, KC fue a bucear con su padre y un amigo. Cerca del atardecer, recibí una llamada de su padre. Me preguntó si estaba sola, y al instante supe que algo andaba mal. Pregunté si todo estaba bien y su padre me respondió: «No». Me dijo que KC se sumergió para su primera inmersión y nunca volvió a la superficie.

KC estuvo perdido treinta y seis horas. Su cuerpo fue encontrado frente a la costa de la Isla Santa Cruz. Dos días más tarde, antes de mi cumpleaños veintisiete y ocho días después de nuestro compromiso, mi mundo llegó a su fin.

¿QUÉ PUEDO HACER PARA SENTIRME MEJOR? KC tenía tantos planes para nuestro futuro, tanto respecto a lo que quería para su vida como para nuestro futuro juntos. Mucho de lo que él quería hacer tenía que ver con ayudar a su comunidad y a su gente. Me preguntaba: «¿Por qué llevarse a KC?», y también: «¿Por qué el océano se llevó a su fan número uno?».

Mucho después me preguntaba qué había hecho para merecer este dolor. Había muchas variables, pero en última instancia sabía dentro de mi corazón que eso realmente había ocurrido. Lo odio, pero no puedo cambiarlo. Ahora trato de cambiar esos pensamientos inútiles por «¿Qué puedo hacer para sentirme mejor?».

APRENDER A TOMAR DECISIONES... SOLA. Pasé momentos muy duros tomando decisiones después de que KC murió. Dejé que mis seres queridos me ayudaran a tomar las decisiones que debía enfrentar. Con el tiempo, logré comenzar a tomarlas nuevamente.

Soy afortunada por tener una maravillosa familia que me apoya y un grupo de amigos que rara vez juzgan o me dicen lo que piensan que debería hacer. He podido hablar de todo y, en general, la gente importante de mi vida se reserva sus opiniones hasta que se las pido. Me siento mucho más cómoda cuando tomó decisiones de manera independiente sobre el camino de mi vida sin KC. Desde luego todavía enfrento retos, pero mi futuro es brillante y me siento bien.

APRENDER A AMAR DE NUEVO. Lo que sigue para mí es aprender a amar de nuevo. Ansío tener una familia y, si no vuelvo a salir, perderé mi oportunidad. Quiero volverme la mejor versión de mí misma, de modo que pueda estar abierta a una nueva relación. Estoy trabajando mucho en mí misma física, mental, emocional y profesionalmente incluso, para colocarme en el mejor nivel posible antes de invitar a alguien a entrar en mi vida.

La pérdida a tan temprana edad nos recuerda cuán breve puede ser la vida. Saber que no me conformaré con algo menos que el amor verdadero, me da la confianza en mis elecciones y me ayuda a saber que KC estaría orgulloso de la forma en que estoy viviendo.

PERMÍTETE SENTIR ALEGRÍA. La viudez es un «club» al que nadie quiere entrar, y la viudez no quiere nuevos miembros. Sin embargo, si te encuentras en esa situación, debes saber que sigues aquí y tienes el derecho de vivir una existencia feliz y abundante. Incluso delante del duelo, permítete sentir una dosis de alegría, sin importar que sea pequeñita.

Con tiempo, esfuerzo y guía lograrás sentir nuevamente alegría. La afirmación más importante que utilicé es: «Acepto mis sentimientos como la verdad interna del momento». Me repito esto en momentos de debilidad, dolor, ansiedad, alegría, felicidad o tristeza. Esta afirmación es poderosa porque me permite sentir cualquier emoción que esté viviendo.

Nunca serás la misma, porque amaste y perdiste. Pero tienes la elección de permitir transformarte a ti misma. Mis más humildes palabras de consejo son que encuentres un terapeuta en quien confíes y elabores el duelo. Recuerda las cosas que te dan paz y alegría y hazlas. Más que nada, no olvides que no hay forma equivocada de vivir el duelo, siempre y cuando lo hagas de manera segura.

La historia de Karen

Conocí a Chris en la fiesta de cumpleaños de un amigo y fue una conexión instantánea. Era extrovertido, carismático y amaba la vida.

Era una de esas personas abiertas. Rara vez tenía malos días, no porque no hubiera malos días, sino porque él elegía sacar lo mejor de cualquier situación. Se levantaba cada mañana con confianza, listo para arrasar.

Con el tiempo, decidimos mudarnos a un apartamento. Vivimos juntos durante un año, y, una mañana, Chris preparó *hot cakes* para el desayuno y, a la luz de las velas, me propuso matrimonio. Pasamos el siguiente año planeando nuestra boda y luna de miel.

La noche antes de la boda, hicimos el ensayo en la iglesia y tuvimos una cena donde sus padrinos se ponían de pie y contaban historias sobre Chris. Adoro recordar ese día, porque sé que le hicieron saber cuán importante era para ellos. Los padres de Chris también pronunciaron amorosas palabras para mí y para su hijo único.

La mañana de la boda fui a peinarme y Chris fue a desayunar con sus padrinos. Cuando regresé al hotel, la mamá de Chris me llamó y dijo que había ocurrido un accidente automovilístico.[5] Desconocía los detalles, pero dijo que se dirigía al hospital. Yo estaba en *shock* y llamé al hospital para pedir más información. No me dieron respuestas, y recuerdo haber dicho: «Estoy con mi velo de novia, ¿debo quedarme aquí esperándolo o debo ir al hospital?». La voz me respondió: «Ven al hospital».

Colgué el teléfono y salí corriendo de la habitación. Junto con mi familia y mis damas de honor corrimos al hospital. Terminé en una habitación con los padres de Chris y algunos de sus amigos más cercanos, y la mamá de Chris me dijo: «No sobrevivió». Sentí que las rodillas me temblaban. Recuerdo que mis padres me abrazaban y uno de los padrinos se arrodilló y me abrazó. Recuerdo que la mamá de Chris nos guió en una oración. ¿Cómo pudo tener la fuerza para

---

5 El accidente fue ocasionado por otro conductor que se pasó una luz roja y golpeó el auto en el que Chris era pasajero. El conductor que se pasó la luz roja fue condenado por muerte en accidente automovilístico.

hacer eso? Sigo sin comprenderlo, pero detonó lo que sucedería más tarde esa mañana.

La boda iba a ser a las 11:00 a.m. y eran las 10:00 a.m. Decidimos que lo mejor sería ir a la iglesia. Llegué al mismo tiempo que llegaban los invitados. Nadie sabía nada.

En sólo unos minutos la iglesia se transformó de una boda en un funeral. Los cantos de alegría se convirtieron en cantos fúnebres. Los versículos de la Biblia llenos de amor se volvieron versículos llenos de pena. Al final de la ceremonia, el sacerdote me pidió si podía dirigir unas palabras. Sentí la necesidad de ser fuerte, caminé por el pasillo y expliqué a todos cuán especial había sido la noche anterior cuando todos dijeron cuánto lo amaban… Falleció sabiendo cuán amado había sido. Recuerdo haber sido muy apasionada y fuerte, como si la presencia de Chris siguiera conmigo, alentándome.

Después de la ceremonia, todos fueron a la «recepción». Mirando hacia atrás me pregunto cómo pudimos hacer algo ese día, porque todos estábamos en *shock*. Veinte minutos después de que llegué a la recepción, me golpeó la realidad y tuve que irme.

Muchas preguntas… sin respuesta. Después de que Chris murió, muchas veces pensé en la pregunta «¿por qué?». ¿Por qué ocurrió el accidente el día de nuestra boda? ¿Por qué todas las circunstancias llevaron a Chris y sus padrinos a estar en el auto en ese momento del día? ¿Por qué no fui yo? ¿Por qué sus padres tenían que vivir esto?

La transición de «nosotros» a «yo». Daba clases en primer año y tenía programado volver al trabajo una semana después de nuestra boda. No quería regresar, pero mis padres y mis seres queridos me alentaron para hacerlo. A los primeros treinta minutos de estar en la escuela, una exalumna llegó a mi salón de clases y dijo: «Supe que tu esposo murió antes de que se casaran, lo siento», y salió del salón. Tenía siete años y obviamente hizo lo mejor que supo hacer, pero fue una puñalada en mi corazón. Ella sabía, toda la escuela sabía y yo sólo quería hacerme un ovillo.

No supe ni quién era yo. Pasé del «nosotros» al «yo», y, aunque ésas son palabras sencillas, a mí me hacían estallar la cabeza. Todas mis actividades se tornaron en retos. Ir a comprar víveres requería fuerza emocional porque era algo que Chris y yo hacíamos juntos. Cocinar era siempre un acontecimiento para Chris: ponía música y preparaba platillos creativos. ¿Cómo podía cocinar sin él?

CRECÍ EN UNA NUEVA VIDA Y EN UN NUEVO AMOR. Unos días después del accidente, mi mamá me puso en contacto con una terapeuta. No quería ir, pero ahora estoy tan agradecida por haberlo hecho. Mi terapeuta ha sido una de las principales razones por las que aprendí a elaborar el duelo y a crecer. Siempre estaré eternamente agradecida por las sesiones semanales.

Después de un par de meses enseñando, decidí que me acogería a la FMLA (Ley del Empleado de Ausencia Médica y Familiar)[6] y tomaría unos meses de permiso en el trabajo. Fue la mejor decisión que pude haber tomado. Hice un par de viajes a mi interior, que me hicieron saber que estaba a cargo de mi vida. Me lancé de paracaídas, inicié nuevos pasatiempos, me hice un nuevo corte de pelo, comencé a correr medios maratones y maratones completos. Me permití buenos y malos días.

Finalmente mis amigos me sugirieron que empezara a buscar pareja en línea. A veces las citas eran justo lo que necesitaba para sentirme viva de nuevo, otras veces las citas me lanzaban en una espiral que causaba que extrañara tanto a Chris que no podía ni respirar. Luego conocí a Tom en un sitio de citas, y sentimos una

---

6   The Family and Medical Leave Act. Para más información, visita www.dol.gov/whd/fmla.

conexión instantánea. Nos conocimos en persona unos meses después, salimos y fue muy agradable… pero yo no estaba buscando nada más.

Terminamos saliendo unas cuantas veces. Tom era una genial combinación entre masculinidad y sensibilidad al mismo tiempo. Había perdido a su padre el año anterior y compartimos muchas lágrimas al intercambiar nuestras historias. Tom me hizo sentir extasiada ante la perspectiva de mi futuro, cosa que hacía mucho tiempo no sentía.

Unos meses más tarde me pidió matrimonio, después de que quedáramos embarazados. Tenía la esperanza de encontrar el amor de nuevo, pero no podía imaginar el hecho de planear una boda o casarme, pues asociaba las palabras «boda» y «matrimonio» con la muerte. Tom se dio cuenta de cuán abrumador era esto para mí y me apoyó incondicionalmente desde el principio.

Decidimos casarnos en las Islas Vírgenes y solamente invitaríamos a unos pocos familiares. El hotel organizó la boda, ordené mi vestido de novia en línea y fue perfecto. Sé que Tom habría deseado tener una boda enorme, pero nunca me presionó para hacer algo que no habría podido manejar. Ahora tenemos una linda pequeña, y nuestro amor crece sólido cada día. Tratamos de no dar nada por sentado porque sabemos cuán fácilmente nos puede ser arrancado.

PERMITE QUE TU VIDA BRILLE. Al atravesar un duelo, creo que es importante sumergirte en libros, frases y grupos con viudas para recordarte que no estás sola. El dicho «Mal de muchos, consuelo de tontos» generalmente es visto como negativo, pero, cuando se trata de verte rodeada por personas que entienden bien lo que has vivido, es todo lo contrario.

A veces pasamos mucho tiempo tratando de «estar enteros», pero eso a fin de cuentas es contraproducente. Permítete desmoronarte y caer. No te preocupes sobre lo que otros piensen que debes hacer o no; permítete crecer y cambiar en la forma que desees. Rétate a ti misma a hacer cosas que siempre has soñado realizar o nunca has imaginado que podrías llevar a cabo.

La vida es diferente cuando pierdes a alguien a quien amas. En lugar de hacer una vida horriblemente diferente, transfórmala en una existencia hermosamente diferente. Si la vida te lleva hacia el amor de nuevo, permite que suceda. Si la vida te lleva a encontrar el éxito en otro lugar de trabajo, permite que suceda. Si la vida te lleva a hacer algo que parece atemorizante, permite que suceda. Este es tu momento de dejar que tu vida brille.

PÉRDIDA DE LA PAREJA DEL MISMO SEXO

Si las viudas no casadas pasan momentos difíciles en cuanto a la validez de su condición, el reconocimiento social o incluso el mismo respeto de miembros de la comunidad LGBT[7] que pierden a parejas de su mismo sexo es mucho peor, por numerosas razones:

- Aun cuando actualmente las leyes de los Estados Unidos aseguran que las parejas del mismo sexo pueden contraer matrimonio, el hecho es que hay muchos países donde esto no es legal o incluso es «ilegal» tener cualquier tipo de relación con personas del mismo sexo. Puedes poner tu propia vida en peligro si reconoces una relación homosexual o si conoces a alguien que esté dentro de una relación así y no lo reportas a las autoridades.

- Mientras que los matrimonios del mismo sexo están permitidos dentro de los Estados Unidos, tristemente todavía exis-

---

7   Lésbico, Gay, Bisexual y Transgénero.

ten ramificaciones políticas y pseudoreligiosas retrógradas en muchos sentidos. En otras palabras, si alguien no «aprueba» las uniones del mismo sexo (o de la misma orientación sexual), no te aprueban a ti. Punto. Esto significa que cualquier manifestación de simpatía o compasión por tu pérdida será inexistente.

- Además de todo lo anterior, si no estabas casado al momento de la pérdida de tu ser querido, también enfrentas la misma clase de sinsentido de las viudas no casadas (no estabas casado, por tanto, no «cuentas»; debería ser más fácil para ti «superarlo», etcétera.) Dicho simplemente, perteneces a la Sociedad de los Idiotas.

Leigh Ann* es una viuda supérstite de su amada Bonni. Nos comparte cómo es ser viuda del mismo sexo y también la victoria dulce y amarga que siente —aunque sea muy tarde para ella y Bonni— y le da esperanza en un mejor futuro.

La historia de Leigh Ann

Conocí a Bonni a través de unos amigos en el Festival del Orgullo y en seguida me sentí atraída por ella. Varios de nosotros fuimos a cenar después del festival y sentí que me enamoraba de ella. Era extrovertida y divertida, y yo soy más bien reservada. Bonni era todo lo que yo siempre había querido ser. Empezamos a salir una semana más tarde.

Casi un año después de conocernos, compramos una casa y nos fuimos a vivir juntas, y, otro año más tarde, tuvimos una ceremonia de compromiso. Ambas teníamos la fortuna de contar con la aceptación de la mayoría de nuestros familiares, y no fueron invitados quienes no nos aceptaban. No queríamos preocuparnos de nada que pudiera nublar nuestro día especial.

Bonni y yo estuvimos juntas durante casi veinte años con una magnífica relación y locamente enamoradas. Viajamos mucho y teníamos un genial grupo de amigos, y también nos gustaba organizar fiestas en casa. Un día, Bonni dijo que no se sentía bien y llevaba varias semanas sintiéndose así. Ambas pensamos que sólo era cansancio por nuestra reciente vacación. Fuimos al médico y, debido a sus síntomas, la mandó a hacerse análisis. Bonni fue diagnosticada con cáncer avanzado de ovario y le dieron solamente seis meses de vida. Bonni no iba a escuchar eso. Vivió un año y medio y falleció en un hospital de cuidados paliativos.

Reír en medio de la desesperación. No quería imaginar la vida sin Bonni, y ahora debo aceptar que así será. Habría deseado ser yo quien tuviera el cáncer, pero, cuando lo decía, Bonni enfurecía… No quería ninguna actitud negativa a su alrededor. Decía cosas como: «¿Por qué sería mejor que lo tuvieras tú? Sería mejor que no lo tuviéramos ninguna de las dos». Y, estando las cosas tan mal, lograba hacerme reír todavía.

Permití que me apoyaran. Después de que Bonni falleció no sabía qué hacer conmigo. Había estado tanto tiempo con ella, y ella que era la fuerte se fue. Me quedé sola averiguando qué hacer.

Tuve la fortuna de tener tan buenos amigos y familiares que se acomidieron a hacer diferentes cosas. Dos de nuestros mejores amigos se hicieron cargo de los arreglos del funeral, y yo me quedé con mi familia los primeros días posteriores a la muerte de Bonni. Otros amigos se reunieron después del funeral y aportaron toda la comida y bebida. Incluso hicieron un *collage* de fotos de Bonni.

Esperé casi un año después del fallecimiento de Bonni para arreglar sus cosas. Amigos y familiares también me ayudaron con eso y estoy muy agradecida por su ayuda. No pienso que podría habérmelas ingeniado sola sin todo el apoyo que tuve.

ABRAZAR EL PASADO Y MIRAR HACIA EL FUTURO. Ya han pasado varios años desde la muerte de Bonni y sigo pensando en ella cada día. Cuando nuestro estado legalizó el matrimonio del mismo sexo se me removieron muchos sentimientos. Me da mucha alegría porque significa que podemos casarnos, pero me da tristeza porque fue demasiado tarde para Bonni y para mí.

He asistido a un grupo de apoyo en el duelo en nuestro centro comunitario. También he salido en algunas ocasiones, y, a pesar de que todavía no encuentro a alguien especial, sigo teniendo esperanzas. Bonni siempre decía que quería que yo encontrara a alguien, y era la primera en decir: «Necesitas casarte». Ahora que el matrimonio del mismo sexo es legal, tengo la esperanza de casarme algún día. Nunca dejaré de amar a Bonni, pero creo que puedo amar también a alguien más.

LA VIDA ES DEMASIADO BREVE PARA SER INFELIZ. Lo mejor que puedes hacer es buscar apoyo; checa en tu centro comunitario o en otros lugares donde seas bienvenida para obtenerlo. Está bien que te llames viuda a ti misma, porque eso es lo que eres. No permitas que otras personas te juzguen, especialmente personas que no son parte de la viudez y de la comunidad gay. No entienden.

Bonni siempre decía: «La vida es demasiado breve para ser infeliz», y así es como ella vivía. No quiero ser infeliz el resto de mi vida, y, aunque siempre la voy a extrañar, sé que quiere que yo sea feliz. Ese es el plan que pienso seguir.

¿Cómo puedes ayudar?

Hay muchas formas en que puedes ser útil para quien ha perdido a su prometido(a) o a su pareja de vida; muchas de ellas no sólo la apoyarán emocional y mentalmente, también ayudarán con las cargas potenciales que pueda estar sintiendo.

Lo que hay que hacer

- **Trata la pérdida adecuadamente**: Era una persona con quien ella planeaba pasar el resto de su vida, y ahora siente que el futuro la ha traicionado. Dignifica su pérdida en la forma que ella lo merece… porque tristemente, habrá quien no lo enfrente con el mismo respeto.

- **Si estaba planeando una boda o era inminente, ofrece ayudarle con la logística de la cancelación**: ¿Te puedes imaginar el dolor que siente una prometida(o) cuando debe cancelar los arreglos florales que eran para su boda y cambiarlos por arreglos para un funeral? En lugar de posar con un ramo de flores en su hermoso vestido de novia, debe elegir los arreglos del féretro y recoger su traje negro de la tintorería.

  Puedes ayudarla a aliviar la carga de la logística que implica cancelar una boda. Apóyala poniéndote en contacto con aquellos invitados que aún no estén informados del fallecimiento (muchas personas planean viajar para asistir a las bodas). Pide la lista de proveedores que necesiten contactarse. Asegúrate de que te indique con quién depositó anticipos con la esperanza de que pueda recuperarse el dinero. Una vez que se explican las circunstancias de la cancelación, tal vez algunos proveedores devuelvan total o parcialmente los depósitos.

- **Apoya su decisión de seguir adelante**: Como con la viudez convencional, la magnitud de la pérdida deja al supérstite a la deriva. En tanto que la mayoría de nosotros puede decidir salir a cenar con amigos, reservar unas vacaciones o poner al día un currículo, la toma de decisiones para ella no es fácil. Mientras da sus primeros pasos hacia su nueva vida, sin la persona a quien iba a decir «acepto» se siente inestable e insegura. Cosas como socializar, mudarse, tomar unas vacaciones, cambiar de trabajo y muchas otras son un gran problema para ella, y cada decisión necesita ser reconocida y respaldada de manera positiva; necesita sentirse protegida, y sus decisiones positivas requieren ser reforzadas.

Sin duda, lo que no hay que hacer

- **No minimices su relación y la gravedad de lo ocurrido**: «Él/ella era solamente tu prometido/pareja»; «Va a ser mucho más fácil porque no estaban casados»; «Sólo imagínate que habría sido mucho peor si hubieran estado casados».

Alguien que ha perdido a su prometido o a su pareja puede que no sea viuda(o) en términos técnicos, pero ¿desde cuándo el amor ha estado regido por tecnicismos? Karen dice: «Escuché todos los típicos "comentarios equivocados". Al principio los comentarios eran como puñaladas en el corazón. Conforme maduré mi duelo, tuve una revelación. Empecé a agradecer la ingenuidad. Si ellos hubieran atravesado una tragedia, nunca habrían dicho algo sin pensar en cómo se sentiría la otra persona».

Megan comparte: «Honro a KC cada día al encarnar los valores y fundamentos de quien era él en vida, y eso me hace sentir orgullosa. Me esfuerzo para ser valiente, porque deseo tener todas las cosas que quiero en mi vida y eso será un tributo al hombre que me quería dar todas esas cosas».

He enseñado que el amor devoto y comprometido es amor, a pesar de que haya o no papeles. Fluye naturalmente que, si el amor es amor, entonces la pérdida es pérdida. En su corazón, la pérdida de una viuda soltera no es menos devastadora que la de quien ha perdido a un esposo. Su pérdida no debería trivializarse por la falta de un papel. Más aún, nadie dicta cómo se «debe» sentir o si es mucho «más fácil» un tipo de recuperación que otro.

- **No discutas las «políticas» de la viudez**: «No eres una viuda real»; «Técnicamente no es viudez porque no estaban casados»; «¿Por qué te autodenominas *viuda*?»; «Las lesbianas no pueden ser viudas».

  No importa si en el país donde vive la esposa supérstite no se reconoce el matrimonio del mismo sexo. Tal como las viudas solteras heterosexuales, las sobrevivientes de parejas del mismo sexo deben ser llamadas viudas, por la simple razón de que, de hecho, *enviudaron*.

  Leigh Ann dice: «Es tan fácil [para algunas personas] menospreciar [mi viudez] o incluso toda mi relación con Bonni. Eso es cruel. Sólo porque a algunas personas no les gustan las lesbianas, lo esconden bajo la alfombra. Sentí como si yo no fuera importante. Hasta el director del funeral preguntó si yo estaba "autorizada" para hacerme cargo de los asuntos de Bonni. Tuve que mostrarle el testamento de ella [para demostrar mi capacidad legal]».

  Los argumentos relacionados con tecnicismos de la viudez desaparecieron hace años, y espero que así sea para siempre. Así se trate de una sobreviviente heterosexual o gay, si en tu opinión tu amiga no es una viuda, tienes todo el derecho de tener tu punto de vista. Sin embargo, es igualmente una opinión que causará dolor y, aunque tengas derecho a tener tus opiniones, *no* tienes ningún derecho de causar más sufrimiento a alguien que ya está viviendo un duelo abrumador.

- **No insinúes que un prometido o una pareja es reemplazable**: «Eres joven/inteligente/bella/segura [o cualquier otro adjetivo]»; «Verás qué rápido encuentras a alguien más»; «No vas a tener ningún problema en encontrar a alguien más»; «Aparta tu mente de eso».

  «¿Aparta tu mente de eso?». ¿En serio? No estamos hablando de un mal día de trabajo que puede desvanecerse con un par de martinis y unos zapatos. Su ser amado *falleció*, y, aunque estos desafortunados comentarios son muy comunes en la pérdida de un cónyuge, son más comunes en casos de viudas solteras.

La implicación de que una persona, cualquier persona, es simple y rápidamente reemplazable es de pésimo gusto. Te puedo también asegurar que nadie que ha perdido al amor de su vida está pensando en hacer audiciones para encontrar al «suplente». Igual que las personas técnicamente casadas, ella necesita tomarse su tiempo para encontrar su camino hacia una nueva vida. Si así lo decide, el amor puede ser parte de su nueva vida, pero no como un «reemplazo» de su pérdida.

Desgraciadamente, la suya es una «pérdida innombrable». No hay títulos para una mujer que ha perdido a la persona con quien no estaba técnicamente casada. Por tanto, usamos el término «viuda soltera» como una forma de reconocer su difícilmente envidiable posición, y como una forma de honrar su profunda pérdida.

PÉRDIDA DE LOS PADRES

Mamá. Papá.

Ellos resuelven los problemas y arreglan las cosas grandes y pequeñas. Son quienes conducen el auto y nos animan en incontables actividades escolares y extracurriculares. Son Santa Claus y el conejo de Pascua, y entran en la oscuridad de la noche a nuestros cuartos, de puntillas, en su papel del Hada de los Dientes. Juegan bromas, planean fiestas de cumpleaños y entregan loncheras y tareas olvidadas. Son quienes curan moretones y raspones; vuelan ansiosos hasta el consultorio del doctor, convencidos de saber mucho más de nuestro bienestar que ningún médico (y por lo general tienen razón). Nos

enseñaron a conducir y nos avergonzaron con sus incontables fotografías de la graduación. Nos entregaron en el altar y nos miraron
con una mezcla de orgullo y perplejidad conforme navegábamos
hacia la paternidad. Son quienes nos levantan cuando estamos mal
y celebran con nosotros cada logro de nuestras vidas.

Y de pronto…. ya no están.

«Todos tienen un papá menos yo»: La pérdida para un hijo

Perder a un hijo es difícil, sin importar las circunstancias o en qué
punto nos encontremos en nuestras vidas cuando ello ocurre. Sin
embargo, hay una ligera diferencia en cuanto a superar la muerte de
un padre, dependiendo en gran medida de la edad que tengamos
cuando ocurre la pérdida.

Hice este particular descubrimiento cuando perdí a mi propio
padre. En su amoroso intento para consolarme la noche que mi
padre murió, una Kendall de once años dijo que ahora comprendía
mejor lo que ella había estado viviendo con la pérdida de su papi,
porque yo también ya había perdido al mío.

Aunque era algo dulce, no era precisamente verdad.

Como expliqué a Kendall esa terrible noche, mi padre estuvo para
mí mientras crecía y para todos los logros que alcancé a lo largo de
cuarenta y un años de mi vida en los que estuvo presente. Mi padre
se sentó orgulloso en el altar en mi Bat Mitzvah[8] y derramó lágrimas
cuando fui «secuestrada» por las porristas de la escuela. Tomó todas
esas fotos de mi graduación, caminó conmigo por el pasillo el día de
mi boda y estuvo a mi lado deteniéndome firmemente cuando ex-
tendíamos la bandera sobre el féretro de mi esposo —su yerno—
cuatro meses atrás.

---

8 Celebración judía por la entrada de las mujeres en la mayoría de edad.

Papá estuvo ahí para todo.

En cambio, Kendall jamás conocerá ninguna de esas experiencias al crecer. Nunca irá al baile escolar padre-hija, y hubo una placa conmemorativa en su Bat Mitzvah, cuando su padre debería haber estado orgulloso de pie. No estará aquí para las graduaciones y no la enseñó a conducir.[9]

Incluso como adulto, Kendall sigue luchando con la ausencia de Mike y se ha dado cuenta de que siempre será así; no obstante, superó la enorme pérdida (y otros grandes obstáculos) que ensombreció su adolescencia, para convertirse en un adulto feliz y saludable, sin lanzarse a métodos destructivos que son tan accesibles.

Con todo el orgullo —y sabiendo que su papá sonríe lleno de satisfacción— es un honor presentar la historia de Kendall Brody Fleet.

La historia de Kendall

Cuando tenía nueve años, mi papá fue diagnosticado con ELA. Su batalla contra esa enfermedad duró escasamente dos años, durante los cuales nuestra familia sufrió las penas de viajes en ambulancia hasta la unidad de emergencia, ver a mi papá que se caía y se lastimaba y el estrés que surge de dedicarse a un moribundo las veinticuatro horas al día, siete días a la semana.

Pero la enfermedad también me dio la oportunidad de unirme a mi papá de un modo que la mayoría de los niños nunca experimentan. Cada palabra de su boca se tornaba mucho más importante; incluso cuando simplemente veíamos televisión, cada momento que pasábamos juntos se hacía memorable.

Yo tenía once años cuando papá murió en mis brazos, rodeado de la familia. Considero que haber ayudado a cuidarlo fue uno de los

---

9 Y no estoy segura de si algún día lo perdonaré por dejarme *esa* tarea en particular.

honores más grandes y de las metas en la vida que, hasta ahora, han alimentado cualidades de las que me enorgullezco.

ESTÁ BIEN PREGUNTAR. Cuando supe por vez primera sobre el diagnóstico, me dispuse a tomar parte en las labores de cuidado. Al ser tan joven, no podía comprender totalmente la enormidad de lo que se avecinaba. Para mí, era la posibilidad de estar ahí por mi papá de una manera en que muchos otros no podían estar, y me sentía orgullosa. Esta reacción me salvó de perder el tiempo estando enojada o en negación sobre el porqué la enfermedad se llevaba a mi padre.

Comencé a cuestionarme por qué nos había ocurrido todo eso hasta cinco años después de la muerte de papá, cuando los adolescentes empiezan a tener sus primeros bailes escolares, sus primeras citas. Más tarde, me «inicié» en aprender a manejar, ganar los campeonatos estatal y nacional de porristas, y luego vino mi graduación. Conforme transitaba hacia la edad adulta, llegaron más logros: ser la primera de mi carrera, mi primera relación seria, mudarme y vivir por mi cuenta. A través de todas estas experiencias, me encontraba periódicamente preguntándole a Dios: «¿Por qué?». ¿Por qué no tenía a mi papá conmigo para guiarme, celebrar conmigo y consolarme como todos los demás? Es una batalla que aún sigo librando.

Es cierto que no tendré a mi papá para acompañarme por el pasillo el día de mi boda o para cargar a su nieto cuando llegue el momento, pero he aprendido que está bien sentirme así. Está bien preguntar el porqué cuando algo malo ocurre, porque eso significa que te importa tanto como para echarlo de menos.

ENFRENTÁNDOLO DE LA MEJOR FORMA POSIBLE. Mientras mi mamá terminaba los arreglos del funeral, yo estaba sola en casa viendo episodios de *Friends* de la caja de videos que habíamos comprado para papá como regalo esa Navidad. Su cama de hospital aún seguía en nuestra sala, todavía podía sentir su aroma en la casa, y sus pantuflas estaban al lado de su cama.

Me senté en el sillón reclinable cerca de su cama para ver los episodios del *show* que tanto habíamos disfrutado durante años. Cuando terminó la primera cinta, silencié la televisión y fui por la segunda. Miré la televisión silenciada y, de pronto, el silencio que estuvo ausente de nuestra casa por tanto tiempo había vuelto. ¿Conoces la expresión «un silencio ensordecedor»? El silencio también puede romperte.

No recuerdo haber llorado mucho después de que papá falleció. Había derramado muchas lágrimas, pero no experimenté mi primer «llanto horrible» hasta ese momento, un llanto desgarrador. Me di cuenta entonces de que había entrado en la siguiente fase de mi vida… una vida sin mi papá.

Después de llorar cerca de veinte minutos, supe algo más. No era la única persona que entraba en esta fase. Tenía una madre viuda, que, a pesar de poner su mejor cara, no tenía idea de adónde ir a partir de ese momento. Me prometí a mí misma que enfrentaría las cosas de la mejor forma y al mismo tiempo sería su fuerza. Quería que ella supiera que estaba ahí para apoyarla en su lucha mientras atravesaba mi propio duelo. Estar ahí para ella me ayudó porque me di cuenta de que no estaba sola. A cambio, su fuerza me salvó de perderme por los caminos que mucha gente joven elige para enfrentar el dolor.

CONFÍA EN EL PROCESO. Algunos días creo que he sanado tanto como se puede esperar y sigo adelante con mi vida en una forma que enorgullecería a papá… otros días me doy cuenta de que aún tengo *mucho* trabajo por hacer. Sé que sanar es un proceso continuo y lo será hasta el día que vea a mi papá de nuevo.

El proceso debe continuar. Siempre debe haber un proceso en el cual haces las paces con la pérdida, aprendes de ella y usas la experiencia para mejorar la vida que tienes por delante. Fui muy afortunada de tener amigos que siempre trataban de ayudarme a sonreír.

También tengo a mi familia, que se mantuvo unida y se aseguró de que yo tuviera libertad de hablar, gritar, llorar o hacer preguntas, y todos estuvieron disponibles cuando los necesitaba, sin dudar. Hasta hoy, me considero sumamente bendecida por haber contado con estas personas cuando las requerí, porque todavía las necesito y siempre será así.

Alguien me dijo en alguna ocasión: «Confía en el proceso». Nunca abandonaré mi Viaje de Sanación, nunca dejaré de «ir hacia adelante».

EN REALIDAD, NUNCA SE VAN. La vida para mí ahora es grandiosa. Siento la ausencia de mi papá todos los días; sin embargo, logro vivir con la lección que aprendí de este viaje. Tengo una maravillosa relación con mi madre, tengo una increíble hermana y una familia a la que amo; tengo una brillante carrera, tengo amigos que son verdaderas joyas y tengo el placer de contar mi historia esperando que ayude a otros.

Si perdiste un padre cuando eras pequeño, niño o adolescente, y sigues enfrentando el duelo, *no* estás solo. Debes seguir confiando en que quienes te rodean estarán para ti a cada paso que des. Cometí el error de reprimir mis sentimientos después de la muerte de mi papá, pero, tan pronto como me di cuenta de cuánta gente quería ayudarme, las cosas se hicieron más fáciles. Habla con alguien, escribe cómo te sientes, siéntate en un parque y habla con tu padre fallecido. Permítete sentir lo que necesites sentir y habla siempre que requieras hablar de ello.

Leí un libro[10] titulado *Tuesdays with Morrie* (*Martes con mi viejo profesor*, 1997), y en ese libro Morrie dice: «La muerte termina con la

---

10 *Tuesdays with Morrie*, de Mitch Albom (Broadway Books). Todos los derechos reservados.

vida, no con una relación». Debes saber que el padre que perdiste nunca se irá realmente de tu vida, mientras mantengas viva su memoria.

«¿Quién me va a querer ahora?»: El adulto que pierde un padre

¿En qué difiere perder a un padre cuando ya eres adulto de perderlo cuando aún eres un niño? Conoce a Nancy, líder en su profesión y con una personalidad chispeante. Es fabulosamente franca y muy fuerte en todo sentido. De una bella manera, Nancy nos enseña que, sin importar la edad y sin importar que la razón nos dicte que conforme envejecemos también envejecen nuestros padres, su pérdida no es menos dolorosa y nada nos prepara para ello.

La historia de Nancy

Cuando tenía cuarenta y cinco años de edad, mi madre, que era el retrato de la salud y el vigor, murió repentinamente. Seis meses más tarde, mi padre tuvo un derrame cerebral masivo, y los siguientes tres años estuvo discapacitado por completo y a la vez totalmente consciente de lo que ocurrió. Pasó cada minuto deseando que su vida terminara, y en cuanto tuvo oportunidad de rechazar la sonda gástrica lo hizo.

Para muchas personas, cuarenta y cinco años de edad son suficientes como para resistir la pérdida de uno de los padres, pero sentí que mi unión con el planeta había terminado. Meses después de la muerte de mi madre, seguía inconsolable y marginalmente funcional.

EL AISLAMIENTO QUE TRAE EL SHOCK. Sentía como «¡qué demonios!»; estaba en shock, enojada, desorientada, y me sentía desgarrada. Realmente no recuerdo mucho de esa época; lloraba y me aislaba.

APRENDÍ A AMAR INCONDICIONALMENTE A TRAVÉS DEL DOLOR. Nunca pensé que mi madre moriría. Cuando sucedió me quedé sin timón. Ella había sido mi brújula y mi consejera íntima; estaba paralizada por la pena y era incapaz de compartir mi dolor. No quería seguir adelante. De alguna manera, sentía que sanar y encontrar un nuevo equilibrio disminuiría su recuerdo y la harían menos presente.

Cuando mi padre tuvo el derrame, me mantuve alejada de él. Estaba enojada de que no pudiera apoyarme en el duelo por mi madre. Conforme su discapacidad se hacía evidente, mi hermano y yo nos dimos cuenta de que nos tocaba cuidar del hombre que con tanto trabajo cuidó de nosotros.

Mi primer instinto fue meter dinero en el problema: ponerlo en una institución de cuidados y desentenderme. Sin embargo, cobré conciencia de que cuidar de mi padre era una última cosa importante que podía hacer por mi madre. Supe que ella habría querido que él fuera amado y cuidado hasta el final de su vida. Supe también que, si no participaba yo, la responsabilidad total de su cuidado recaería en mi hermano, con quien mi padre tenía una relación más amorosa.

Mi padre se quedó en su casa, y mi hermano y yo organizamos sus cuidados. Mientras el tiempo pasaba, mi amor y mi compasión por mi padre crecieron. Luché para subirlo al auto y llevarlo a la playa. Empujé su silla de ruedas por el vecindario e invité a sus amigos a que lo visitaran. Cuidar de mi padre me permitió salir de la parálisis del duelo de mi madre. Lo que comenzó como un servicio a mi madre y a mi hermano, se convirtió en una sorprendente revelación y crecimiento. Aprendí que podía amarlo incondicionalmente, y mi padre y yo sanamos nuestras rencillas de toda una vida, lo cual no sé si de otra manera hubiera podido suceder.

DE VUELTA A LA VIDA. El derrame de mi padre me sacudió del malestar que siguió a la pérdida de mi madre. Hasta entonces, había estado enconchada, incapaz de procesar lo sucedido y durmiendo cuando me era posible. Saber que otros me necesitaban me lanzó de nuevo a la vida.

DUELO DE TRANSFORMACIÓN. No hay un solo momento en que no estén conmigo. Escucho sus voces mucho más claramente ahora que en vida. Mi duelo se ha transformado de un negro vacío a la seguridad y al reconocimiento de todos los dones que ellos me dieron. Si logré pasar por la enormidad de esa pérdida, no hay realmente nada que no pueda superar.

¿Cómo puedes ayudar?

Sin importar tu edad, la pérdida de un padre es devastadora. Es un duelo mezclado con un sentimiento surrealista. La gente que siempre estuvo ahí para nosotros ya no está físicamente presente. También es una pérdida que la mayoría de nosotros va a enfrentar en algún momento de nuestras vidas.

Lo que hay que hacer

- **Disponte a estar «ahí»**: Kendall dice: «Creo firmemente que las acciones hablan más que las palabras, y la cosa que más confortaba era que alguien simplemente estuviera ahí. Una amiga mía incluso pidió a sus padres si podía quedarse a dormir conmigo después de la escuela para hacerme sentir mejor. Este simple gesto significó un mundo para mí. Mis amigos también honraron mi proceso de duelo, haciéndome sentir lo suficientemente cómoda como para no disfrazar mis emociones, y me enseñaron a ayudar a otros a enfrentar su pérdida».
- **Ofrece una reunión posfuneral**: Idealmente, esto debe hacerse un par de meses después del funeral para dar tiempo a

todos de recuperarse. Los encontrarás más serenos y compartirán momentos de recuerdos e historias divertidas que no se pueden tener después de un funeral. Mi familia tuvo una reunión al poco tiempo de la muerte de mi tío, y mis primos y mi tía se relajaron, se divirtieron e incluso participaron en las historias divertidas en lugar de afligirse por la pérdida.

- **Asegúrate de que se cuiden**: La gente tiende a despreocuparse por quienes han perdido a sus padres. Acuérdate de que, aun cuando la pérdida de los padres se considere dentro del orden natural de las cosas, nunca es fácil. Asegúrate de que coma, duerma y viva el duelo en una manera sana.

Sin duda, lo que no hay que hacer

- **No te comportes como si «aquí todo siguiera igual»**: «¿No estás mejor ya?»; «Okey, llegó el momento de dejar la tristeza»; «¿Sigues lloriqueando por tu mamá?».

  Nancy recuerda: «Después de perder a mi madre, me tomé dos semanas en el trabajo. Cuando volví, mi jefe dijo: "Tienes derecho a tres días por luto, ¿cómo quieres que nos arreglemos por los otros siete? ¿Los descontamos de vacaciones o prefieres que no te los paguen?". Yo estaba sorprendida por la falta de compasión. Nunca reconoció mi pérdida».

  No sé por qué algunos creen que perder un padre es más fácil de sobrellevar o no dan suficiente importancia al duelo. Por la razón que sea, no está bien. Es la pérdida de quien te trajo al mundo. Su pérdida es monumental y debe ser tratada como corresponde.

- **No busques gratitud durante el tiempo del duelo**: «Sé feliz, vivieron una larga vida»; «Estuvieron contigo por tanto tiempo, que deberías estar agradecida»; «¿No te da gusto que ya no sufran?».

Cierto, aunque hay que agradecer las vidas largas y el fin del sufrimiento, ¿podríamos *por favor* ahorrarnos estas frases?

Sí, estamos agradecidos porque nuestros padres vivieron una vida larga. Pero ¿quién determina exactamente cuán larga es una vida? ¿Cuál es el límite de edad y quién lo establece?

Mike tenía cincuenta y cinco años cuando falleció. Si alguien decía a Kendall que debía estar contenta porque su papá vivió una larga vida, ella quedaba perpleja. Mi padre tenía setenta y ocho años cuando falleció, y, aunque eran muchos más de los que tenía Mike, yo no quería escuchar nada sobre su longevidad porque para mí no había sido suficiente. Y si fue suficiente o si sus vidas fueron plenas, ¿quién puede estar contento por la muerte de sus padres?

- **No señales lo obvio:** «Es el curso natural de la vida»; «Así es como debe ser»; «Los hijos deben enterrar a los padres».

Todos sabemos que hay un orden en las cosas y que lo más probable es que seamos nosotros quienes sostengamos la mano de nuestros padres cuando abandonen el mundo. Sin embargo, esos eventos naturales no hacen que las cosas sean más fáciles.

Maldito sea el curso y el orden jerárquico: de todas maneras duele.

Un extra (enorme) No:

- **Si consuelas a un niño por la muerte de uno de sus padres, no trivialices su pérdida porque crees que el niño es incapaz de tener sentimientos profundos, y no menciones la responsabilidad de hacerse cargo de sus padres:** «No es momento de que llores, ahora eres el hombre de la casa»; «Tienes que ser una niña grande para mami»; «A mamá/papá/abuelo le duele mucho más que a ti».

Sin duda has oído la frase «amor juvenil». Nunca he comprendido esa expresión y nunca lo haré. Es una frase que trivializa al instante los sentimientos que una persona siente hacia a otra. Reduce. Minimiza. Sin importar la edad, sentimos amor por alguien, sentimos amor… punto. La edad nada tiene que ver. Siempre agradeceré a mis padres por no ridiculizar mis sentimientos cuando mi corazón se rompía durante mis años de adolescencia.

Ahora multiplica ese corazón roto por un millón. Es aproximadamente el número de pedazos en que el corazón de un niño se parte cuando pierde a uno de sus padres.

Sólo porque alguien sea cronológicamente más joven, ¿significa automáticamente que ama menos? En verdad no lo creo. ¿Por qué alguien querría reducir el pesar de un niño simplemente porque es más joven? Además, sabiendo cuán literal puede ser un niño, ¿cómo alguien puede decirle al chico que la muerte de su padre lo ha convertido en jefe de familia?

Una vez más, si el amor es el amor, entonces la pérdida es la pérdida. Vivir una pérdida siendo joven no significa estar exento del sufrimiento. De hecho, si un niño aparentemente no está atravesando el duelo, puede ser síntoma de que algo anda mal, de que esté viviendo el duelo en forma destructiva.

Kendall dice: «Una de las cosas más importantes a las que con más fervor invito a las personas es a no minimizar la pérdida en un niño. Los niños comprenden la pérdida. Están al tanto de lo que sucede a su alrededor. Respeta la pérdida de un niño tanto como respetas la tuya. Al hacerlo, dices al niño que está bien sentirse triste, llorar y experimentar ese vacío igual que lo viven los adultos. Dependiendo de la edad, la situación varía, pero el dolor sigue ahí. Darse cuenta de que nunca más verán a sus papás también sigue ahí. El vacío también sigue ahí».

AMIGOS, COMPAÑEROS: PÉRDIDA DE UN HERMANO

Jugaban luchitas sin piedad. Se hacían bromas. Se echaban la culpa de las galletas faltantes o por cualquier chunche roto que sus papás les advertían no debían tocar. Compartían sus secretos. Se alentaban mutuamente y se molestaban cuando cualquier intruso invadía su mundo personal.

Son tus hermanos.

Y cuando pierdes a un hermano, es como perder una parte de ti.

Lisa Salberg es fundadora y directora de la Asociación de Miocardiopatía Hipertrófica.[11] Además de dirigir una organización internacional, vive con esa enfermedad. Luego de superar los tremendos obstáculos que dicho padecimiento impone, Lisa también enfrentó una terrible devastación al perder a su hermana Lori a causa de la misma enfermedad.

La historia de Lisa

Haber sido diagnosticada a los doce años con miocardiopatía hipertrófica[12] (MCH) y sobrevivir a un infarto a los veintiún años no fue un reto: el reto fue la muerte de mi hermana cuando yo tenía veintiséis años y estaba embarazada. Llevarme a los dos hijos de mi hermana a mi casa y comenzar una organización sin fines de lucro para ayudar a otros con la misma enfermedad, mientras cuidaba un recién nacido y trabajaba de tiempo completo, también fue desafiante y siguió siéndolo años después.

---

11 Para conocer más de la Asociación, visita www.4hcm.org.

12 La miocardiopatía hipertrófica es una enfermedad en la que el músculo del corazón se vuelve anormalmente duro. El endurecimiento del músculo hace que sea más difícil que el corazón bombee sangre, y tristemente, la enfermedad puede resultar fatal.

Estoy muy ocupada para morir. Puedo rastrear cerca de cien años en que la MCH ha cobrado la vida de miembros de nuestra familia. Me pregunté muchas veces, «¿por qué no a mí?». Lori era la dulce. Yo era la dura. Experimenté un gran peso por la culpa de ser sobreviviente. Estaba enojada porque se la había llevado a ella y porque yo me quedé para «limpiar el cochinero», incluido un exmarido/padre holgazán, un marido de seis meses que trató de robarles todo a los hijos de ella, para luego criar yo a los niños. También ayudaba a mis padres a enfrentar la pérdida de su hija.

Mi actitud fue instinto de sobreviviente; tenía que estar bien y debía asegurarme de que otros también lo estuvieran. Estaba muy ocupada para morir. Tomé un punto de vista optimista. Una de cada quinientas personas vive con MCH, y yo estaba luchando no sólo con mi corazón, sino también con mi cerebro. Daba fuerzas a otros para que no cayeran víctimas de la enfermedad, como sucedió a mi familia.

Utilizando mi poder para estar sana. Había asuntos de logística que debían atenderse, como mudarme cerca de la escuela de mis sobrinos. Preparar la casa para que se vendiera y comprar una nueva, con tres niños, era una toda una aventura. Sabía una cosa: debía hacer todo lo que estuviera en mis manos para estar sana y poder cuidar de los niños.

Investigué sobre este padecimiento que ha acechado a mi familia desde 1906 (la primera fecha de muerte que logré rastrear). Una vez que encontré información, me puse a organizarla. Pocos meses después de la muerte de mi hermana, programé mi primer sitio web con información sobre la patología.

He extrañado a mi hermana desde el día que falleció. No ha pasado ni un solo día en que no me pregunte qué pensaría de la situación, si estaría orgullosa de lo que he construido en su memoria y muchas otras cosas.

El camino de mi vida se hace más claro. En 2008, mi padre falleció víctima de MCH. Tuvo una falla cardiaca y murió a la edad de setenta y tres años, en casa, rodeado de todos los que lo amábamos. Unos meses después de su muerte, pude pensar en él con una sonrisa. Tuve el honor de ayudarlo a dejar este mundo de acuerdo con sus propios términos. Entonces, ocurrió algo impredecible: una mujer de treinta y tantos años fue llevada a cuidados intensivos con el mismo padecimiento al mismo hospital donde mi hermana fue internada y finalmente murió. Su familia, al buscar información, encontró mi organización sin fines de lucro. Esta joven mujer se parecía a mi hermana… y estaba muriendo como ella.

Fue como retroceder quince años en el tiempo y estar sentada al lado de Lori mientras el ventilador respiraba por ella. Entonces me di cuenta de que había estado tan ocupada después de su muerte que no había procesado su duelo. Di un paso atrás en la vida y, con la ayuda de amigos, procesé realmente su pérdida. Me di permiso de vivir el luto y dejarla ir. Una vez que lo logré, el camino de mi vida se hizo más claro, así como la misión de la organización que la honra y honra a otros pacientes afligidos por la misma enfermedad.

Hacer del mundo un lugar mejor. El tiempo aclara las cosas. Enfrentar este evento y vivir con una condición genética crónica capaz de matarte, es una lucha constante. Te reta diariamente, tratas en vano de controlarla y, al final, sabes que ganará.

Pero siempre hay formas en que puedo ganar y eso me mantiene. Mi hermana murió, pero no murió en vano y nunca será olvidada. Otros vivieron gracias a su muerte. Yo sobreviví y he hecho buen uso de mi vida.

Mi mejor deseo para los demás es simple: despiértate cada día y haz algo que deje este mundo mejor de lo que estaba ayer. He vivido con esto en mi corazón, y, en mi parte del mundo, las cosas están un poco mejor cada día.

¿Cómo puedes ayudar?

¿Cómo puedes ayudar a alguien que ha perdido a un hermano? Del mismo modo que apoyarías a cualquier sobreviviente de la pérdida de un familiar y algunas cosas más.

Lo que hay que hacer

- **Recuérdalos**: Lisa nos comparte: «Aquellos que rememoran la pérdida de Lori comparten las historias de cómo mi herma-na impactó en sus vidas; la siguen recordando y hablando de ella. Eso me da alegría». Al reconocer el impacto que un her-mano difunto tuvo en tu vida y al compartir recuerdos gracio-sos o historias dulces, haces saber al sobreviviente que su ser querido no ha sido olvidado.
- **Busca el diálogo**: Los hermanos en muchas ocasiones son los mejores amigos, incluso en los peores momentos. Una her-mana que ha sobrevivido se puede sentir totalmente aislada después de la pérdida de su hermano. Aliéntala para que hable sobre su pérdida —su dolor, su duelo, su enojo—, sea lo que sea que sienta en ese momento.

Sin duda, lo que no hay que hacer

- **No insinúes que los hermanos sobrevivientes reemplaza-rán al hermano fallecido**: «Al menos tus padres todavía los tienen a ustedes»; «Tus padres son tan afortunados de tener más de un hijo»; «Seguirán teniendo la casa llena en las festi-vidades».

    Ante este tipo de comentarios, por favor recuerda que una persona no reemplaza a otra persona… y la presencia de otros hijos nunca podrá reemplazar al hijo que falleció. Sí, es un consuelo para los padres tener otros hijos… pero nadie reemplaza al que murió.

- **No insinúes que la enfermedad de un hermano de algún modo fue su culpa o que falleció por negligencia:** «¿Qué no sabían que estaba enfermo?»; «¿No pudieron haber hecho algo más?»; «¿No se cuidaba?».

La persona diagnosticada con una enfermedad seria está generalmente consciente de su padecimiento. Culpar a alguien que ya no está aquí no sólo es inútil, también hiere. ¿Para qué decir algo en ese sentido? ¿Eso hace que la persona vuelva? ¿Eso consuela a la persona con quien estás hablando? En otras palabras, sea lo que sea que planees decir a un sobreviviente, *por favor*, prueba decírtelo primero a ti mismo.

EL DOLOR MÁS GRANDE: PERDER UN HIJO

Ese *no* es el orden natural de las cosas.

Es el lugar más profundo del alma que más vale no te atrevas a visitar.

Es una visión que no puedes siquiera imaginar; el simple pensamiento de ello te hace enfermar.

Es la pérdida de un hijo.

Cuando nos convertimos en padres, experimentamos el amor en un nivel que jamás hemos imaginado. Experimentamos un vínculo irrompible y sólido. Creamos sueños y visiones del futuro de nuestros hijos, viéndolos crecer, ir a la universidad, iniciar sus carreras, casarse, tener hijos… y viendo cómo nuestra familia continúa expandiéndose felizmente.

Entonces, un día tu vida se quiebra en un millón de pedazos. Tu hijo, esa maravillosa persona que trajiste al mundo, se ha ido.

No debería ser así.

Paula Stephens[13] es una *coach* certificada en bienestar y autora de un libro sobre ejercicio, nutrición y bienestar como importantes herramientas pospérdida. Paula sobrevivió a la peor pesadilla que todo padre del planeta teme, y ahora comparte la misión de ayudar a otros a superarlo.

La historia de Paula

Mi hijo mediano de quince años, Daniel, había escapado. Cuando apareció tarde en la noche del décimo día, estaba sucio, hambriento y claramente bajo el efecto de las drogas. Entre nuestras opciones había un vertiginoso programa de terapia de rehabilitación de tres semanas en medio de la naturaleza, y decidimos enviar a Daniel. Fue el inicio de un largo Viaje de Sanación. Volvió a casa siendo un jovencito sabio, con pasión por sus fortalezas y dirección para el futuro. Todos respiramos aliviados y sentimos que la vida podía tomar un sentido de normalidad.

Unos años después, mi hijo mayor, Brandon, que recientemente se había unido a la Armada, vino a casa a despedirse. Nunca vi a Brandon tan feliz, lleno de orgullo, físicamente fuerte y enfocado en su carrera militar. Me despedí de Brandon cuando se fue con sus compañeros; iba con su uniforme, se abrazaban y empujaban entre ellos subiéndose a un camión.

Brandon murió esa misma noche mientras dormía, tras tomar media pastilla que le habían recetado para el dolor. El coronel reportó después que nunca había visto una muerte como esta y que no había ninguna otra sustancia en su organismo; su muerte tampoco era resultado de una enfermedad no diagnosticada.

---

13 Para saber más de Paula, visita www.crazygoodgrief.com.

YA «PAGUÉ MI CUOTA». Sentía que ya había pagado mi cuota con la situación del tratamiento de Daniel. Di todo lo que debía dar. Pensé que eso había sido lo más duro que jamás viviría. Nunca pensé en echarme para atrás ante ese reto. No dormí en años, preocupada por recibir una llamada diciéndome que Daniel había huido de nuevo o, peor aún, que había renunciado al programa de recuperación. Ya había vivido el duelo por la pérdida de la «familia perfecta» cuando me divorcié y luego de vuelta cuando Daniel entró en terapia. ¿Por qué más pérdidas? ¿Por qué más duelo? ¿Por qué tenía que perder a Brandon? ¿Por qué mis otros hijos debían sufrir la pérdida del hermano al que admiraron toda su vida?

No quería saber nada más sobre muerte y pérdidas. Sentía que estaba pagando por un terrible crimen por el cual ya había pagado el castigo.

MI BÚSQUEDA DE RECURSOS Y RUMBO. A pesar de que mi corazón sentía que mi pérdida no era como ninguna otra que hubiera sufrido, sabía que existían otros que habían perdido a sus hijos. Me lancé en una frenética búsqueda de recursos, cualquier cosa que pudiera ayudarme a superarlo. Estaba abrumada por mi propio duelo, ¿cómo iba a apoyar a mis hijos que trataban de manejar esta tragedia?

En los meses que siguieron empecé a pensar: «¿Para qué me esfuerzo?». No importa cuán duro me esforzara por ser una buena madre, nada haría que Brandon volviera. Me hundí en una profunda depresión. Estaba exhausta pretendiendo ser funcional en el trabajo y, al volver de éste, me retiraba a mi cuarto a beber una botella de vino. No tenía rumbo ni ganas de tener un nuevo rumbo.

REPARAR UN CORAZÓN ROTO CON «JUNTAS DE EXPANSIÓN». Poco después renunciar a mi trabajo, recibí una llamada de la madre de uno de mis amigos de la infancia que había perdido a un hijo. Ella me habló de cómo se siente el corazón roto de una madre cuando pierde a un hijo, y comprendía cómo me sentía yo. Sin embargo, fue su siguiente frase la que me sacudió. Dijo que yo tenía la oportunidad de amar más y encaminarme hacia algo superior. Me aconsejó que tomara las piezas de mi corazón roto y las uniera empleando «juntas de expansión». Fue la primera vez que vislumbré un rayo de esperanza de que no sólo podía sobrevivir, sino entusiasmarme de modo que pudiera continuar.

Comencé poco a poco a construir algo a partir de mi corazón roto, y hubo días en que no podía hacerlo… pero eventualmente se volvió la piedra angular de mi sanación. Empecé a percatarme de cuándo quería emplear «pegamento» en mi corazón herido para tratar de quitar de en medio el dolor. Poco a poco reemplacé el pegamento con juntas de expansión hechas de amor, apertura y compasión. Es la forma perfecta de honrar el amor hacia mi hijo, y me permite grandes espacios de crecimiento.

ESTAR PRESENTE EN EL PROCESO. A diferencia de cuando se pierde un esposo o un padre, donde existen las palabras «viuda» o «huérfano» para identificar estos eventos, no hay palabra que defina la pérdida de un hijo. Nuestra cultura no lo permite para tan terrible evento. Somos libres de encontrar o crear nuestra propia palabra que describa cómo llevaremos adelante esta experiencia, y somos libres de cambiar esta palabra a lo largo del proceso. Soy madre de tres hijos vivos, pero siempre seré la madre de cuatro hijos maravillosos.

Sin importar cuál sea, todos estamos preparados con lo necesario para enfrentar una pérdida, y tenemos la capacidad y el poder de elegir cómo hacerlo. Hay que estar presentes en el proceso y saber que cada día nos da la fuerza para los próximos días conforme evolucionamos en nuestra definición de esta experiencia. Cada día decido si quiero usar pegamento o juntas de expansión para definirme a mí misma. ¡Elijo las juntas de expansión!

¿Cómo puedes ayudar?

Por imposible que parezca poder ayudar a una madre que pierde a un hijo, hay algunas cosas que se pueden hacer para que sepa que te preocupas profundamente por ella y que, sin importar nada, estarás a su lado.

Lo que hay que hacer

- **Hablar de su hijo:** Mi primo perdió a su hija cuando ella estaba en la mitad de su adolescencia. Desde su nacimiento presentó gran cantidad de problemas serios de salud y luchó toda su vida contra ellos. Era su luz y su gozo, y fue una terrible pérdida para mis primos, para su hermana mayor y para toda la familia.

  Un par de años después de su muerte, fuimos a una reunión familiar y platiqué con mi primo de ella, incluso saqué algunas antiguas fotos. Mi primo lloró y con sus ojos húmedos me dijo: «Gracias». Al preguntarle por qué me agradecía, rápidamente respondió: «Porque ya nadie habla de ella».

  Como en cualquier otra pérdida, siempre hay miedo de hablar de los seres queridos que se han ido por temor a herir a alguien. ¿Sabes qué hiere a la gente? Pensar que sus seres queridos han sido olvidados completamente porque *¡nadie habla de ellos!*

  Si esto es verdad en todos los casos, es especialmente verdadero respecto a un hijo: no hablar de él no hace que los padres lo olviden; no hablar de él, hace simplemente que la gente piense que no se acuerdan o no les importa. Suponiendo que no sea ninguno de ambos casos, por favor, habla de su hijo. Pide que te cuenten cosas. Pregunta cómo se están adaptando los hermanos. Si la mamá empieza a llorar, no significa necesariamente que esté lastimada, tal vez, como mi primo, esté agradecida porque alguien hable de su angelito.

• **Ofrécete para crear recuerdos:** Muchos padres están tan lastimados que no saben cómo hacer para ayudar a mantener viva la memoria de su hijo. Puedes ofrecer ayuda en la forma que sientas será un consuelo para la mamá. Algunas excelentes sugerencias incluyen reunir versos y poemas y ponerlos en un diario (temas que se refieran a seguir siendo padres), o crear un gran cuadro con fotografías individuales y de grupo. Esto no sólo sirve para hacerle ver a la mamá que siempre es bueno recordar, también significa que siempre será mamá aunque su bebé ya no está aquí.

Sin duda, lo que no hay que hacer

• **No des a entender que sus otros hijos son o un reemplazo o una distracción:** «Tienes otros hijos por los que preocuparte»; «Eres afortunada de tener otros hijos»; «¿Por qué no llevas a tus hijos de vacaciones?»; «Siempre podrás tener más hijos».

Los hermanos jamás podrán reemplazar a su hermano ausente y, no obstante, de manera consciente o no tratarán de hacerlo para que su mamá se sienta mejor. No funciona.

Los niños vivos no pueden reemplazar a niños ausentes. Los hijos sobrevivientes necesitan vivir su duelo, la mamá necesita vivir su duelo, y todos necesitan comprender que siempre habrá un hueco del tamaño de un ángel en sus corazones que sólo un ángel llenará.

Además, un cambio de escenario no borra la muerte de una persona, solamente cambia el escenario. Llegará un momento en que mamá y hermanos quieran salir juntos, pero eso debe venir de ellos. Y cuando la mamá tenga la idea, apóyala de todo corazón, pero no sugieras que es una especie de escape o distracción de la tragedia ocurrida. Aparte de ser inapropiado, eso también sugiere que salir de la ciudad ayudará a mamá a «olvidar», lo cual es la peor implicación del mundo para un padre doliente.

Por último, la noción de que tener otro hijo sustituirá al hijo que se ha perdido, raya en lo desagradable. ¿En verdad te imaginas a unos padres dolientes diciéndose «Okey, ahora que junior falleció, tengamos otro hijo para reemplazarlo»?

Tal como lo hablamos en el capítulo nueve, «Esperanza interrumpida», la decisión de tener más hijos es profundamente personal y no es un consejo apropiado para una pareja que enfrenta semejante duelo.

- **No sugieras un camino de «evitación creativa»**: «Tal vez deberías alejarte de las escuelas y los parques»; «Simplemente evita entrar en los departamentos de niños en las tiendas»; «Transforma su habitación en otro tipo de estancia/deshazte de sus cosas/quita las fotos/etcétera».

No puedo soportar el hecho de que haya madres (y padres) que tengan que oír este tipo de sandeces.[14]

Piénsalo, una madre ha perdido a su hijo, a su «bebé». ¿Cómo puedes sentirte mejor? Simplemente evita parques y lugares donde vendan ropa de niños. O, mejor aún, convierte su cuarto en un gimnasio.

¿Cómo escribes un efecto de sonido? Porque justamente es lo que necesito aquí, para escuchar un bofetón.

Puede que llegue el momento en que la mamá quiera hacer algo con la habitación de su hijo fallecido y con sus efectos personales. Sin embargo, ese es un momento lejano en el

---

14 En el texto en inglés la autora escribe *tripe*, que es el estómago de la vaca o del toro, y se utiliza coloquialmente como «sandeces, estupideces, etc.» (N. de T.).

futuro. Más importante aún e igual que con la decisión de tener otro hijo, la opción de transformar una habitación y hacer algo con sus cosas es tan increíblemente personal que sugerir cualquier tipo de acción al respecto es increíblemente inapropiado.

Desde luego, si ella menciona que quiere redecorar la habitación, apóyala totalmente, porque es una decisión dificilísima de tomar. Puedes incluso ofrecerte a ayudarla (recuerda que puede rechazar tu ayuda porque tal vez querrá hacerlo sola). No obstante, sugerir la remodelación de su habitación para hacerla sentir mejor no está bien.

¿Y evitar parques, escuelas, departamentos de niños?[15] ¡Por favor!

MIENTRAS EL MUNDO OBSERVA: PÉRDIDA FRENTE A LOS REFLECTORES

La mayoría de las personas que sufren algo malo, generalmente se dan el «lujo» de experimentarlo en privado. Pueden llorar, jurar y estar enojados; pueden lamentarse, dolerse y comenzar el arduo proceso de sanación como un civil. La mayoría de la gente que sufre cosas malas no está sujeta al escrutinio de los medios, a la opinión pública o a trasmisiones que difunden su tragedia minuto a minuto.

¿Qué sucede cuando la noticia del día o tal vez la noticia del año eres *tú*?

Estos escenarios de pesadilla se tornaron en experiencia de la vida real de dos mujeres, quienes tuvieron que lidiar con su sufrimiento bajo la luz de los reflectores, mientras trataban de sanar con dignidad y salud mental.

---

15   Por favor ve el capítulo nueve, aplican las mismas reglas.

Pérdida en un acontecimiento de gran magnitud

Seas una celebridad o un «civil», cuando experimentas una pérdida que tiene que ver con un evento de gran magnitud,[16] la tragedia te catapulta hacia los reflectores que ni pediste ni quisiste. En estas situaciones, no solamente afrontas todos los sentimientos propios de una pérdida, también tienes que lidiar con los medios, sean locales, regionales, nacionales o incluso internacionales. Puedes sentirte como si todo el mundo te hubiera lanzado al frente de batalla. Los ojos del mundo entero están puestos en ti sin parar. Las cosas malas ya no son sólo tuyas y de tu familia: ahora son trasmitidas por todas partes, y son magnificadas, disecadas, discutidas y reflejadas en imágenes, en los medios sociales y en comentarios una y otra vez.

E, inevitablemente, al menos un reportero menos que brillante te pregunta: «¿Cómo te sientes ahora?».

Tanya Villanueva Tepper[17] es escritora y fundadora de grupo Prometidos y Parejas del 9/11. Es también una de las cinco participantes en el documental *Rebirth*, ganador del premio Peabody, del Festival de Cine de Sundance, trasmitido a través de Showtime Television Networks.

Hace mucho tiempo hubo una mujer llamada Tanya, enamorada de Sergio. Ellos comenzaron juntos un negocio y planeaban felices su futuro, cuando el día 11 de septiembre amaneció brillante y soleado...

---

16 Un evento de gran magnitud como el del 11 de septiembre de 2001; los atentados con bomba de Oklahoma y Boston; tiroteos; accidentes de aviación, barcos o trenes, o cualquier otro evento que llame la atención general a nivel local, regional, nacional y/o internacional.

17 Para obtener mayor información, visita los sitios www.tanyavtepper.com y www.projectrebirth.org.

La historia de Tanya

Mi sorpresivo romance con Sergio empezó con un beso en un club de Miami Beach. Posteriormente él regresó a Nueva York, donde trabajaba como oficial para el Departamento de Policía de la ciudad (NYPD). Nos enamoramos, y, casi un año después, conduje un camión de mudanzas cargado con mis pertenecías hasta Nueva York. Al poco tiempo, nos mudamos a vivir juntos.

Sergio estuvo a mi lado durante algunos de los momentos más críticos de mi vida. Estuvo conmigo cuando fui a Alemania a conocer la verdad sobre el suicidio de mi madre biológica y me apoyó cuando perdí a mi amado papá. Estuvo para mí cuando cumplí mi sueño de abrir una tienda de regalos, Inner Peace, y en 2000 dejó su carrera de detective para hacerse elemento del Departamento de Bomberos de la ciudad de Nueva York y así tener más tiempo para nuestro floreciente negocio. Luego celebramos la compra de nuestra primera casa, un departamento anterior a la guerra, a unas cuadras de nuestra tienda. Con una base sólida, en nuestro séptimo aniversario, Sergio me propuso matrimonio con un beso.

La mañana del 11 de septiembre de 2001, Sergio debía regresar a casa después de su turno de 24 horas en la estación de bomberos en Ladder 132, Brooklyn. En lugar de eso, respondió a una llamada del World Trade Center junto con otros cinco hombres. Los seis jamás volvieron a casa, y hasta este día sus restos no han sido identificados.

ENCONTRÉ CONSUELO EN LA FUERZA DE LA COMUNIDAD. Era muy fácil ser succionada en un vórtice, luego de vivir una profunda pérdida justo unos años antes con el fallecimiento de mi padre, y los sentimientos de abandono que me abrumaron al saber del suicidio de mi madre. Pero, a pesar del *shock* y de mi necesidad de sentir lástima por mí, ser parte de una gran comunidad que experimenta la pérdida de sus seres queridos me ayudó a mantener las cosas en perspectiva. En particular, había dos hombres en el camión con Sergio que también perdieron a sus hermanos; ver a sus familias seguir adelante, me dio fuerzas.

LA TERAPIA PERMITE LA SANACIÓN. Tuve la «desafortunada» buena suerte de ser parte de la comunidad del 11 de septiembre, con el extra de ser parte de las familias del Departamento de Bomberos y del Departamento de Policía de Nueva York. Los hombres de la estación de bomberos de Sergio fueron inquebrantables en su apoyo a nuestras familias, ocupándose de cubrir nuestras necesidades inmediatas, desde llevarnos comida hasta planear ceremonias; se hicieron cargo de nuestras listas de «Amor, te toca hacer...» y de llevarnos a terapia.

El Departamento de Bomberos estableció una unidad de terapia personal y grupos de apoyo, a los que acudí durante dos años. Fueron esenciales para que pudiera seguir adelante y sanar.

ME TOMÉ TIEMPO PARA MÍ MISMA. Además de las sesiones de terapia donde me apoyé para mi viaje, tomé pausas regulares buscando reposo en Miami. Cumplí muchas cosas de mi lista de «deseos», como viajar a Europa, subir a Machu Picchu y hacer voluntariado en Perú, lanzarme de paracaídas y comprar una motocicleta.

SÉ GENTIL CON TU PENA. Mi motocicleta fue una de las mejores herramientas de sanación. En 2003 entré en una estación de gasolina en Ft. Lauderdale, Florida, y ahí conocí a Ray, con quien después me casé. Ahora vivimos «felices para siempre» con dos hijas en Miami.

Estar con otros que han atravesado pérdidas similares y encontrar en ellos la validación de mis sentimientos hace toda la diferencia en la capacidad de seguir adelante y sanar. El duelo es un maratón, no una carrerita, y si es duradero es porque el amor es duradero. Sé gentil con tu pena, busca apoyo amoroso, y confía en que el tiempo y el cambio te llevarán adelante.

Pérdida de una figura pública

Vivimos en una cultura de celebridades. Donde las revistas de moda, antes dedicadas a los temas de las modelos profesionales («súper» y demás), ahora se dedican casi exclusivamente a llevar a las celebridades a sus lustrosas portadas. Más que nunca hay publicaciones y programas de televisión dedicados a los famosos (reales y ficticios). Cada una de sus palabras es motivo de trasmisión y escrutinio. La gente quiere saber qué usan, qué comen (o no comen) y con quién salen. Sus estilos de vida glamorosos son envidiados y muchos fantasean con lo que sería vivir en ese mundo.

Las celebridades aparentan llevar vidas «perfectas» y, por tanto, se deduce que no son tocadas por cosas malas de la vida y que éstas sólo afectan a los mortales como nosotros.

Excepto por un pequeñísimo problema.

Las celebridades son seres humanos y a ellos también les pasan cosas malas.

Lisa Kline no es solamente un personaje, es toda una fuerza. Es una buena amiga, una metafórica botella de champaña sin descorchar que ha sido agitada, un manojo de energía ilimitada. Conocida como una de las visionarias a la vanguardia de lo que eventualmente se convirtió en el escenario de la moda, Robertson Boulevard, en Beverly Hills, Lisa es una diseñadora, estilista e ícono de la industria de la moda.[18] Sus tiendas del mismo nombre fueron los lugares para ir a ver, dejarse ver y comprar los últimos estilos y tendencias. Si a

---

18 Para saber más de Lisa, visita www.lisakline.com.

la tienda llegaba una celebridad, el personal presionaba un botón y electrónicamente bajaban pantallas antipaparazzi en las ventanas para brindar privacidad y evitar una atmósfera que sería enloquecedora.

Lisa vive y ama tanto como trabaja. Madre de dos hermosos hijos, esposa amorosa de Robert y amiga de muchos, Lisa era una de esas mujeres que realmente parecía tenerlo todo.

Hasta que, al parecer, todo le fue arrebatado.

Pero, si el universo había pensado en derrotar a Lisa, y que ella se iba a quedar tirada, el universo se llevó una gran sorpresa.

La historia de Lisa

El 22 de enero de 2009 a la 1:20 a.m., todo lo que conocía hasta entonces cambió instantáneamente, y mi vida fue diferente. También supe que sería el inicio de un oscuro viaje.

Encontré a Robert tirado en el suelo después de una caída de casi cuatro metros desde el balcón de nuestra habitación. Cuando llegaron seis ambulancias y seis patrullas, supe que sería el inicio de un gran escrutinio por parte del público. De hecho, el médico forense llamó y me preguntó: «¿Quién es usted?», yo respondí que por qué preguntaba eso, y me dijo: «Estoy recibiendo hasta ocho llamadas al día por parte de la prensa tratando de averiguar qué le pasó a Robert Bryson».

La muerte de Robert fue comentada por muchos noticieros matutinos que decían algo así como «El esposo de la diseñadora de modas y estilista de las estrellas, Lisa Kline, falleció anoche. Sospechan que caminaba dormido».

YO TENÍA QUE AYUDAR A OTROS. No me perdí en la desesperación. Creí que este evento sobrecogedor me sucedió porque yo debía ayudar a otros. Siempre he sido líder y no seguidora, por eso supe que tenía un propósito mayor.

Traté de ser tan positiva como pude. Caminé cerca de un año y medio preguntándome a mí misma: «¿Esta es mi vida?», porque era muy difícil creer que esto había sucedido. Me lo preguntaba más con una intención de alivio cómico para mí; trataba de usar el humor para suavizar el dolor de mi realidad.

La «MUÑEQUITA» LO PIERDE TODO. Desde que inicié mi negocio en 1995 todo fue mágico. Era dueña y administraba cinco negocios de venta, una tienda en línea y un enorme almacén corporativo. Después del colapso económico de 2008, enfrenté una reducción de las tiendas, del personal y trataba de vender una de las casas contra la voluntad de Robert. Fue precisamente la casa donde Robert murió durante el pico de la recesión.

La pérdida de mi compañía fue muy dolorosa, porque la construí de la nada cuando tenía veinticinco años. Empecé a cerrar una por una todas las tiendas, y estaba perdiendo todo [además de perder a Robert].

En ese momento, todo lo que podía controlar era mi apariencia. Me podía dar una ducha, maquillarme, peinarme y ejercitarme. No tenía idea de qué iba a pasar, pero sabía que el mundo me miraba. Mantenerme en forma fue bueno para mí.

Me volví una guerrera y noche y día decía en voz alta: «¡Venga!». Fueron años de tortura. Tenía que estar en mi juego y adaptarme a ser madre soltera de dos niños menores [mi hija Dylan y mi hijo Colt], viuda y a perder mi negocio. También estaba en medio de dos juicios importantes.

Me preocupaba por el dinero; estaba furiosa por la muerte de Robert y porque me dejó un desastre que debía arreglar sola. Pero sabía que debía tomar una decisión, y elegí sobrevivir y seguir adelante, tenía que hacerlo. Salí graciosamente del asunto de las tiendas hacia mi vida de viudez y de madre soltera. Fue algo muy poderoso y estoy feliz de mi decisión y determinación.

Cambio de escenario, cambio de mi visión de la vida. Continuamente estaba en el proceso de resolver mis sentimientos. Hice un *show* de televisión [*Launch My Line*, en Bravo TV] unas semanas después de la muerte de Robert, y fue una distracción de lo que había pasado.

Después de «limpiar el desastre», decidí tomar lo que llamé una «gran pausa», un viaje de cambio de vida. Necesitaba disipar la niebla. No podía encontrar mi pasión o mi imaginación. Estaba dentro de mí, pero adormecida. El viaje hizo su trabajo, era el momento de reinventarme de verdad.

Había algo interesante acerca de cómo lidiar con todas mis pérdidas ante el público. Descubrí que en verdad me apoyaban. Mis admiradores me animaban; querían ayudar, querían abrazarme y me veían como una mujer fuerte. Ser una figura pública me ayudó a mantenerme positiva, fuerte, enfocada en el objetivo final y capaz de dar y recibir amor. Definitivamente estaba en el abismo, pero también estaba conectada con mis amigos, mis admiradores y mis colegas, quienes me ayudaron a salir de la oscuridad.

Elegí estar en un buen lugar. La única cosa positiva sobre el duelo es que nadie te puede decir qué hacer. Usa eso a tu favor. Usa esta etapa para tocar las profundidades de tu alma y sondea cómo avanzas a través del que puede ser el peor momento de tu vida. Tienes el control sobre tu duelo, tus decisiones y tu existencia. Vuélvete visionaria. Hazte cargo de tus necesidades y toma decisiones con base en ello.

Soy una optimista y una emprendedora. Veo esta experiencia como una forma para ayudar a otros. Veo esas pérdidas como una oportunidad de empezar de nuevo. Nada ha sido fácil y sigue sin serlo, pero sigo teniendo una sonrisa en mi cara y la gracia en mi corazón. Estoy en un buen lugar porque *decidí* estar en un buen lugar. Tengo una nueva y emocionante vida delante de mí. ¿Por qué? Porque, como digo a mis hijos, ¡nosotros no morimos! Nosotros estamos vivos y necesitamos ser felices y vivir de la mejor manera que sabemos… porque eso es lo que papá habría querido.

¿Cómo puedes ayudar?

La gente a veces olvida que aquellos que están bajo los reflectores (sea por decisión propia o por atravesar circunstancias de magnitud relevante) son seres humanos, con los mismos sentimientos y fragilidades que cualquiera. Ten eso en mente.

Lo que hay que hacer

- **Ofrécete para quedarte**: Sea que una persona esté bajo la lupa por ser una celebridad o por haber sido catapultada por un evento de gran magnitud, la última cosa que va a querer es estar en un lugar público. Prepara algunas ideas que no incluyan multitudes. Comida, cena o aperitivos… y cualquier otra clase de actividades serán bienvenidas.
- **Declara una zona libre de medios:** Las pérdidas públicas son cubiertas en forma pública. A eso añade que nos hemos vuelto una sociedad de noticias instantáneas veinticuatro horas al día, y es fácil ser avasallado por un caso severo de sobrecarga de información, y eso siendo «civil».

  Ahora imagina que tú eres el epicentro de la atención.

  Si estás con tu amiga, asegúrate de que tu tiempo y tu espacio con ella estén libres de medios. No necesita ver la película de la tragedia una y otra vez. Hazle un gran favor: apaga la televisión y limita la exposición a otros medios mientras estén juntas. Basta.
- **Sé tú misma y permítele a ella ser ella misma:** Alguien que ha sido el foco de los reflectores debido a una tragedia, nece-

sita tiempo y espacio donde pueda soltarse el pelo y liberar los sentimientos. Crea la atmósfera donde se sienta segura de hacerlo. Ya sea que necesite llorar, reír, estar en silencio o hacer algo simple como tener una comida decente conviértete en la isla de la normalidad en medio de un mar turbulento.

- **Hazte presente**: Si ves o lees que alguien (figura pública o no) ha sufrido una tragedia y te sientes inclinado a hacerte presente, es un gesto lindo escribirle una nota o mandarle un mensaje a través de un sitio web o de una página social. Quizá no pueda responderte, pero muchas veces estas cartas, correos y notas de simpatía y aliento son leídas, apreciadas y valoradas.

Sin duda, lo que no hay que hacer

- **No preguntes detalles íntimos o «morbosos»**: «¿En realidad qué pasó?»; «Está bien, ahora cuéntame la historia "real"»; «Vamos a sacar los trapos al sol».

  Ella ya está lidiando con demasiada investigación y muchas preguntas, en su mayoría morbosas. Te contará tantos o tan pocos detalles como sienta apropiado. Respeta sus límites. No presiones pidiéndole detalles que no tenga intención de revelarte, y definitivamente no te acerques en plan de chisme como: «Anda, a mí me lo puedes decir» y cosas por el estilo; fácilmente podrías destruir la relación.

  Hace unos años, una buena amiga mía sufrió una pérdida pública que tristemente terminó en los tabloides. Un par de meses después de la tragedia, una conocida me llevó aparte en una fiesta y en tono de conspiración me susurró: «¿*Realmente* qué fue lo que sucedió?». Por el tono de su pregunta, yo no podía imaginar qué jugosos detalles esperaba conocer, y me sentí como si me hubieran apaleado. Después de todo, tenemos que ser adultos, no una manada de adolescentes amontonados cuchicheando en una noche de viernes para averiguar cosas «sucias».

¿Cómo reaccioné? La miré con gran disgusto y respondí: «Sé exactamente lo que tú sabes, y, si supiera algo más, no lo discutiría contigo…», me di media vuelta y me alejé. Felizmente no he vuelto a ver a esa conocida.

• **Por *ninguna* razón traiciones las confidencias**: Como se ilustró anteriormente, personas del círculo de amigos y conocidos de los medios pueden acercarse a ti tratando de obtener información para sacar esos «detalles jugosos» para el público. Puede que hasta te ofrezcan dinero u otros estímulos.

Eso se llama «venderse» y es despreciable.

Sin importar qué haya sucedido (divorcio, muerte, rompimiento, traición, pérdida, problemas financieros, etcétera…), no es «jugoso». No es «chisme». Es la vida de una persona y su tragedia no debe servir como entretenimiento. Más aún, romper la confianza de alguien que compartió contigo información personal (o pensamientos, sentimientos y emociones) encaja en la definición de traición. Mejor elige cerrar filas en torno a tu amiga, y rehúsate a revelar cualquier información. De eso se trata la amistad.

• **No seas entrometido**: Si reconoces que una figura pública ha sufrido una tragedia, no tiene nada de malo expresar condolencias y apoyo en forma breve y adecuada. Sin embargo, usa el buen juicio, sé oportuno. No te acerques a alguien cuando esté comiendo, o, peor aún, cuando esté usando el baño (sí, claro que sucede, y mucho). Pedir un autógrafo o una foto contigo mientras está en medio de una tragedia o un duelo es totalmente inapropiado.

DE UNA MALA EXPERIENCIA A DÍAS MÁS BRILLANTES. Si enfrentas una mala experiencia desde un escenario público, he aquí dos cosas que recomiendo ampliamente. Primero, señala a una persona de la familia como vocero para informar a los medios. Puede ser un pariente, un amigo cercano, un clérigo, tu abogado o alguien del gobierno, como un representante de las fuerzas del orden si es el caso. Nunca aparezcas ante los medios si no quieres; cuando menos al principio, la mayoría de quienes atraviesan una situación difícil no quieren estar delante de los micrófonos.

Haz todo tu esfuerzo para que tu exposición en Internet sea mínima; en otras palabras, mantente lejos de las redes sociales. Recuerda también que no tienes que participar en ninguna actividad que te produzca incomodidad (por ejemplo, entrevistas, presentaciones, velorios, ceremonias públicas, etcétera…) y, ciertamente, no tienes obligación de responder ninguna pregunta que no quieras responder.

La segunda cosa que recomiendo es que apagues la televisión y limites tu exposición a la cobertura de medios. No necesitas ver tu tragedia personal repetirse una y otra vez y tampoco tus hijos necesitan eso. Lo más importante: si necesitas ayuda (sea práctica o emocional), búscala. Hay mucho allá afuera y todo se puede obtener de manera confidencial.

Al recordar sus experiencias después del 11 de septiembre, Tanya comparte: «Acepté la parte pública de la pérdida, utilizando la plataforma para poner la atención en el sinsentido de los ataques terroristas; me aseguré de que la gente tuviera una conexión personal con el 11 de septiembre, al compartir la historia de vida de Sergio y mi el viaje a través del duelo. Hubo momentos en que me sentí abrumada por el constante aluvión de noticias, así como bajo la mirada de otros que emitían juicios sobre cómo "deberíamos" de habernos comportado las viudas. El apoyo de los compañeros hizo la diferencia, al validar mis sentimientos y asegurarme que yo no estaba sola».

Lisa añade: «Estoy muy contenta con las decisiones que tomé después de la repentina pérdida de mi esposo. No tenía idea de si lo que estaba haciendo era lo correcto, porque la verdad no hay respuestas "correctas". Todas las decisiones que tomé fueron metódicamente pensadas por mí misma. Elegí no ser dura conmigo. Mi vida ha sido como un tablero de juego, y esta parte del juego era muy oscura e hice lo mejor que pude para salir de ahí. Estoy orgullosa de esa chica».

Sufrir una mala experiencia como figura pública o por un evento público es un reto adicional que la mayoría no enfrenta, y puede atraer a gran cantidad de idiotas e insensibles. Sin embargo, hay un lado brillante; la realidad es que, por cada comentario idiota o insensible, hay millones de personas que están de tu parte, que están sinceramente preocupadas y apoyan tu completa sanación. Permite que ese apoyo y compasión te impulsen y te lleven hacia adelante.

POR SU PROPIA MANO: SOBREVIVIR AL SUICIDIO

Antes que nada, quiero dejar algo bien claro respecto al suicidio, especialmente para quienes son sobrevivientes del mismo. Por favor, toma nota: a pesar de que su muerte puede haber sido por su propia mano, creo fervientemente que tu ser querido no «eligió» irse. En términos generales, las víctimas de suicidio no ven otra salida a su dolor personal. En otras palabras, no es que quisieran irse... sino que sentían que no había forma de seguir.

Jan Andersen es fundadora de la organización sin fines de lucro Child Suicide[19] (Suicidio Infantil) y autora de *Chasing Death: Losing a Child to Suicide* (*Persiguiendo a la muerte: Perder un hijo por suicidio*). Lisa

---

19 Para saber más de Jan y *Chasing Death* (Perfect Publishers Ltd.), visita www.childsuicide.org.

Schenke es autora de *Without Tim: A Son's Fall to Suicide, A Mother's Rise from Grief*[20] (*Sin Tim: Un hijo caído en suicidio, Una madre se levanta del duelo*). Ambas mujeres son sobrevivientes del suicidio, y se quedaron para responder a la eterna pregunta: «¿Cómo pudo pasar esto?». No obstante, cada una está determinada a continuar adelante, a mantener vivos los legados de amor al enseñar a otros a hacer lo mismo.

La historia de Jan

Mi vida dio un dramático giro después del suicidio de mi hijo de veinte años Kristian, por una sobredosis intencional de heroína. Dejó dos notas, una para su novia y otra para todos los demás, diciendo: «Díganle a mi mamá y a mi familia que lo siento, pero me odio y odio mi vida, y no puedo seguir». Lanzada a la desesperación y atrapada en la espiral de emociones sofocantes, supe que algo positivo debía surgir de esta tragedia sin sentido.

Aunque me torturé a mí misma creyendo que habría podido hacer algo para salvar a mi hijo, me di cuenta de que esta situación devastadora podía golpear a cualquier familia. Me sentí movida a hablar acerca de la depresión y el suicidio en un intento por ayudar a borrar el estigma que impide que muchos busquen apoyo. Establecí el sitio web Child Suicide para brindar ayuda a quien hubiera sufrido la pérdida de un ser querido a causa del suicidio y ofrecer recursos para los deprimidos y suicidas. Escribí *Chasing Death* para dar voz a otros sobrevivientes acerca de la realidad del duelo después del suicidio, y para ayudar a las personas a reexaminar la miopía sobre la visión de la enfermedad mental y la depresión.

---

20 Para saber más acerca de Lisa y *Without Tim* (Lisa Schenke), visita www.without-tim.com.

POSITIVIDAD QUE SURGE DE LA TRAGEDIA. Las cosas malas nos suceden a todos, sin importar el tipo de persona que seamos o la vida que llevemos. Me pregunté a mí misma: «¿Qué puedo aprender de esto?» y «¿Cómo puedo usar esta experiencia para ayudar a otros?». Más que como víctima, creo que algo positivo debe surgir de cada tragedia. Las preguntas que me hice después del suicidio de mi hijo fueron: «¿Por qué no me dijo cómo se estaba sintiendo?» y «¿Por qué no puede hacer nada para evitar esta tragedia?». Claro, surgieron los «Y si hubiera…»; por ejemplo, «Y si sólo hubiera sabido cómo se sentía»; «Y si me hubiera llamado»; «Y si no hubiera sido tan superficial la última plática que tuvimos»; «Y si hubiera insistido más en decirle que lo amaba».

Inmediatamente después de la muerte de Kristian, me sentí totalmente separada de mi cuerpo. El *shock* me dejó en un estado de adormecimiento, yo era espectadora de mi peor pesadilla. Pero no podía despertar porque esta era la cruel realidad. Hice mis actividades de rutina en piloto automático, existiendo más que viviendo. Hubo momentos en que juraba que el dolor y la culpa me matarían. Todas las hebras y nudos que habían formado el tapete de mi vida se desenmarañaron, dejándome una madeja que no podía comprender.

Al inicio, apenas podía enfocarme en otra cosa que no fuera la forma como terminó la vida de Kristian. Luchaba con la realidad desgarradora de que la muerte fue su mejor opción, matarse fue preferible que enfrentar cualquier circunstancia que lo orillara a esas profundidades emocionales y resbaladizas de la miseria emocional. Mis conversaciones con la familia y los amigos giraban en torno al suicidio más que a la persona que fue en vida. Yo debía protegerlo, pero, cuando él tomó la decisión de acabar con su vida, comprendí que era incapaz de protegerlo de su propia mente.

CONVERTIRME EN LA VOZ DE OTROS. Supe lo que debía hacer una hora después de que la policía me dio la noticia. De hecho, cuando el oficial me llevaba al hospital donde mi hijo falleció, dije: «Escribiré acerca de esto hasta tener mi rostro lleno de tinta». Debía ser la voz de las familias que no eran capaces de articular sus complejas emociones, y quería que otros entendieran que esta tragedia puede pegarle a cualquiera sin importar los antecedentes, las circunstancias familiares, personales o la situación socioeconómica. Me hice consciente de la fragilidad de la vida y desarrollé un grado de paranoia sobre la seguridad de mis otros hijos, al punto de volverme sobreprotectora.

Las familias de las víctimas de suicidio con frecuencia esconden la verdad a otras personas, porque muchos piensan que es un mal reflejo de su relación con la víctima o que el suicidio equivale al asesinato. Piensan en los terroristas suicidas o en los asesinos convictos que se arrancan sus vidas en prisión como una manera de escapar de sus sentencias, y temen que sus seres queridos sean comparados con estas personas. Este insensible juicio es muy duro de enfrentar y, como resultado, muchos sobrevivientes viven el dolor del aislamiento de una sociedad que es sumamente ignorante del comportamiento suicida y de la depresión.

Oscilaba entre la determinación de hacer algo valioso y a la vez me preguntaba cómo iba a hacer para seguir viviendo sin mi hijo, experimentaba una amplia gama de emociones. Cuando tuve que identificar el cuerpo de Kristian, quería acurrucarme a su lado y morir también. Lo que me mantuvo con vida fue saber que no podría infligir ese mismo dolor a mi familia. Tenía otros hijos y una pareja amorosa, y todos habrían quedado destrozados.

El breve respiro de la fase más intensa del duelo llegó al escribir *Chasing Death* (*Persiguiendo a la muerte*); busqué alivio en los foros en línea para padres que habían perdido un hijo, y me puse en contacto con otros padres dolientes alrededor del mundo. Fue liberador ser capaz de compartir tan profundos sentimientos sin miedo al juicio.

LA FUERZA DE LA REALIDAD. Cuando el adormecimiento y la conmoción se desvanecieron, no había nada que aliviara el dolor, sólo la fuerza de la cruda realidad. Cuando los demás esperaban que ya me sintiera mejor, en realidad me sentía peor. Asumían que mi dolor había disminuido y podría emerger de mi capullo para retomar su interpretación de «normal». Me sentía incapaz de hablar honestamente a aquellos más cercanos sobre mi profundo dolor, porque no deseaba causarles más pena. Lo enfrenté de la única manera en que supe hacerlo: escribiendo lo que había sucedido y comunicándome con otras familias que habían vivido una tragedia similar, porque ellos eran los únicos que podían comprender plenamente mi dolor.

También comprendí que, a pesar de lo prematuro de su muerte, Kristian seguía teniendo un propósito. Si no hubiera sido por su suicidio, nunca habría fundado el sitio web Child Suicide, no habría escrito el libro, no habría hecho una campaña de concientización sobre el suicidio y no habría ayudado a otros padres o a jóvenes deprimidos. Creo que Kristian me ha ayudado a salvar las vidas de otros.

Uno nunca vuelve a ser «normal». Nunca habrá la misma normalidad que cuando nuestro hijo estaba vivo. Lo «normal» que sigue a la pérdida de un ser querido por el suicidio es bien diferente. Aunque nunca volverá a ser lo mismo, es una normalidad que no tiene que ser perpetuo sufrimiento. Incluye la aceptación de la vida con su valiosa parte faltante, y con fases de intenso y continuo duelo que se hacen costumbre.

HONRO A MI HIJO VIVIENDO MI VIDA. Aunque la pérdida de un hijo es algo de lo que nunca te «recuperas», finalmente llegas al punto donde la alegría y la tristeza coexisten. Mucha gente siente culpa cuando experimentan momentos placenteros, como si insultaran a su ser querido fallecido. Sin embargo, nuestros seres queridos nunca hubieran deseado que dejáramos de vivir. Si pudieran hablarnos, dirían que fuéramos felices y odiarían la idea de que su ausencia cause tantísimo dolor. Cuando disfruto, ahora pienso que honro a mi hijo. Eso no significa que lo haya olvidado o ya no lo extrañe.

La historia de Lisa

Mi hijo mayor, Tim, murió por suicidio a la edad de dieciocho años, siete semanas antes de su graduación. Tim era un chico estudioso, sensible y un atleta con una maravillosa sonrisa, y a pesar de todo sufría de baja autoestima

Tim había sido evaluado en su niñez y en su adolescencia por depresión y déficit de atención, pero nunca fue diagnosticado ni medicado. Las características de la hiperactividad/impulsividad fueron desestimadas porque Tim no tenía consecuencias académicas o sociales. Después de que Tim (sólo una vez) me dijera que se quería quitar la vida, fue tratado por depresión y por un posible desorden bipolar. Durante los tres meses y medio, entre que Tim reconoció el sentimiento suicida y su muerte, convenció a siete diferentes profesionales de que él no era suicida.

Desde la muerte de Tim, he llegado a muchos, y me siento profundamente recompensada por ayudar a otros. Lo que comenzó con charlas ocasionales con los amigos de Tim, creció a pláticas con otros adolescentes, adultos jóvenes y padres en la comunidad; luego se extendió ampliamente a través de las redes sociales, sitios web, y culminó con la publicación de *Without Tim* (*Sin Tim*).

Estoy orgullosa del progreso que he hecho en mi proceso de recuperación. Es un trabajo constante y estoy muy agradecida por las maravillosas personas que he conocido a lo largo del camino.

¿CÓMO ME PUDO PASAR ESTO? Mi esposo y yo estamos felizmente casados, y ninguno de nosotros jamás ha consumido drogas, no somos bebedores y llevamos una vida bastante normal. No somos perfectos, pero tantos niños sufren retos al vivir con padres que no se llevan bien. Otros tienen padres alcohólicos o drogadictos. Entonces, ¿por qué nos pasó esto?

MI DESEO DE ESTAR ABIERTA. Tuve que ayudar a mis otros dos hijos a sobrevivir; me preocupé por ellos noche y día. Enloquecía tratando de estar disponible para ellos cada vez que volvían de la escuela. También me obsesioné buscando una razón específica para el suicidio de Tim; fui cientos de veces a su habitación y traté se seguir todas y cada una de sus comunicaciones en Facebook.

Nunca planeé ser proactiva en la prevención del suicidio, pero mi deseo de comunicarme con otros surgió pronto. Mi necesidad de ser accesible y tan honesta como fuera posible fue en beneficio de mis otros dos hijos, que tenían diecisiete y catorce años al momento del suicidio de Tim. Mi deseo para ellos es que lleven vidas felices y emocionalmente sanas.

Mi deseo de estar abierta me ha permitido ayudar a otros y a mí misma. Comencé con una carta para el editor de nuestro periódico local explicándole que sí, Tim parecía «tenerlo todo»; sí, Tim se automedicaba, y sí, Tim tenía dificultades para acercarse a una chica. Hubo muchos factores para la muerte de Tim y no hay una causa específica.

PERMÍTETE A TI MISMA SENTIRTE BIEN. No sentí vergüenza o preocupación por lo que pensaran otros. Mis amigos fueron de gran apoyo. Principalmente sentí tristeza y culpa. Encontré una forma de enfocarme en «abrazar la vida». Hallé un excelente terapeuta para el duelo, quien me ayudó mucho. El principal mensaje que recibí al trabajar con él fue: «Cuando te sientas bien, debes permitirte esos sentimientos. Aun cuando no te sientas "bien", mientras más permitas esos buenos sentimientos, más naturales se volverán».

Con el tiempo, empecé de nuevo a disfrutar la música. Pasé tiempo con amigos, estuve tanto tiempo como pude bajo el sol, anduve en mi bicicleta, etcétera. Estas actividades no siempre fueron agradables, pero confié en que las cosas mejorarían.

DATE TIEMPO PARA LAS EXPERIENCIAS DE LA VIDA. Aprecio profundamente la vida. Cuando me siento triste, me recuerdo a mí misma que me siento bien gran parte del tiempo. Me he vuelto compasiva; el cambio fue gradual pero definitivamente lo he sentido. El tiempo no elimina el dolor, pero sí ayuda a sanar. La depresión va y viene. Cuando te sientas mal, recuérdate a ti misma que ese sentimiento pasará. El duelo no termina; va y viene.

Me doy tiempo para mis amigos, actividades divertidas y experiencias de vida enriquecedoras. Mi esposo y yo iremos por vez primera a Europa [a celebrar] nuestro trigésimo aniversario de bodas. Me permito sentirme bien y mal. Elijo vivir a tope.

¿Cómo puedes ayudar?

El suicidio está entre los tipos de pérdida más sensibles, estigmatizados e incomprendidos. Implica muchas complejidades tanto para la persona fallecida como para quienes le sobreviven. Nuestra familia ha experimentado dos suicidios en tres años y, aunque las preguntas de los sobrevivientes siguen en suspenso, hay mucho que ofrecer para apoyar y dar consuelo.

Lo que hay que hacer

- **Actúa como una barrera entre ella y quien se comporte de manera inapropiada**: Por desgracia, un suicidio puede desatar una tremenda cantidad de chismorreo y especulación enfermiza. Es demasiado doloroso y poco propicio para la sanación, y, si piensas que los sobrevivientes cercanos no escuchan estos rumores, estás equivocada.

Si te topas o estás en línea directa con el chismorreo en torno a un suicidio, sé una verdadera amiga y detenlo. Entiendo que la diplomacia nunca ha sido mi fuerte y por eso personalmente no veo ningún problema en callar drásticamente a alguien; como sea, si prefieres ser diplomática, di algo como: «No conocemos bien los hechos, y no creo que sea correcto hablar de esto».[21]

- **Asegúrale que ella no hubiera podido hacer nada para evitar la situación:** Una de las fuentes más comunes de culpa para los sobrevivientes es la convicción absoluta de que se podía o se debía haber hecho algo para evitar el suicidio. Debe entender que el suicidio tiene muy poco que ver con ella y todo que ver con la víctima, y a veces, simplemente no hay señales ni advertencias.

  Ayúdala a comprender que, sea cual sea su relación con la víctima, ella fue una parte amorosa y generosa de su vida. Ayúdala a reflexionar en la existencia vivida, más que en la muerte planeada. Por último, búscale alguna clase de apoyo para sobrevivientes de suicidio, de modo que no se sienta sola en su lucha por comprender.[22] *

- **Escucha:** Hablo mucho sobre escuchar y hay una buena razón para ello: sigue siendo una de las cosas más amables que

---

21 En realidad, puedes decir que tú sí sabes los detalles. El chisme es el chisme, es sólo que está mal.

22 Para apoyo a los sobrevivientes de suicidio, recursos e información, visita The Alliance of Hope for Suicide Survivors, en www.allianceofhope.org, y la American Foundation for Suicide Prevention, en www.afsp.org.

* En México puedes encontrar información en la Asociación Mexicana de Tanatología, www.tanatologia-amtac.com.

puedes hacer por alguien que sufre y una de las cosas que, tristemente, pocas personas están dispuestas a hacer. En cuanto al suicidio, es una lástima que muchas personas se sienten incómodas con el tema y evitan hablarlo.

No tengas miedo de traer el tema a colación. Puedes empezar diciendo: «¿Cómo te estás sintiendo *realmente?*». Poner énfasis en la palabra «realmente» envía el mensaje de que está bien hablar de cualquier cosa que ronde por su mente... porque te preocupas por ella.

Sin duda, lo que no hay que hacer

- **No expreses ninguna opinión negativa al sobreviviente**: «No me sorprende que haya sucedido»; «Él/ella iba derecho en esa dirección»; «Sólo los cobardes se suicidan»; «¿Qué tan egoísta tienes que ser para cometer suicidio?».

  Cuando pregunté a Jan sobre su reacción ante las opiniones y las observaciones insensibles que la gente hace en momentos tan difíciles, me dijo: «La opinión de otros no tiene nada que ver con mi realidad. Lo que otras personas piensan es su responsabilidad. Pero la forma en que yo reacciono, es la mía». Es sin duda una de las respuestas más brillantes que jamás he oído (y la tomé inmediatamente en mi corazón). Los sobrevivientes de suicidio no tienen que preocuparse por opiniones negativas, conjeturas o especulaciones. ¿Tienes derecho a tener tu opinión? Sí. A lo que no tienes derecho es a infligir dolor. Comentarios como estos solamente sirven para lastimar; guárdate tus opiniones para ti.

- **No digas nada que haga que ella se cuestione**: «¿No viste ninguna señal de alerta?»; «Si no lo hubieras dejado solo...»; «Piensa nada más, si hubieras llegado a casa tan sólo diez minutos antes».

Voy a ahorrarte mucho tiempo aquí. A través de mis muchos años de experiencia trabajando en la comunidad de viudas (que incluye a varias sobrevivientes de suicidio), te puedo asegurar que, sin excepción, *todos los sobrevivientes de suicidio* tienen estos pensamientos (y peores) rondando por sus cabezas. Por si fuera poco, también se encuentran a quien los culpa por no evitar que otro ser humano hiciera lo que estaba decidido a hacer. Tú no necesitas señalar ningún «Y si...» y «¿Por qué tú hiciste o no hiciste...?», ella ya se lo pregunta sola.

También ella sola está dándole vueltas a todas las «señales de alerta» que tal vez ignoró. El hecho es que a veces *no hay* tales señales de alerta. Como Lisa explicó, a veces no hay ninguna indicación al respecto... porque alguien que contempla seriamente el suicidio puede ser capaz de disfrazar lo que está pasando en su interior.

Además, es física y lógicamente imposible estar con otro ser humano las veinticuatro horas del día, los siete días de la semana, los 365 días del año. A menos que se trate de una prisión de máxima seguridad, los seres humanos no están destinados a vigilar continuamente a otros, ni son responsables de sus acciones. No la hagas sentir que ella nunca debió salir de casa; créeme, si ella hubiera pensado que salir a trabajar o de compras significaría que a su regreso encontraría una tragedia inimaginable, nunca habría salido de casa.

- **No involucres tus propias creencias religiosas**: «Ya sabes que Dios ve el suicidio como un asesinato, así que cometió un pecado contra Dios»; «No irá al cielo porque se suicidó»; «No podrás enterrarle en un camposanto [inserta aquí la creencia religiosa de tu preferencia] porque se arrancó su propia vida»; «Sólo Dios puede quitar la vida».

Sí, esto sucede, y mucho.

Ahora, yo provengo de una religión que tiene una opinión negativa del suicidio, y la mayoría de las religiones son así.

Dicho esto, reconozco también dos importantes puntos:

1. Mi punto de vista espiritual no es necesariamente el punto de vista de otros.

2. ¿Por qué en nombre del sentido común y de forma deliberada pintaría yo un cuadro de perdición y condenación eterna a alguien que ya está sufriendo más allá de lo comprensible?

Si el sobreviviente saca los temas religión y Dios, lo escucho. Escucho sus preocupaciones, sus creencias y sus angustias. Lo aliento a que busque la guía de *su* clérigo y *su* iglesia, sinagoga, mezquita o cualquier otra casa de devoción u organización que inadvertidamente haya omitido. Lo que nunca haré es determinar de manera arrogante el destino espiritual de otra persona basándome en mis creencias. Como señalé antes, en mi opinión sólo hay un juez que tiene ese privilegio, y ese juez no es nadie que actualmente ande caminando sobre la faz de la tierra.

- **No hagas bromas sobre el suicidio... *nunca*:** Normalmente, incluiría algunos ejemplos, pero la simple idea de dar espacio a intentos de dar ligereza a tan horrible evento, me enferma.

    Basta con decir que bromear sobre el suicidio es de pésimo gusto. No lo hagas... y rechaza firmemente a cualquier persona que lo haga.

MÁS QUE «SÓLO ES...»: DESPEDIR A UNA MASCOTA

Puede parecer tonto incluir la pérdida de una mascota en un libro como este; sin embargo, quienes tienen o han tendido una mascota, sin duda estarán de acuerdo cuando digo que la muerte de una mascota puede considerarse una cosa mala y un evento de lo más difícil. Como dueña de varias mascotas a lo largo de mi vida, puedo afirmar que cuando llega ese horrible día en que debes despedirte de esa pequeña personalidad con su idiosincrasia, rutina e infinitas maneras de hacerte reír a carcajadas o sentirte mejor cuando más la necesitabas, de esta adorable criatura que te amó incondicionalmente y no pidió nada a cambio más que tu amor… es en verdad un día difícil y triste.

Una última historia verdadera

Mi tía Betty era «ancha» en el sentido más fabuloso. Amaba apostar, amaba el whisky en las rocas, maldecía como marinero y no se disculpaba por fumar. Tenía sus opiniones y no temía expresarlas; tampoco temía enfrentarse con nadie. Era ruda.

Excepto cuando se trataba de Princess.

Princess era la gata de la tía Betty… y su mundo entero. Amaba a Princess como se ama a un hijo, sobre todo porque tía Betty nunca tuvo hijos. Hablaba de ella, orgullosa mostraba sus fotos. Tratándose de regalos, siempre era fácil en el caso de tía Betty: cualquier cosa para Princess o cualquier cosa relacionada con gatos.

Princess vivió dieciocho años y murió pacíficamente mientras dormía. Después de que falleció, noté un cambio en tía Betty: casi como si la luz de sus ojos y la chispa de su espíritu se hubieran apagado. Era más serena y menos bulliciosa en las reuniones familiares. Había una pena que la perseguía. Cuando alguien de la familia le preguntaba si iba a querer otro gato, sacudía la cabeza y cambiaba de tema. Se podía decir que perder a Princess fue tan profundo para tía Betty como lo habría sido la pérdida de un ser humano.

Poco después de la muerte de Princess, tía Betty murió.

Siempre digo a quienes atraviesan el duelo por la pérdida de una mascota que vivir todo el proceso del luto es complemente normal.

Por desgracia, siempre habrá al menos una persona que dirá algo como «Sólo era un perro» o «Sólo era un gato». Ya veremos eso más adelante; por ahora no olvides que si el amor es el amor... entonces la pérdida es la pérdida. La pena no puede medirse en quién o qué se perdió.

Y una línea final: no te niegues el derecho de dolerte por la pérdida de tu mascota, aunque otros traten de minimizar o eliminar ese derecho.

PERMÍTETE VIVIR TU PROCESO SIN CULPA. El proceso de duelo es común, especialmente si tu mascota era muy joven, enfermó de pronto y falleció poco después de formar parte de tu familia. Permítete vivir el proceso ampliamente, sin importar lo que otros a tu alrededor te alienten a hacer (por ejemplo, conseguir una mascota de «reemplazo», etcétera.). Si tu mascota murió joven, no asumas automáticamente que fue por algo que hiciste o no hiciste. La mayoría de las veces, cuando las mascotas mueren jóvenes, es o por un accidente o porque algo no estaba físicamente bien. Por favor, no te culpes.

LIBERTAD PARA RECORDAR AMOROSAMENTE. Quien tenga mascotas también tiene una rutina con ellas... y a veces esa rutina es establecida por la mascota. Por ejemplo, nuestra gata Sassy tiene una hora específica del día designada como «la hora Ámame». Lamentablemente, esa hora por lo general es entre las 4:00 a.m. y las 5:00 a.m. Ha sido así desde que tenía ocho semanas y ay de aquel que no responda a su demanda de cariño. No sé dónde esconde su reloj, pero vaya que esa gata sabe exactamente qué hora es y va en búsqueda de uno de los (dormidos) miembros de la familia de dos patas.

Más allá de las rutinas establecidas por las mascotas, hay también otras rutinas diarias: la hora de salir a pasear, jugar, comer, explorar, acurrucarse… y la lista sigue y sigue. Hay también esas grandiosas «pequeñas cosas», como ser saludado en la puerta principal cuando vuelves a casa después de un largo día, el lugar especial en el sofá o en la cama que le pertenece (al menos en sus cabecitas), la jaula en la cocina de donde emergen alegres cantos.

Cuando tu mascota ya no está, la rutina es drásticamente eliminada, dejando un gran hueco tanto en tu vida diaria como en tu corazón. Como con cualquier otro proceso de duelo, debes dejar que éste se desenvuelva por sí solo, de acuerdo con tus tiempos y con tu ritmo. Tómate tiempo para sacar o disponer de los vestigios de tu mascota (platos de comida, cama, juguetes, jaula, etcétera), no hay regla que diga que debe hacerse de inmediato.

Puedes también incluir formas de honrar la memoria de tu mascota. Por ejemplo, se ha vuelto común en los dueños de mascotas tener pequeñas ceremonias: tal vez encender una vela y colocar un retrato o hacer un collage de fotos, hacer cualquier cosa que te reconforte y te dé paz sin importar lo que nadie más diga o piense.

EL DILEMA MÁS COMÚN: BUSCAR UN «REEMPLAZO». Soy de esas personas que creen que las mascotas no pueden ser «reemplazadas». No se puede simplemente poner otra mascota en el lugar de la última mascota que vivía en tu casa y en tu corazón. Cada mascota que he tenido tenía su propia personalidad, hábitos, encantos y mañas. Utilizaré a nuestras tres amigas felinas como ejemplo:

• La residencia base de Pepper es el escritorio de la oficina de casa. Se instala feliz encima cuando trabajo a su lado y, cuando decide que es momento de dejar de trabajar, me impide escribir poniendo su patita sobre mi mano. Hace gestos a casi toda la comida para gatos, pero baja del cielo cuando huele el pan en el tostador. Los clips de papelería son su «presa» y, si atrapa uno, maúlla como si hubiera atrapado un buitre.

- Bandit es un figurón de 10 kilos y prefiere enterrar el diente en una bolsa de plástico que visitar su plato de comida. Es amable con los visitantes y se echa de espaldas para que la rasquen (provocando miradas confusas de dichos visitantes). También tiene un talento especial para causar compasión con su pinta lastimera, mientras tiernamente te toca con su patita. Creo que se lo robó directamente de Oliver Twist («Por favor, señor, ¿me puede dar otro poco?»).

- Totalmente negra y con grandes ojos verdes, Sassy (a quien ya conociste) es todo un personaje. Cree que es un perro: viene cuando la llamas, mueve la cola de emoción y juega a ir a buscar cosas. No teme a nada y nada la intimida. Nuestros gatos siempre han sido mascotas de interior porque vivimos en un área donde hay coyotes... y Pepper y Bandit están perfectamente contentas de quedarse adentro. En contraste, la singular misión de Sassy es salir y trepar. Cuando escapa nos tiene en locas cacerías por todo el vecindario, y estoy bien segura de que, si se topa con un coyote, lo enfrentará.

Ahora tienes una mejor idea de por qué soy contraria a que una mascota sea fácilmente reemplazada por otro animal. Por esa razón, recomiendo que te des todo el tiempo necesario para procesar tu duelo antes de decidir sobre el reemplazo.

RECONOCE TU PÉRDIDA COMO ALGO IMPORTANTE. La cosa más amable que puedes hacer por ti misma después de perder a tu mascota es reconocer que fue una gran pérdida. Suena contradictorio tener que decir algo tan obvio; sin embargo, hay personas en este mundo (que en su mayoría no tienen animales o no les gustan) que no comprenden cómo los animales se meten en nuestros corazones y afectan nuestras vidas. En consecuencia, estas personas no entienden el duelo que implica la pérdida de una mascota. Tristemente, a las personas que experimentan esta pérdida se las hace sentir tontas.

No te sientas tonta, boba o infantil. Has experimentado una pérdida pura y simple. Si otros no entienden tu pérdida o la gravedad de ésta, encuentra a quien sí la entienda. Créeme, hay muchos de nosotros allá afuera.

¿Cómo puedes ayudar?

Las personas poseen mascotas porque aman a los animales y los animales enriquecen sus vidas. A quien no agradan los animales, no posee uno. ¿Está mal no querer a los animales? Desde luego que no. Sin embargo, es oportuno que entiendas que el amor por los animales implica naturalmente que perder a una amada mascota es muy traumático y evocará sentimientos de profunda pena.

¿Equiparo la pérdida de un animal con la pérdida de un ser humano? Absolutamente no. No obstante, y esto es importante, hay personas que hacen esta equiparación. Puede que no esté de acuerdo, pero no impondré mi opinión a otros. Como con cualquier pérdida, nunca diré a alguien cómo debería sentirse, y en el caso de la pérdida de la mascota no es diferente.

¿Cómo puedes apoyar a quien ha perdido a una mascota? Fácil.

Lo que hay que hacer

- **Mándale una tarjeta de condolencias**: Las compañías de tarjetas de felicitaciones se han percatado del hecho de que la pérdida de una mascota debe despertar simpatía. Como resultado, hay muchas maravillosas tarjetas en el mercado que hablan específicamente de la pérdida de una mascota. No es un gasto excesivo y enviar una tarjeta a alguien que perdió a su mascota es tratar de que se reconcilie con su pérdida. No sólo demuestras que te importa, también mandas el mensaje de que te tomas en serio su duelo.

- **Fomenta el diálogo**: Pídele que te cuente historias simpáticas sobre su mascota (créeme, todos tenemos de esas historias). Vean fotos. El diálogo ayuda a procesar el duelo y este no es un duelo diferente. Puedes ayudar a aliviar el dolor, y tú serás uno de los «buenos» que toman su pérdida en serio.

Sin duda, lo que no hay que hacer

- **No minimices la gravedad de su pérdida**: «Sólo era un perro/gato/pez/ave»; «Todos los animales son un dolor de cabeza y un gasto»; «¡Por Dios! Si era sólo un _____, de esos hay montones».

  ¿Según tú? Tal vez. ¿Según el dueño? Era un miembro de la familia. Los hacía sonreír, reír y daba amor incondicional. Era una compañía en las noches solitarias. Una mascota *no* era «sólo…».

  Mike fue un entrenador premiado de perros policía (K9) en el Departamento de Policía durante casi toda su carrera. El perro que ayudó a ganar ese premio fue Carlos, un *malinois* belga. Juntos, él y Mike, fueron responsables de establecer el récord nacional en detección de drogas y dinero.

  Un día, Carlos dejó de comer. No se mantenía en pie. Mike necesitó ayuda de otros oficiales para subirlo en la camioneta y llevarlo al veterinario (que cuidó muchos perros policías en todo el país). Después de someterlo a una serie de pruebas, el veterinario determinó que Carlos tenía cáncer de pulmón (atribuido a los años de olfatear enormes cantidades de droga) y sus pulmones estaban llenos. En otras palabras, Carlos estaba muriendo y sufriría terriblemente en el proceso.

  La decisión era clara y desgarradora para Mike.

Carlos no sólo era la pareja de Mike, era también una mascota. En menos de una hora, los oficiales de la unidad K9 que no estaban en servicio llegaron al consultorio del veterinario y se unieron al resto de los oficiales para darles apoyo. Nos reunimos en una pequeña sala de exploración y esperamos a que Mike llevara a Carlos y le pusiera por última vez su chaleco verde. Llegaron, y las lágrimas inundaban el rostro de Mike cuando entró con Carlos en la habitación.

El silencio era ensordecedor, roto solamente por suaves sollozos. Mientras Mike abrazaba a Carlos y el resto de nosotros lo acariciaba, el veterinario ayudó a Carlos a cruzar el puente del arcoíris hacia un lugar de paz.

Como un ritual en la mayoría de los departamentos de policía, se celebró un oficio, pues los policías caninos se consideran oficiales también (oficial completo con todo el rango). En aquel entonces todavía laboraba en el área legal, y, cuando informé al abogado con quien trabajaba que me iba a retirar temprano para asistir al oficio de Carlos, me dijo: «¿Cuál es el drama? Era sólo un perro».

¿Lo golpeé? No… pero imaginé que lo hacía.

Una mascota no es «sólo un perro» o «sólo un gato» o «ese pájaro escandaloso». Una mascota es un ser vivo que lleva amor a nuestro hogar y hace una diferencia en la vida de las personas. Si crees que una mascota es «solamente» o «nada más», está bien y estás en tu derecho. Lo que *no* está bien es expresar ese sentimiento a alguien que ha vivido una pérdida de este tipo.

- **No la hagas sentir tonta**: «¿No crees que exageras?»; «No era una persona»; «Vamos, no es para tanto».

Nunca he entendido a la gente que cree que puede dictar los sentimientos de otros. Me gustaría decirles: «Deberías de ser diestro» si son zurdos. Eres quien eres. Sientes lo que sientes. Nunca diré a alguien que deje de llorar o deje de estar enojado o deje de sentir lo que está sintiendo, porque no puedes «dejar» de sentir, así como no puedes dejar de ser zurdo.

En lugar de hacer sentir a alguien tonto por su pena, deja de mirar sus ojos y mira su corazón por un momento. ¿Te gustaría que te dijeran cómo lamentarte o cómo sentirte? Probablemente no.

En pocas palabras, su reacción es *su* reacción, y no es objeto de burla.

- **No insinúes que una mascota es fácilmente reemplazable:** «Siempre podrás comprarte otro _____»; «Vamos al albergue de animales / tienda de mascotas para que tengas otro _____»; «Cuando tengas otro _____, ya no vas a extrañar a [la mascota que acaba de fallecer]».

  Aunque actúes creyendo que haces un bien al apresurarle a reemplazar a su mascota, el duelo lleva su tiempo. Aceptar que una mascota ya no es parte de la familia lleva su tiempo. ¿Puede conseguir fácilmente otro animal? Claro, pero ¿es mejor que sea de inmediato? No necesariamente.

  La decisión de tener otra mascota *debe* provenir de la persona que está doliéndose por la pérdida y debe ser tomada a su tiempo. Puede que se trate de unos cuantos días o sean años o nunca suceda. No puedes reducir el tiempo de un duelo tratando de reemplazar lo perdido, y eso incluye a las mascotas.

- **No la sorprendas con una nueva mascota:** Es un gesto amable; no obstante, como se señaló antes, la decisión de tener otra mascota debe ser tomada por la persona que acaba de experimentar la pérdida. Si ella comienza a hablar de otra mascota o se nota entusiasmada, puedes considerar la sorpresa. Asegúrate de que haya esos indicios y de que ella efectivamente quiera una mascota; de otra manera y a pesar de la amabilidad, puedes crear una situación bastante incómoda.

DE UNA MALA EXPERIENCIA A DÍAS MÁS BRILLANTES. Tener mascotas automáticamente significa que, en algún punto, con tristeza les diremos adiós. Es desgarrador y una gran responsabilidad. Sé que llegará el día en que deba despedirme de esas tres preciosas caritas peludas, y, después de tenerlas desde la edad de ocho semanas (las tres andan por los quince años), sé que será una experiencia horrible. No obstante, no cambiaría ni un momento del amor, risas o paz que cada una de esas loquitas han traído a la familia. Más aún, estaría encantada de dar la bienvenida a un nuevo y fabuloso felino en casa…, pero cuando sea el momento adecuado.

No dudes en conservar vivos los recuerdos de tu mascota. Recuérdala y recuerda el amor que te dio sin condición, y, cuando llegue el momento para ti, no dudes en recibir a otra preciosa mascota en tu hogar y en tu corazón.

UNA PALABRA FINAL RESPECTO A LA MUERTE Y LA PÉRDIDA

La muerte de un ser querido —sin importar la perspectiva de la relación— es la peor cosa y el duelo más grande que alguien puede experimentar. Es vital recordar esto:

- **Llora cada muerte individualmente, sin importar la relación o la cercanía de la pérdida entre uno y otro evento.** Por ejemplo, yo perdí a mi esposo y a mi padre con una diferencia de sólo cuatro meses. Era esposa de uno e hija de otro. Aunque ambas fueron pérdidas devastadoras, la perspectiva de la pérdida es enteramente diferente y se debe reconocer como tal.

- **Reconoce que no hay un nivel límite en la pérdida.** Si te sientes atrapada en el duelo y necesitas ayuda para salir adelante, búscala de inmediato. Sin embargo, no sientas que debes apresurarte en el duelo, por nada ni por nadie.
- *Puedes* **ser la primera vía de consuelo de alguien que enfrenta un duelo.** Si conoces a alguien que ha experimentado o enfrenta la muerte de un ser querido, ya sabes que puedes ser la mejor fuente de apoyo y consuelo. Y, aunque no sea tu intención, puedes terminar como la heroína de alguien que sufre.

Con suerte he contraatacado el síndrome de «No sé qué hacer/decir», que al parecer aflige a muchas de las personas que rodean a los dolientes. No hay excusas para un «No sé qué decir» o «Temo decir/hacer algo equivocado». Y, aunque no estoy segura de aceptar ese cliché de que «la ignorancia es una bendición», sí sé esto:

Tratándose de consolar a un doliente, la ignorancia no es la bendición. Es una enorme *omisión*.

CAPÍTULO CATORCE
VICTIMIZADA... PERO NO VÍCTIMA

MUCHA GENTE PASA gran parte del tiempo hablando de los «buenos tiempos» pasados, pero rara vez habla de las cosas que forman parte del lado opuesto de esos días.

Mira, en décadas pasadas, las mujeres no tenían casi nada respecto a sus derechos básicos. La mayoría no tenía ninguna seguridad financiera; muchos bancos ni siquiera les daban un préstamo. Los esposos no podían ser acusados de delitos tales como violar a sus mujeres porque ellas eran consideradas de su «propiedad» y el sexo era considerado un «derecho» del marido, sin importar cómo se sintiera su esposa o cómo fuera el matrimonio. El acoso no se consideraba un delito a menos que el infractor «actuara» contra su víctima...[1] y buena suerte si presentabas cargos por violencia doméstica, lo cual derivaba en un oficial de policía que simplemente decía: «¿No pueden resolverlo hablando?».

En realidad, sí que hemos recorrido un largo camino.

Sin embargo, por lo que respecta a las mujeres, muchas leyes (en especial las que tienen que ver con Internet) están un poco atrasadas. Mientras tanto, las estadísticas de mujeres víctimas de comporta-

---

1   Trágicamente, el primer indicio de tal «actuación» en contra de la víctima, por lo general, era cuando la víctima era asesinada por su acosador.

miento criminal son sobrias y los crímenes contra mujeres suceden con alarmante frecuencia. La buena noticia es que, con el tiempo y el avance del sistema legal, ahora hay leyes más estrictas, castigos más severos para los criminales y muchos recursos disponibles para las víctimas del crimen.[2]

Estás a punto de conocer algunas mujeres increíbles e inspiradoras que han sufrido insoportable dolor en prácticamente casi todos los niveles y en todas las formas posibles. Y, no obstante, todas estas mujeres rechazan ser definidas como «víctimas». No dejan que sus perpetradores determinen su destino y están decididas a enseñar a otras mujeres a hacer lo mismo.

LUCHAS POR TU VIDA: SOBREVIVIR A LA VIOLENCIA DOMÉSTICA

La fundadora de la organización sin fines de lucro Strength Against Violence[3] (Fuerza contra la Violencia), oradora y abogada que aparece en medios nacionales e internacionales, Holly McCrary, sufrió una fuerte agresión a temprana edad. Mientras sus contemporáneas vivían como niñas solteras a los veinte años, Holly era madre de un hijo pequeño y dueña de una casa, además de disfrutar de una exitosa carrera destinada a llevarla a grandes alturas.

Holly no sólo perdió casi todo, también casi pierde su vida en un horrible ataque de violencia doméstica. Sin embargo, el atacante subestimó la fuerza de espíritu de Holly y su gran determinación.

---

2   Una lista extensa de recursos e información de contactos se incluye al final de este capítulo.

3   Para saber más sobre Holly, su historia y su organización sin fines de lucro Strength Against Violence, visita www.strengthagainstviolence.org así como www.hollymccrary.com.

Aun cuando su atacante infligió heridas mortales de las que todavía hoy sigue recuperándose, su voluntad y su espíritu fueron más fuertes que el vil acto de violencia.

Holly se negó a que le arrebataran a su hijo y la vida que había construido y tanto amaba.

La historia de Holly

Llevaba una vida normal y feliz. Tenía veinticinco años y criaba a un maravilloso hijo de cinco. Mis circunstancias no eran las más fáciles, pero, a pesar de las dificultades, podía sortear los obstáculos y proveer para mi hijo. Compré un pequeño condominio, trabajaba en un horario regular y cada noche estaba en casa con mi hijo.

Quince días antes de Navidad y diez días antes del sexto cumpleaños de mi hijo, M* nos arrebató todo eso. Apareció en nuestra casa en medio de la noche, trató de matarme y casi lo logra. Fui apuñalada veintidós veces, en el corazón, pulmones, pecho, cuello, cara, espalda y brazos.

Me escapé y subí por la escalera de emergencia de la vecina. Ella me dejó entrar y, cuando pensé que estaba a salvo, M irrumpió en su casa y volvió a atacarme. Con más de veintidós puñaladas, huesos rotos y gran pérdida de sangre, traté de aferrarme a la vida. Hice acopio de toda mi fuerza para mantenerme consciente, porque sabía que, si cerraba mis ojos, sería el fin.

Los oficiales llegaron antes que los paramédicos. Uno de ellos se esforzó mucho por mantenerme despierta, me gritaba que siguiera ahí con él, que tuviera los ojos abiertos. En ese momento, me di cuenta de que tal vez no lo lograría. Necesitaba decirle a la policía quién había hecho esto para que, si moría, él pagara por ello. Lo único que evitaba que muriera era el pensamiento en mi hijito, quien se iba a quedar solo, sabiendo que su mamá murió diez días antes de su cumpleaños y antes de Navidad.

Cuando finalmente salí del hospital, me quedé con familiares y no podía caminar. No podía cuidar de mi hijo y tenían que atenderme noche y día. No podía ducharme sola; ni siquiera podía usar sola el baño. Totalmente acostada, no podía respirar; no podía comer o beber por mí misma, y no podía usar mis brazos.

Todavía estoy en proceso de recuperación. Los doctores dicen que es un milagro que esté viva. Sigo con un hoyo en mi corazón y otro en mi hígado, y aún no se sabe si podrán operar esas áreas. Sigo sin sensibilidad en la mayoría de mi mano izquierda y en partes de ambos brazos, mandíbula y barbilla, partes de mi cuello y espalda y en la mayoría de mi pecho. Obligarme a levantarme por las mañanas a veces parece imposible. Pero, a pesar de todo lo que sucedió, me niego a rendirme. Seguiré peleando. Me niego a que gane él.

ME NIEGO A CULPARME A MÍ MISMA. La primera pregunta que me hice fue «¿Cómo causé esto?». Está horriblemente mal la forma en que nuestra cultura ve a las víctimas de crímenes violentos. Tenemos el hábito de «culpar a la víctima», desde las víctimas de violación que son culpadas por usar ropa reveladora, hasta las víctimas de asesinato que son culpadas por elegir hombres malos. En mi caso, yo era «la víctima apuñalada que tal vez hizo algo para hacer enojar a su exnovio».

Miró atrás ahora y veo lo mal que estaba él y lo mal que estaba *yo* por pensar que era mi culpa o que hubiese podido o debido hacer algo diferente. Nunca sentí pena por mí, y siempre he sido fuerte, especialmente por mi hijo.

ME PREOCUPABA NUESTRO FUTURO. Muchas víctimas de violencia doméstica tienen lesiones serias. Yo fui afortunada de sobrevivir, pero a causa de esas lesiones mortales pasé mucho tiempo en el hospital. Todo el tiempo que estuve hospitalizada no trabajé, así que una de las primeras dificultades que afronté fue la culpa. ¿Quién iba a hacerle su fiesta de cumpleaños a mi hijo? ¿Quién iba a llevar-lo a su práctica de hockey? ¿Quién iba a cantarle canciones y a leer-le antes de dormir? ¿Qué pasaría si me necesitaba y yo no estaba ahí? Éstas eran solamente algunas de las cosas que pensaba... Fue muy duro.

No sucumbiré a la depresión. Pensé que luchar por mi vida sería el obstáculo más grande debía que enfrentar. Pensé: «Sólo sigue viviendo, sigue luchando para que los doctores te puedan curar». No sabía que al despertar seguiría luchando por mi vida y me espe-raban más cirugías. Este fue un tema recurrente durante dos años. Cada vez que pensaba que había superado algo, llegaba una nueva batalla.

Dejar el hospital no significó que volviera a casa. Tuve que volver varias veces a la semana al hospital para aprender a sentarme, comer y beber por mí misma, y, eventualmente, aprender a pararme y ca-minar. Cuando logré hacer lo básico por mí misma, entonces pude volver a casa. Era todo un logro, pero, desde luego, surgieron nuevos retos. Mi casa fue donde sucedió el ataque y yo estaba débil y des-valida. ¿Y si M salía bajo fianza y regresaba para «terminar el traba-jo»? ¿Y si yo no podía proteger a mi hijo?

Sigo visitando doctores con regularidad y recientemente me so-metí a otra cirugía. Puedo ver cómo alguien en esta situación podría sucumbir ante los pensamientos deprimentes que invaden tu mente, pero me rehúso a hacer eso, sin importar el número de reveses o de cuán difíciles sean los obstáculos.

Estoy agradecida por la vida que tengo ahora. Quizá nunca sepa cuáles fueron las razones del ataque ni por qué él sintió necesidad de hacer algo tan horrible. El hecho sigue siendo que él decidió hacer lo que hizo, y yo no soy la culpable de sus de-cisiones.

El mejor consejo que puedo darte es luchar, seguir viviendo y no rendirse. A veces puede parecer que, sin importar cuán duro trabajes, siempre habrá algo que te eche para atrás…, pero llegará el momento en que habrá valido la pena todo el trabajo. Puedes superar esto.

Lo más importante es que te mantengas con vida. Aprender a enfocarte incluso en las cosas positivas más pequeñas puede ayudarte más de lo que imaginas. Sigo enfrentando retos, pero también he superado muchos obstáculos. Si me hubiera rendido, me habría perdido de todas las cosas buenas que han venido. Estoy muy agradecida por la vida que tengo ahora, y veo cada día de mi existencia como un regalo.

NOTA DE LA AUTORA: Mientras el libro va a la imprenta, me informaron que el atacante de Holly fue llevado a juicio y condenado por todos los cargos: intento de homicidio, robo en primer grado con violencia doméstica, tortura y asalto.

HERIDAS DEL CORAZÓN:
LA RELACIÓN ABUSIVA (EMOCIONAL Y VERBAL)

Cuando alguien usa el término «violencia doméstica», generalmente pensamos en incidentes similares a la historia de Holly, escenarios que incluyen ataques físicos. Por desgracia, mucha gente erróneamente piensa que, al no haber un ataque físico, armas o lesiones físicas, la relación no es abusiva.

Piénsalo de nuevo.

Maxine Browne, autora de *Years of Tears: One Family's Journey Through Domestic Violence* (*Años de lágrimas: El viaje de una familia a través de la violencia doméstica*), presenta una crónica de su historia de abuso, el eventual reconocimiento de que fue maltratada, las alertas sobre abuso (físico, verbal y/o emocional) y cómo resurgió de la oscuridad como abogada de víctimas de abuso.

La historia de Maxine

Cinco años y dos hijos después de mi divorcio, conocí a un hombre que pensé era la respuesta a mis oraciones. Resultó, en cambio, ser mi peor pesadilla.

John* me avasalló hablando el lenguaje de mi fe. Era un ministro que prometió honrarme y amarme ante Dios. Después de mi desastroso primer matrimonio con un drogadicto, no podía creer en mi buena suerte. John dijo que me iba a ayudar a criar a mis dos hijas. Y, como era una madre soltera trabajadora, eso fue música para mis oídos. Un romance a larga distancia seguido por nueve meses de compromiso.

Después de casarnos, trabajé tiempo completo y John estaba en casa. Dijo que me ayudaría con los mandados. Dijo que recogería mi correo. Yo no vi ese correo en los siguientes diez años. Iba a hacer los depósitos bancarios y luego se encargó de ellos, manejando mis tarjetas de crédito. Se propuso tomar el control de mi vida, pasando por todas las áreas.

John obligaba a mis hijas a hacer la mayoría de los quehaceres domésticos. Les daba órdenes y cortó la comunicación entre ellas y yo. Las encerraba en el sótano por horas. Gradualmente mi propia voz fue silenciada. Me volví una persona tras los bastidores del silencio, incapaz de proteger a mis hijas de su padrastro.

Las niñas finalmente se fueron de casa para escapar del abuso. Después de eso, era casi imposible hablar con ellas, y verlas estaba fuera de discusión. John controlaba todo el dinero y racionaba mi tiempo. Luego de que las niñas se fueron, pocas veces volví a verlas.

Después de diez años de abuso, ya no era ni la sombra de la persona que había sido. Quedé seriamente deprimida y fragüé mi plan de suicidio. Decidí colgarme en el cobertizo. Sabía cómo y dónde me mataría, y aún no elegía el día. Pero, en vez suicidarme, decidí dejarlo, salí de casa sólo con mi ropa en bolsas de basura.

BUSCANDO A DIOS. Yo era una devota cristiana y mi sistema de creencias era que, como mujer, mi papel era someterme a mi esposo. Si yo me sometía a su autoridad, Dios me defendería, respondería a mis plegarias y hablaría para cambiar el corazón de mi esposo.

Él nos llamaba con nombres horribles. Yo no me defendía. Nos taladraba con sus insultos llamándonos inútiles, flojas, basura, y cosas peores. Yo rezaba por que terminara el abuso verbal: ¿por qué Dios no intervenía? ¿Dónde estaba su defensa?

Luchamos bajo el peso de la carga que mi esposo nos había echado encima. Lloraba ante Dios, pidiéndole claridad. Desde luego, Él no quería que la mujer viviera así. Me sentía abatida y herida... pero John nunca me pegó. Mas la falta de ataques físicos, ¿hacía que fuera una relación abusiva? Dios permanecía callado. Por más que buscaba, no encontraba una respuesta en la Biblia.

RECUPERÉ MI SENTIDO DE SER. Una mujer que conocí dijo que podía vivir con ella hasta que me recuperara, y justamente eso hice. Me permitió quedarme con ella durante catorce meses, y a lo largo de ese tiempo pensé en cómo iba a reconstruir mi vida. Después de diez años, mi existencia se sentía como el sitio donde estalló una bomba atómica. No había nada que quedara de la vida que tuve antes de conocer a John. Había cedido todo mi poder. Estaba arruinada financieramente y tenía una montaña de deudas. Mis hijas y yo estábamos separadas, y tenía que redescubrir quién era yo.

Una vez que decidí dejarlo, John se convirtió en un lunático que me acosaba sin cesar por teléfono, aparecía en casa e iba de las cartas de amor a las amenazas de que me destruiría. Decía que, si volvía a casa, el abuso terminaría.

Durante nuestro matrimonio, John y yo creamos nuestra propia empresa como traductores e intérpretes, y trabajamos como puente de comunicación entre la población hispana y los angloparlantes del mundo. Al dejarlo, también dejé el negocio y creé una carrera completamente diferente mientras hacia los arreglos de mi divorcio y de la custodia. Los asuntos prácticos del negocio eran difíciles de manejar, pero nada comparado con mi recuperación emocional y psicológica.

En el momento en que lo dejé, estaba a punto de suicidarme, y no es necesario decir que no estaba en mis cabales. Comencé a asistir a reuniones de Adultos y Niños de Alcohólicos, lo que me permitió un espacio de sanación. Podía hablar del abuso y procesar mis sentimientos. Estas reuniones también me ayudaron a sanar de las heridas de mi infancia por haber vivido en un hogar alcohólico. Una vez que encontré un trabajo de tiempo completo, inicié la terapia. Poco después, compré un auto y finalicé mi divorcio. Adquirí una casa móvil y poco a poco me recuperé a mí misma.

UNA VIDA DESPUÉS DEL ABUSO. Trabajé en mi sanación por varios años. Continué yendo a las reuniones de Adultos y Niños de Alcohólicos durante cuatro años, a terapia individual durante dos y a un grupo de apoyo de violencia familiar durante un año. Laboré en un cuerpo especial de sobrevivientes bajo la coalición del estado en contra de la violencia doméstica durante dos años, antes de convertirme en presidenta del grupo operativo; nuestros esfuerzos se enfocan en aumentar la conciencia y la comprensión de la violencia doméstica. Hice nuevos amigos y comencé una vida libre de abusos.

Tuve la idea de escribir un libro sobre la experiencia de nuestra familia; sin embargo, no quería que el libro solamente contara mi historia. El abuso en nuestra casa tocó muchas vidas, y todos experimentamos los mismos eventos de manera diferente. Decidí entrevistar a mis hijas, y dieron su consentimiento.

LEJOS DEL ABUSO. Más tarde conocí y me casé con un hombre estupendo. Es amable, disfrutamos nuestra vida juntos y es mi más grande admirador. Viajo por el país, compartiendo mi historia de abuso y recuperación, con la esperanza de poder salvar a otras familias de los años de lágrimas que nosotros sufrimos. Estoy desarrollando nuevos materiales con intención de crear programas escolares que enseñen sobre relaciones sanas. La violencia doméstica puede prevenirse mediante la educación, y juntos podemos terminar con todo tipo de abusos.

Cualquier persona puede ser víctima de violencia doméstica. Si tú estás en una relación controladora, no estás sola. Por favor, llama a la línea en contra de la violencia doméstica hoy mismo para que encuentres la forma de planear tu escape y veles por tu seguridad. Si piensas en dejar esa relación, *no* avises de tus planes al abusador. Cuando las mujeres se quieren ir, es cuando corren más peligro.

Este es un problema que nos rodea. Aprende a reconocer las señales. No des la espalda al abuso, puedes salvar la vida de alguien.

UN CRIMEN INNOMBRABLE: EL ABUSO INFANTIL

El abuso infantil es un crimen que nos hace estremecer nada más de pensarlo. Hace que se erice la piel. Sentimos repulsión en contra de los perpetradores de tan vil acto. En tanto que es nuestro único recurso en una sociedad civil, todos coincidimos en que la prisión es demasiado buena para seres tan despreciables, y una prisión real no es nada comparada con la metafórica «prisión» a la cual muchas víctimas inocentes están sentenciadas y en donde tienen que vivir día a día.

Por desgracia, estamos tan consternados e indignados por nuestro malestar ante ello que, inconscientemente, negamos a las víctimas la oportunidad de hablar de sus experiencias. Peor aún y en muchos casos, se niega a las víctimas la justicia o el apoyo, que alguien las vea y diga: «Te creo y quiero ayudarte».

Es para esos valientes sobrevivientes que se narra esta historia. Conoce a Kelly Meister-Yetter, autora de *Crazy Critter Lady*[4] (*La loca señora de los bichos*), y sobreviviente de abuso infantil a manos de su propio padre.

La historia de Kelly

Mi padre abusó de mí durante más de diez años, comenzó cuando yo tenía dos años. El abuso me llevó a años de alcoholismo, una baja autoestima, relaciones disfuncionales con hombres inapropiados y múltiples intentos de suicidio. Era desesperadamente infeliz y no tenía idea de cómo hacer una vida satisfactoria. Como resultado del abuso, también sufrí trastorno de estrés postraumático.

«COMPRAR» MI SILENCIO IMPEDÍA MI RECUPERACIÓN. Como adolescente, lancé muchos gritos de ayuda que mi familia evadía ignorando la causa de mis problemas, todos se hacían de la vista gorda ante el abuso. Mi familia trató de «comprar» mi silencio con dinero, regalos y, después de mi último intento de suicidio, con ayuda financiera que pagó un año de colapso emocional. El resultado fue que, como adulto, me sintiera con derecho a todo. En lugar de tratar de seguir adelante con mi vida, estaba atrapada en un círculo de autocompasión que impedía valorarme.

LA VIDA TUVO UN DRÁSTICO CAMBIO. Después de mi último intento de suicidio, pasé dos semanas en el pabellón psiquiátrico de un hospital. Tomé la decisión consciente de arrancarme la tirita

---

4   Para saber más de Kelly y de *Crazy Critter Lady* (CreateSpace Independent), visita www.crazycritterlady.com.

de mis heridas emocionales y dejar que empezara la sanación. A pesar de haber pasado años en terapia antes de mi hospitalización, el trabajo real comenzó hasta después de que reconocí que mi vida necesitaba cambiar drásticamente. Fue la decisión correcta, pero creó grandes problemas entre los miembros de mi familia que previamente se habían ocupado de pagar mi silencio, porque me rehusé a seguir callando.

La dinámica de mi relación familiar cambió. No tenía contacto con mi padre, tenía limitado contacto con mi madre y comencé a decir la verdad a quien quisiera oírme. Me negué a tapar la horrible verdad que mi familia trató de esconder por tantos años.

HACIA ADELANTE ES LA ÚNICA DIRECCIÓN QUE VALE LA PENA. Casi diez años después de mi último intento de suicidio, y luego de años de terapia, me sentí con la cabeza lo suficientemente despejada para pensar en escribir un libro. Había acumulado bastantes historias sobre animales que durante años rescaté, como para llenar un libro. Esos «bichos» que contribuyeron en alguna medida a mi cordura y bienestar, fueron una potente medicina para mi frágil psique, y gran parte de mi recuperación se debe a su amor incondicional.

Estoy escribiendo la segunda parte de la *Crazy Critter Lady* y sigo con mi trabajo de recuperación. Recientemente me casé con el amor de mi vida, y sigo adelante porque hacia adelante es la única dirección que vale la pena. ¡Y por eso vale la pena levantarse de la cama!

HABLA TU VERDAD. ¡Hay esperanza de una vida mejor! Es necesario que te hagas cargo de tu recuperación. Comienza por enfocarte en tus fortalezas sin importar que parezcan ser muy pocas, y no hagas caso a esa negativa voz interior; esa voz no es tu amiga y no busca tu bienestar. Sigue en tu terapia y sigue buscando hasta que encuentres el terapeuta que se adapte a tus necesidades.

Deja de escuchar a la gente que quiere que calles, y empieza a decir la verdad a quienes quieran oírla. El mejor consejo que he recibido fue uno contra el que, al principio, luché: ¡Empodérate! Tener control sobre tus sentimientos, tus situaciones y sobre ti misma es la medicina más potente que existe.

LA PESADILLA DE TODA MUJER: LA VIOLACIÓN

Sin duda alguna, la violación es el peor ataque contra una mujer. Nada más de pensarlo hace que el frío recorra la espalda.

La violación sexual.

Increíblemente, en pleno siglo veintiuno, el ataque sexual sigue siendo uno de los crímenes menos denunciados. Incluso hoy en día, las mujeres se sienten aterradas de reportar la violación, por múltiples razones: miedo a la recriminación (alguien que dice «Ella se lo buscó»), miedo al proceso judicial, miedo a que lo que ven en los programas policiacos de la televisión sea verdad, y la lista sigue y sigue.

Muchas personas también cometen el error de asumir que la violación es un delito de sexo. Por el contrario, es un delito de tortura y violencia. Es un intento por debilitar a la persona, en tanto que da poder al criminal con un sentimiento de invulnerabilidad.

Por fortuna, hay un camino desde el horror hasta la sanación. CJ Scarlet y Jillian Bullock son dos mujeres que fueron agredidas sexualmente y convirtieron el horror en esperanza, y sus experiencias personales, en la defensa de las víctimas. Como demuestran estas mujeres y millones más, sanar después de una violación no es ni rápido ni fácil. No obstante, negarse a ser víctimas de por vida de esta serie de horrendas circunstancias, junto con su determinación de utilizar sus experiencias para enriquecer la vida, es una inspiración para todos nosotros.

La historia de CJ

Tenía diecinueve años cuando ocurrió [la violación]. Era una estudiante universitaria despreocupada que salía con el ayudante del alguacil. Me sentía tan segura cuando estaba con él... Después de todo, era un policía.

Habíamos salido un par de veces, así que, cuando mi auto se descompuso, lo llamé para que me llevara a casa. Él quiso detenerse en su apartamento y me invitó a pasar. Apenas atravesamos la puerta me cargó y me llevó a su habitación. Reí y dije que me bajara. Me ignoró y pronto pude leer su intención en su rostro. Luchando llena de terror exigí que me bajara y comencé a pelear bajo su presión. Me aventó sobre su cama mientras peleaba con todas mis fuerzas.

Me dominó fácilmente y empecé a desorientarme, sintiendo una creciente disociación a través de mis venas. De lo único que fui consciente fue de mi cabeza golpeando violentamente la cabecera una y otra vez. Cuando terminó, me llevó a casa y me dio doscientos dólares para reparar mi auto. Me pregunté si me había confundido con una prostituta.

Caí en una profunda depresión y comencé a fallar en todas mis clases. Me escabullí para ir a vivir con mis padres y me sentí paralizada mientras mi familia balbuceaba en torno a mí. Mi madre rompió mi bloqueo al decirme: «Sacúdete». Mi padre sugirió que me enlistara en el ejército, diciendo que un poco de disciplina me haría bien.

Después de enlistarme en la Marina, fui violada nuevamente, esta vez por mi superior. El segundo incidente fue resultado directo de mi respuesta al primero... Simplemente estaba tan aterrorizada en ese momento como para resistirme. Llegué a odiar mi cuerpo, mi cara, mi personalidad chispeante, todo lo que «atrajera» a los hombres para atacarme, creyendo que de alguna manera era mi culpa.

Hay algo malo en mí. Creí que había algo inherentemente malo en mí que hacía que la gente me hiciera cosas malas. Mi pregunta no era «¿Por qué yo?», sino más bien *«Obviamente yo».*

Cargar y abandonar la vergüenza. Durante las siguientes dos décadas, cargué con el trauma, la vergüenza y el miedo conmigo como una mancha oscura en mi alma. Cojeando esos años como un animal herido, la confianza que tenía en mí misma estaba hecha añicos. Aunque salía, vivía en constante miedo de que la gente averiguara sobre las violaciones y se alejara disgustada.

Cuando cumplí treinta, el dolor emocional se hizo más grande que mi capacidad de contenerlo y fui a terapia. Pasé los siguientes diez años trabajando en muchos puntos. Conforme mi valor crecía, comencé a defender a otras que habían sido victimizadas. Fui voluntaria en juntas para crisis por violación y violencia doméstica, presidí un centro de defensa de menores y trabajé como directora de asuntos relacionados con víctimas para la oficina del fiscal de Carolina del Norte. En el proceso obtuve la licenciatura y la maestría y me convertí en una experta internacional en temas de víctimas del delito.

Un impacto a nivel global. Una mañana, entoné mi afirmación diaria frente al espejo: «Te amo». Generalmente estas palabras hacían que entornara los ojos, pero en ese momento me di cuenta de que ¡lo decía en serio! Finalmente percibí que no debía ya cargar con la vergüenza; ésta pertenecía al hombre que me violó. Escapé del infierno y había creado por mí misma un espacio de paz y gozo duraderos. Era verdaderamente libre.

Esa conciencia abrió los grilletes que me habían tenido prisionera durante cuatro décadas y de pronto tuve acceso a una vasta fuente de energía y creatividad. La convertí en mi misión de vida para usar mi recién hallado poder de tener un impacto a nivel global. Hoy soy autora de *Neptune's Gift: Discovering Your Inner Ocean (El don de*

Neptuno: Descubriendo tu océano interior) y fundadora y jefa ejecutiva de 10 for Humanity[5] (10 para la Humanidad), que desarrolla diez tecnologías innovadoras para reducir los crímenes y la violencia diez por ciento en la siguiente década.

PELEA HACIA LA LUZ. Si has sido víctima de violación, abuso o violencia doméstica, busca un modo de ayuda. La terapia puede ayudarte con los sentimientos de culpa y vergüenza que te paralizan emocionalmente y también en recuperar tu preciosa autoestima.

Más importante: sigue trabajando hasta que transformes el trauma en gozo. Enfrenta el trauma en una pelea hacia la luz. Extiende la compasión y el perdón (por ser una víctima) hacia ti misma y luego extiéndelos hacia otros que hayan experimentado un dolor como el tuyo. Al hacerlo, crearás felicidad para ti y para otros, y habrás encontrado el secreto de una vida feliz.

La historia de Jillian

Yo era una pequeña niña afroamericana que creció con su madre y su padrastro blanco. Viví muchas experiencias horribles, incluyendo que me violaran a los once años y quedarme sin casa a los quince. Cuando descubrí que estaba embarazada a los dieciséis, supe que debía encontrar una forma de darle la vuelta a mi vida por el bien de mi pequeño hijo por nacer.

IRA Y ABANDONO. Mi madre me corrió de la casa cuando tenía quince años. La maldije a ella y a Dios. Estaba especialmente enojada con Dios porque no podía creer que un Dios amoroso permitiera la desgracia de un niño.

---

5   Para mayor información sobre CJ, su organización y *Neptune's Gift* (iUniverse), visita www.cjscarlet.com.

SUPE QUE LAS COSAS TENÍAN QUE CAMBIAR. Después de haber dejado las calles y de que naciera mi bebé, seguía enojada con el mundo. Me sentía sola, asustada y vacía. Con los años he logrado muchas cosas, como graduarme de la universidad, un entrenamiento en artes marciales y ganar dos cintas negras, volverme reportera del *Wall Street Journal* y trabajar en la industria del entretenimiento como escritora y productora. Sin embargo, mi dolor emocional hacía difícil que abriera mi corazón al amor. Luché por ser amorosa y compasiva con mis hijos.

A pesar del maravilloso éxito, por desgracia seguía involucrándome con hombres que eran tóxicos o abusivos. Pero finalmente llegué al punto donde supe que las cosas debían cambiar y tenía que acudir a terapia para mi proceso de sanación.

PERDÓN: EL PRIMER PASO HACIA EL AMOR. Supe que no podía aprender a amar a un hombre porque no me amaba a mí misma. Tenía que aprender a perdonarme y perdonar a quienes me lastimaron... especialmente a mi madre. El perdón es el primer paso hacia el amor; sin embargo, éste es un proceso. Ya no tengo mentalidad de «víctima»; en su lugar, me rodeo de personas que me animan, que son positivas y amorosas y que quieren lo mejor para mí.

PUEDES TRANSFORMAR TU VIDA. Estoy orgullosa de decir que he criado tres hijos maravillosos. Mi hijo mayor tiene grado de maestría y es profesor en el Departamento de la Defensa. Mi hijo mediano es actor y productor de cine y televisión. Mi hijo menor está en la universidad y trabaja en la banca. Mis memorias, *Here I Stand*[6] (*Aquí estoy*), fueron publicadas recientemente. También soy *coach* de vida, experta en entrenamiento y bienestar y conferencista motiva-

---

6 Para saber más sobre Jillian y *Here I Stand* (Infinity Publishing), visita el sitio www.jillianbullock.com

cional a través de mi programa *Fighting Spirit Warriors* (*Espíritus guerreros luchadores*), que permite a todas las mujeres ser victoriosas y no víctimas.

Mucha gente comete errores y piensan que sus vidas están arruinadas para siempre, pero no tiene que ser el caso. Puedes transformar tu vida y lograr el éxito, la felicidad y tener un propósito.

¿QUIÉN ME ESTÁ OBSERVADO?: EL ACOSO

La definición legal de acoso es: «El curso de una conducta dirigida a una persona específica que causa que una persona razonable sienta temor». Aunque es una definición legal resumida, la definición emocional del acoso es mucho más complicada para ponerla en palabras. En última instancia, el acoso resulta en una variedad de pérdidas para las víctimas: pérdida de la seguridad, pérdida del sentimiento de estar a salvo, pérdida de independencia, pérdida de confianza... La lista es muy larga.

¿Lo peor? Ya sabemos cuáles pueden ser los peores resultados del acoso. Por otra parte, las estadísticas relativas a los incidentes de acoso son alarmantes.[7] Se estima que:

- Aproximadamente 6.6 millones de personas son acosadas cada año en los Estados Unidos.
- Una de cada seis mujeres ha experimentado cierto grado de acoso en algún momento de su vida (incluida tu segura servidora).

---

7   Fuente: Centro de Investigación Sobre el Acoso del Centro Nacional para las Víctimas del Crimen. Visita www.victimsofcrime.org/our-programs/stalking-resource-center.

- Aproximadamente sesenta y seis por ciento de las víctimas femeninas de acoso son el blanco de alguien cercano o al menos conocido.

Añadimos a la capacidad de victimizar a nuestro viejo amigo: Internet. Reitero nuevamente que creo que la red es un instrumento más bueno que malo, pero la dolorosa realidad es que es también otra herramienta disponible para el arsenal de los acosadores que puede utilizarse terriblemente. Internet también añadió la palabra «ciber acoso» tanto a nuestro léxico como a las fuerzas del orden.

No todo son malas noticias. Hubo algún tiempo en que la policía ayudaba menos en contra de los acosadores en tanto no se presentara una amenaza física. Un acosador era libre de hacer todo lo que quisiera a sus víctimas, y las fuerzas del orden tenían que esperar hasta que hubiera un daño físico; las amenazas verbales o las tácticas de acoso (llamas telefónicas, correspondencia escrita, irrupción en el lugar del trabajo de la víctima, merodear constantemente frente al hogar de la víctima) no eran motivos legales para detener a un acosador.

Aunque el progreso ha sido lento, hay avances en las leyes antiacoso en los Estados Unidos. California fue el primer estado que introdujo e hizo vigentes las leyes antiacoso, en parte debido al apuñalamiento de la actriz Theresa Saldana en 1982 y al brutal asesinato premeditado de la actriz Rebecca Schaeffer en 1989, ambos a manos de fanáticos trastornados. Y, aun cuando la ley varía de un estado a otro y de país a país, los cincuenta estados de la Unión Americana actualmente cuentan con una ley antiacoso.

No obstante, con todo y las leyes antiacoso, las unidades de los departamentos de policía y las agencias federales dedicadas a la captura, persecución y condena de los acosadores, este delito persiste y, como demuestran las cifras mencionadas, es un problema mayor que causa muchas víctimas.

Elaine* tenía treinta y tantos años, estaba divorciada desde hacía algunos años y recién había terminado una relación larga, cuando dos amigas la convencieron de ir juntas al evento de fin de año en un local de cinco estrellas. Aunque no estaba segura de estar lista para otra relación, no creyó que hiciera daño salir con amigas. Pensó que tal vez sería algo que la devolviera al campo de batalla de las citas.

Esa noche de fin de año cambió su vida por siempre.

La historia de Elaine

Conocí a Greg* en un evento para solteros la noche de fin de año. Era muy guapo y amigable y parecía justo mi tipo. Dijo que se dedicaba a su propio negocio de reparación de computadoras, lo cual significaba que tenía gran flexibilidad de horarios. Le gustaba viajar, bailar e ir a nuevos restaurantes. Yo estaba emocionada cuando me pidió mi número de teléfono y mi dirección de correo, porque había muchas mujeres bellas a las que podía pedírselo.

Me llamó al día siguiente, lo cual me sorprendió porque era el día primero del año. Me sentí halagada de que llamara tan pronto. Me invitó a cenar al día siguiente y, como no tenía nada que hacer, decidí ir. Me encontré con él en el restaurante y me sorprendió su manera de actuar, como si ya fuéramos novios. Era muy intenso para ser la primera cita y era muy incómodo. No soy pudorosa ni cerrada, pero creo que ciertas cosas físicas no deben pasar en la primera cita. Dijo que cuando me vio en la fiesta de Año Nuevo fue amor a primera vista. Me sentí incómoda toda la cita, pero seguí siendo amable.

Al final de la noche, le agradecí e intentó besarme, y aclaré que yo no besaba en la primera cita. Pareció molesto y expresó: «Pero ya te dije que estoy enamorado de ti». Expliqué que me sentía halagada, pero que no era así de rápida.

Ya no quería volver a salir con él, y eso no es raro. Mucha gente sale en una cita, se da cuenta de que no va a funcionar y no vuelve a salir. Pero, a primera hora del día siguiente, empezó a llamarme. Dejaba mensajes de voz casi cada hora y entonces empezó el correo. Me preguntaba por qué no quería salir de nuevo con él, que él me amaba y estábamos destinados a estar juntos. Hablé con él una vez y traté de rechazarlo amablemente diciéndole que pensaba que no iba a funcionar. No me escuchaba.

Finalmente escribí un email y pidiéndole que dejara de buscarme, pero no hizo caso. Después de eso, los mensajes y los emails pasaron de ser amables a ser muy desagradables. Me llamaba descarada, zorra y otras cosas peores. Traté de cambiar mi número de teléfono y mi correo, pero no funcionó. De alguna forma volvió encontrarme (supongo que porque hacía reparaciones de computadoras y sabía cómo obtener información), y dijo: «¿Pensaste que te ibas a deshacer de mí? Eres más tonta de lo que pensé».

Comencé a rastrear las llamadas y a imprimir los correos. Llamé a la policía y me recomendaron que obtuviera una orden de restricción. Estaba en el proceso de obtener una orden definitiva [se tenían que llenar papeles y acudir a una audiencia], cuando Greg envió un email diciéndome que sabía dónde vivía e iba a venir para que pudiéramos hablar en persona y yo viera cuánto me amaba. Supe que estaba en problemas y llamé al 911. Justo a tiempo, Greg llamó a la puerta de mi casa, y, por fortuna, dos patrullas de policía llegaron detrás de él. Fue arrestado por acoso y por violar la orden de restricción. La policía también buscó en el automóvil de Greg y encontró una pistola cargada y un cuchillo. Me dijeron que tenía un récord criminal [que incluía delitos violentos], y más tarde fue acusado de *hackeo* de computadoras, cuando encontraron que había *hackeado* mi computadora.

ME CULPÉ POR TODO LO OCURRIDO. Sentía que merecía lo que había pasado porque le di mi teléfono y mi dirección de correo. Fue un terapeuta que trabaja con las víctimas de crimen quien me ayudó a comprender que no había sido mi culpa. Me dijo que los acosadores quieren que sus víctimas crean que son ellas quienes crearon la situación y que el acosador no es responsable de sus acciones.

LA TERAPIA ME PUSO EN EL CAMINO CORRECTO. Aun cuando él ya estaba en la cárcel, yo seguía teniéndole miedo. Tenía miedo de salir, incluso de ir al trabajo o a la tienda, y estaba convencida de que podía encontrarme en mi teléfono o por email. Me arrebató la libertad porque estaba convencida de que, de alguna manera, saldría de la cárcel y me buscaría.

Cuando mi familia y mis amigos vieron lo que me estaba pasando, se reunieron y me sugirieron que fuera a terapia. Fui con un terapeuta que trabaja con personas que presentan trastorno de estrés postraumático después de delitos como acoso, robo, situaciones con rehenes, secuestro y ataque sexual. Cambió mi vida y me puso de nuevo en el camino correcto. Tomó un tiempo, pero después de unos meses comencé a sentirme bien de nuevo y ya podía salir de casa sin temor.

CONQUISTANDO EL TEMOR Y ENCONTRANDO EL AMOR VERDADERO. En lugar de llevarme a juicio, el fiscal ofreció un trato con el que estuve de acuerdo. No quería volver a verlo nunca más. Se declaró culpable de varios cargos además del acoso y del hackeo de computadora, y recibió una sentencia de más de diez años.

Después de mi experiencia, temía ir a una cita de nuevo. Pensé que todos los hombres del mundo eran como Greg y no quería volver a vivir lo mismo. Mi terapeuta me recordó que la mayoría de las personas son buenas y no quieren hacerme daño, y que sólo tuve mala suerte [con Greg].

Cerca de dos años después de que Greg fue a prisión, conocí a un hombre fantástico. Es dulce y comprensivo y nunca trató de presionarme para tener una nueva relación. Luego de salir cerca de un año nos comprometimos y un año más tarde nos casamos. Nos mudamos a otro estado por el trabajo de mi esposo y me dice que, mientras él viva, nunca más tendré que tener miedo, y me siento mucho mejor de no vivir cerca de donde está Greg.

No hagas esto sola. Mucha gente sigue sin tomar en serio el acoso, pero es un delito grave. Incluso las víctimas al principio no creen que sea serio o piensan que pueden manejarlo por sí solas. Yo traté de manejar la situación por mí misma y no me percaté de que ya lo tenía encima. No trates de manejar los incidentes de acoso tú sola, y, si nadie te toma en serio, ve a la policía.

No fue mi culpa haber sido acosada. Obviamente hay algo que lleva a la gente a comportarse de esta manera y, sea lo que sea, no provino de mí. Aprendí a dejar que la gente volviera a entrar en mi vida y a confiar. Estoy muy feliz de haberlo hecho, porque así es como conocí a mi esposo.

Si te acosan, no te culpes. Busca ayuda tan pronto como puedas, de la policía y de un terapeuta. También hay grupos de apoyo para víctimas de acoso, y, aunque yo no acudí a ninguno, mi terapeuta dice que son de gran ayuda para mucha gente. No dejes de vivir tu vida, no tienes por qué hacerlo. Esperé mucho para darme cuenta.

¿Cómo puedes ayudar?

Hay muchas cosas implícitas para seguir adelante después de haber sido víctima de un delito. Como con cualquier trauma, hay aspectos prácticos, emocionales y mentales que vencer; sin embargo, tratándose de delitos, muchos de esos aspectos (gran cantidad de ellos de orden práctico) son extremadamente urgentes. Puedes ayudarla en su proceso de sanación inmediatamente después de cometido el delito.

Lo que hay que hacer

- **Asegúrate de que se preserve la evidencia**: Odio sonar muy clínica, pero mi instinto legal y mi entrenamiento salen a la superficie de vez en cuando y es demasiado importante como para no hablar de ello.

   Si alguien que conoces ha sido víctima de cualquier tipo de delito, ayúdale a preservar toda la evidencia lo mejor posible. Crea una lista de cosas que hacer para evitar que se olvide algo. Por ejemplo, si fuera el caso, asegúrate de que grabe los mensajes de voz o los conserve en algún medio digital para evidencia, asegurándote de incluir hora y fecha (si es necesario guarda una copia). Impriman las comunicaciones vía email como evidencia. De inmediato toma fotografías de las lesiones físicas. En caso de haber escena del crimen, también toma fotografías si es posible.

   Si el delito tiene que ver con algún tipo de agresión (sexual o no), guarda todas las ropas que ella usó (ropa interior incluida), y, si te enteraste recién ocurrieron los hechos, dile que *no* se bañe o lave o trate de destruir sus ropas. En lugar de eso, debe acudir a la sala de emergencia más cercana para que puedan tomarse muestras de evidencia física. Si todo eso es posible, ve con ella al hospital o al médico para brindarle el apoyo que tanto necesita.

- **Sé compasiva**: CJ relata: «Compartí parte de mi experiencia con un doctor para tratar de averiguar si yo estaba perdiendo la razón. Me tocó suavemente en el hombro con una mirada de profunda compasión que me hizo llorar. Me dijo que yo estaba bien y que todo iba a salir bien».

   Un oído atento y deseoso de escuchar conforta mucho a una víctima que lo necesita desesperadamente. Escúchala tanto como lo necesite.

- **Aliéntala a que busque ayuda:** Los perpetradores de tan horrendos crímenes cuentan con que sus víctimas estén avergonzadas, apenadas o temerosas de buscar ayuda o de hablar sobre lo ocurrido. Es triste, pero muchas víctimas hacen justamente eso: se quedan calladas. El silencio no ayuda a nadie (excepto al delincuente). Múltiples estudios y estadísticas demuestran cómo los criminales que no son aprehendidos y castigados, tienden a delinquir de nuevo.

  Quien haya enfrentado esta clase de monstruosidades de las que hablamos en este capítulo, necesita apoyo y rápido. Ofrece conseguirle información y, si es adecuado, puedes acompañarla a una reunión de grupo, personal o al tipo de sesión que ella decida. Elaine dice: «Habría estado perdida sin la terapia, pero a mi familia y a un par de amigos les resultó fácil convencerme de que buscara ayuda. No estoy segura de haber logrado superar la experiencia sin ayuda».

  Encontrarás recursos al final de este capítulo para compartirlos con cualquiera que conozcas que haya sido víctima de violencia doméstica, abuso, abuso infantil, violación y/o acoso. Busca la ayuda que necesita tan pronto como sea posible.

Sin duda, lo que no hay que hacer

- **Nunca culpes a la víctima de un delito:** «Tal vez si no te vistieras tan sexy...»; «Tú lo dejaste porque [le diste información/fuiste a su casa/lo invitaste a tu casa/lo besaste, etcétera]»; «¿No viste que iba a ser violento?».

  Increíble, pero es un lugar común sostener que la víctima, al menos en parte, es responsable de los horrores que ha experimentado a manos de otro. Holly comparte: «Una vez alguien me preguntó: "¿Qué hiciste para que te hiciera eso?". Otra persona me dijo: "¿Cómo pudiste no saber que era así?

Tenías que haber visto las señales". Estas son las peores cosas que alguien puede decir. Sin importar lo que alguien haga, nadie se merece atravesar lo que yo viví, y nada justifica lo que él hizo. Nada de lo que me hizo fue mi culpa y sus acciones son cien por ciento su responsabilidad».

La única cosa que puedo añadir es «amén».

- **No cuestiones sus reacciones del momento:** «¿Te resististe?»; «¿Gritaste?»; «¿Por qué no le picaste un ojo?»; «Si hubiera sido yo, habría…».

No hay manera de que alguien sea capaz de predecir las acciones que tomará en una situación de lucha-fuga. Por más bien informados que estemos respecto a medidas defensivas, cuando tu vida corre peligro, tu instinto es preservarla en cualquier forma posible. No puedes juzgar cómo alguien lo haga o, peor aún, cómo crees que tú lo habrías hecho, estando en las mismas circunstancias.

Una víctima necesita ser recibida con alivio y gratitud por estar viva. No preguntes por sus tácticas de defensa ni regales tus cuentos de los supuestos superpoderes que habrías desplegado estando en su lugar.

- **No salgas con «Te lo dije»:** «Sabía que no era bueno»; «Ya me sospechaba que algo así podría pasar»; «Cómo me hubiera gustado que me escucharas cuando te lo advertí».

¿Por qué seguimos discutiendo de «Te lo dije»? Porque parece que sucede con demasiada frecuencia. ¿La gente realmente necesita sentir su superioridad cuando alguien está sufriendo? Si alguien tiene ese nivel de necesidad de tener la razón —especialmente en situaciones así—, yo reevaluaría sinceramente su lugar en mi vida.

Incluso si tenías razón, incluso si se lo advertiste e incluso si eres buenísima para predecir los resultados, ahora no es momento de hacer hincapié en esto y la víctima no es la persona a quien debes decírselo. Guárdate tus opiniones y cualquier pronóstico para ti misma.

DE UNA MALA EXPERIENCIA A DÍAS MÁS BRILLANTES. El denominador común entre estas valientes mujeres es que se negaron a que sus atacantes determinaran su destino. Se rehusaron a que las circunstancias criminales robaran su espíritu, su amor por la vida y su determinación de hacer que algo bueno saliera de experiencias horribles. El valor que cada una mostró al contar sus historias demuestra que no sólo están preocupadas por ayudar a otras, sino que continúan con sus propios viajes de sanación.

Recuerda que las mujeres que han compartido sus historias no son «otras mujeres». Son gente que tú conoces, puede que se trate incluso de ti misma. Si estás en una posición de peligro o amenaza, por favor utiliza todos los recursos que a continuación aparecen. Dile a alguien. Habla con todo el mundo. Más que nada, recuerda que, sea física, emocional o verbalmente, el amor *jamás* debe doler.

Ellas salieron.

Ellas huyeron.

Ellas rechazaron ser intimidadas por un criminal y decidieron seguir adelante.

Corrieron alejándose del dolor y fueron hacia la *vida*.

Tú también puedes.

PARA ASISTENCIA INMEDIATA

- Si tú o tus hijos están en peligro inminente llama inmediatamente al 911.
- Línea Nacional de Violencia Doméstica: 1-800-799-7233 / www.thehotline.org.
- RAINN (Red Nacional de Violación, Abuso e Incesto): 1-800-656-4673 / www.rainn.org.

- Adultos sobrevivientes de abuso infantil (incluye acoso): www.ascasupport.org.
- Línea de víctimas de acoso Horizonte Seguro: 866-689-4357.
- Santuario y Soluciones para Víctimas de Acoso: www.stalkingvictims.com.*

---

* En México, consultar:
  - Instituto Nacional de las Mujeres, 53226030.
  - Asociación para el Desarrollo Integral de Personas Violadas A.C., 56827969.
  - Fondo Semillas, 55530109.

CAPÍTULO QUINCE

LA «AMANTE» DE LA QUE NADIE HABLA: VIVIR CON ABUSO DE SUSTANCIAS

TODOS CONOCEMOS LA HISTORIA. El abuso de sustancias puede atacar con igualdad de oportunidades. No discrimina. No conoce edad, género o condición socioeconómica. Latente o explícita, oblicua u obvia, nada es más importante para un consumidor de sustancias, que la sustancia en sí misma.

Aun así, creemos…

Creemos que somos «diferentes» a cualquier persona que es, ha sido o será un abusador en su vida. Tenemos el poder de dejarlo porque nosotros somos más importantes que la sustancia. Creemos que «eso» (código para «el abuso») «mejorará» (código para «mágicamente desaparecerá») cuando nos mudemos juntos/nos casemos/tengamos un bebé/tengamos *otro* bebé/tengamos más dinero…

Excepto, que *no* mejora…

Pero aun así… creemos.

Hasta que inevitablemente empeora.

A pesar de nuestras creencias, nuestros mejores esfuerzos y de que creamos que de alguna manera somos más grandes, mejores o más valiosos que la sustancia de la que abusemos, la triste verdad es que no podemos competir con una sustancia y ganar… al menos hasta cierto punto, la *sobriedad* se vuelve más importante para el abusador que la sustancia misma.

Tammye McDuff[1] es una talentosa escritora con una amplia lista de credenciales y que, acorde con las apariencias, tenía todo a su favor... y, sin embargo, se encontró viviendo en un escalofriante e impredecible mundo con un esposo que abusaba del alcohol. Su historia es más que inspiración, bien puede salvar vidas.

La historia de Tammye

Conocí a mi esposo en el trabajo. Era superintendente de construcción en un proyecto para el que yo había recaudado fondos. Al trabajar juntos, nos hicimos amigos y comenzamos a salir. Yo estaba consciente de que tomaba, pero no era consciente de cuánto tomaba. Nunca había conocido a un alcohólico, a un tomador en serio. Confieso que era inocente a ciertas señales y «banderas rojas».

Cuando mi esposo y yo empezamos a vivir juntos, noté un vaso de whisky en el fregadero por la mañana. Al principio pensé que era de la noche anterior, pero pronto me di cuenta de que bebía antes de irse al trabajo por la mañana. Cuando lo confronté al respecto, me hizo una promesa... Si la bebida se interponía en nuestra relación, la dejaría.

Con los años, su forma de beber se incrementó. Se encontraba con amigos en el bar local, luego tomaba varios tragos más al llegar a casa. Nuestra relación tocó fondo cuando comenzó a ir a bares después del trabajo en lugar de venir a casa, y a veces sus amigos me llamaban para que fuera a recogerlo.

Mi esposo perdió su trabajo a causa de la bebida. Le recordé su promesa de que, si la bebida interfería en nuestra relación, la dejaría; dije que tenía que escoger entre la bebida y yo. Respondió: «Nunca voy a dejar de beber...», y eso terminó con nuestra relación.

---

1   Para saber más de Tammye, visita: www.facebook.com/tammye.dunn.

LA GENTE ENTRA Y SALE DE NUESTRAS VIDAS POR UNA
RAZÓN. Siempre he creído que la gente entra y sale de nuestras
vidas por una razón, y nunca vamos a comprender realmente algunas
de esas razones. Cuando me di cuenta de cuánto tomaba mi esposo,
honestamente pensé que podría ayudarlo a dejar la bebida. Hubo un
momento en que dejó de tomar. Estuvo sobrio seis meses y, durante ese tiempo, su salud volvió, su relación con sus padres y sus hijos
comenzó a mejorar y bajó de peso.

MUCHAS PÉRDIDAS Y RETOS. Mi esposo y yo vivíamos en una
hermosa casa propiedad de sus padres. Amaba esa casa. Sabía que
no podía quedarme, pero había acumulado dos perros y cinco gatos.
También empecé a cuidar de mis padres y comencé a trabajar en el
negocio de mi padre.

Cuando mi esposo recayó, su actitud cambió. En lugar de ser un
«bebedor feliz» se tornó agresivo e insolente, con peleas furibundas
desde temprano por la mañana. Para cuando nuestra relación terminó, empezó a usar drogas alucinógenas. La gente con quien se jun-
taba era bastante cuestionable, y en cierto momento creí que él
mismo vendía drogas; llevaba un celular extra, y lo recogía y llevaba
un hombre en una camioneta negra a todas horas.

Yo tenía un rottweiler llamado Roxanne y, cuando los conocidos
de mi esposo se acercaban a la puerta, Roxanne les impedía el paso.
Uno de ellos amenazó con acabar con la vida de Roxanne y la mía.
Hice saber a mi esposo y a este caballero que, si volvía a mi casa, dejaría suelta a Roxanne y llamaría a la policía. El hombre nunca volvió.

Al mismo tiempo, la vista y el oído de mi madre comenzaron a
fallar. Ya no podía manejar y hubo muchos incidentes en los cuales
olvidaba que estaba cocinando y las sartenes ardían en llamas. Mi
padre seguía activo, pero empecé a notar que «cojeaba» de la pierna
derecha y olvidaba cómo llegar a ciertos lugares que antes le eran
familiares. Pasaba la mayor parte del tiempo cuidando de mis padres

durante el día. La única cosa lógica para mí fue volver a casa, a los cincuenta años.

No nada más enfrentaba la pérdida de mi relación, sino también el dolor de que mi esposo prefiriera el alcohol por encima de su familia, el estrés de sacar adelante el negocio de mi padre y la dificultad de mi madre por tener que recargarse en mí para sus actividades diarias. Además, perdí amigas: otras mujeres que, en algún tiempo, pensé que eran mis amigas.

ENCONTRAR LA SANACIÓN A TRAVÉS DEL YOGA Y DE LA ESCRITURA. Lloré mucho y me sentí sola y abandonada. Me dolía el corazón. Años antes había hecho un gran trabajo de terapia a causa de mi divorcio. Sabía los pasos que debía seguir para sanar, así que los escribí, y continué escribiendo. Vacié mi corazón en esas páginas. El sentido común me decía que para poder sanar completamente debía tomar el control. También tenía que poner límites y asegurarme de que la gente supiera qué podía y qué no podía decirme.

Comencé a tomar clases de yoga, aunque mis creencias espirituales fueron golpeadas fuertemente. Cuestioné mi fe y a quienes decían ser mis amigos. Cuestioné todo. Pero seguí con mis clases de yoga. El instructor y yo nos hicimos buenos amigos, y me enseñó a moverme a través del dolor, cómo resolver mi pérdida y cómo sanar.

ARRIÉSGATE A HACER UN CAMBIO. Todos los días reviso una cita de Raja Yoga de Swami Vivekenanda: «Toma una idea. Haz de esa idea tu vida; suéñala; piensa en ella; vive esa idea. Permite que el cerebro, el cuerpo, los músculos, los nervios, que cada parte de tu cuerpo se llene con esa idea, y deja de lado cualquier otra idea. Este es el camino del éxito».

Recuerda que, sin importar en qué situación te encuentres, puedes salir de ella. Nada es permanente. Arriésgate a hacer un cambio. Al inicio puede ser difícil, y corres el riesgo de perder familia, amigos o novios. ¿Pero cuánto vale tu felicidad? Intenta comunicarte. Alguien estará ahí para tomarte de la mano y ayudarte a salir adelante.

¿Cómo puedes ayudar?

El abuso de sustancias afecta a todos los que están relacionados con el abusador en cualquier forma. Si alguien que conoces vive con un abusador de sustancias, necesita tu ayuda y tu consuelo.

Lo que hay que hacer

- **Como en el capítulo anterior, si sospechas que ella está en peligro inminente o existe cualquier situación potencialmente peligrosa (por ejemplo, la amenaza real de violencia física, armas en casa, etc.), toma acción inmediata:** Dentro de los límites de tu propia seguridad, haz todo lo que puedas para sacarla de la situación y, si es necesario, llama a las autoridades. Trágicamente, un gran número de incidentes de violencia doméstica (incluido el asesinato) ocurren cuando hay alcohol o drogas de por medio, y lo más triste es que hoy en día el nivel de intoxicación se utiliza como defensa en los juzgados.

- **Ayúdala a encontrar apoyo para sus seres queridos que consumen sustancias:** Grupos como Al-Anon[2] y Nar-Anon,[3] son excelentes recursos de apoyo para amigos y seres queridos que lidian con la adicción de otro.

- **Recuérdale que la adicción *no* es a causa de ella, *no* es su culpa y *no* es su responsabilidad:** No permitas que acepte la etiqueta de chivo expiatorio que probablemente le ha pues-

---

2 Para mayor información sobre Al-Anon, visita www.al-anon.alateen.org.
3 Para mayor información sobre Nar-Anon, visita www.nar-anon.org.

to el adicto. El sello característico de un adicto es culpar a todos y a todo lo que pasa a su alrededor de sus circunstancias y, por desgracia, muchos de los seres queridos afectados aceptan la culpa y el veneno que se les ha lanzado, hasta que se dan cuenta de que la adicción no tiene nada que ver con ellos y sí tiene todo que ver con el adicto.

• **Ayúdale a comprender que un adicto es adicto por sus propias acciones y, por ende, son ellos quienes deben buscar ayuda**: Un adicto no se hace adicto a causa de quienes están a su alrededor, esta es una de las primeras realidades que tienen que aprender. Además, un adicto no puede y no buscará ayuda hasta *a)* que reconozca que tiene un problema, *b)* desee buscar ayuda y *c)* ponga en práctica esa ayuda.

Sin duda, lo que no hay que hacer

• **No evalúes la situación con base en las apariencias**: «Pero es tan buena gente»; «Nunca lo he visto tomado/drogado»; «¿Cuál es el problema si de vez en cuando se excede?»; «Todos necesitamos relajarnos».

Habiendo tenido una experiencia personal en esta área (antes de mi matrimonio con Mike), déjame compartirte algo sobre los adictos. Pueden ser maestros de la manipulación, el disfraz y la decepción. Pueden tener actuaciones dignas de los premios de la Academia. Pueden convencer a sus colegas de trabajo, familiares y amigos que son «el alma de la fiesta» o «el fiestero» que sólo bebe socialmente, y nunca usaría drogas excepto con fines medicinales. Y, como la mayoría de los adictos también se mienten a sí mismos sobre su enfermedad, no es difícil esta actuación.

Déjame también compartirte un secreto acerca de los seres queridos de los adictos, la gente que tiene que vivir con la adicción todos los días. Ellos también pueden ser los maestros del disfraz. Por fuera, pretenderán que todo es maravilloso; por dentro, están avergonzados porque saben la realidad, y se sienten indefensos porque no tienen el poder de cambiar el comportamiento del adicto. Sobre todo, están asustados a morir porque el monstruo llamado Adicción ha invadido sus vidas… y por el tipo de mañana que ese monstruo puede traer.

En otras palabras, no tienes absolutamente idea de si lo que ves es real.

Requiere mucho valor que alguien comparta la realidad de su vida como miembro de la familia de un adicto. Si alguien decide compartir esa verdad contigo, debes reconocer el valor que tiene y no poner en duda la seriedad de lo que te está diciendo.

- **No insinúes que la adicción es su culpa**: «¿Hiciste algo para causar esto?»; «¿Antes era así?»; «Tal vez es "así" por tu [trabajo/hijos/situación financiera/otras potenciales fuentes de "culpa"]».

Una de las lecciones más importantes que he aprendido en la vida (y ahora celosamente enseño) es que no puedes controlar las acciones de otros y, ciertamente, no puedes controlar las consecuencias de sus acciones. La realidad es que la única actividad que puedes controlar es la tuya. Por tanto, los adictos no necesitan buscar más lejos que en el espejo para encontrar al culpable de la situación.

Sea que alguien se eche la culpa por sí solo, o que se la eche el adicto («Por tu culpa soy así») y aun cuando no podamos controlar las acciones de los demás (mucho menos las acciones de un adicto), los seres queridos de los adictos tienden a culparse a sí mismos. No alimentes este mito.

- **No la alientes a permanecer en una situación que no va a mejorar o que puede ser peligrosa o dañina**: «Tienen hijos juntos, deben seguir unidos por su bien»; «¿Qué hay de eso de "en la salud y en la enfermedad, en lo próspero y en lo adverso"?»; «Puedes empeorar las cosas si te vas»; «¿No crees que deberías seguir a su lado?».

Nunca he entendido por completo eso de «quedarse juntos por los niños». ¿Qué resultado positivo puede obtenerse al criar a un niño en un ambiente de adicción y propicio para el abuso? ¿En qué forma es exactamente productivo y positivo para un niño ver a un padre viviendo en una espiral destructiva (la única dirección que conoce la adicción) y al otro padre sufriendo por esa situación?

Si un adicto continúa por el camino de la adicción en vez de buscar la ayuda que necesita, es su decisión. Sin embargo, no es obligación de la persona (o personas) que viven con él continuar con esa vida en función de una lealtad no valorada, o por un sentimiento de culpa o por la presencia de hijos. En todo caso, estas son excelentes razones para dejarlo.

DE UNA MALA EXPERIENCIA A DÍAS MÁS BRILLANTES. Amar y/o vivir con un adicto es, en el mejor de los casos, una de las formas más horribles de estrés que se puedan imaginar, y, en el peor, es un riesgo potencial para ti (y para tus hijos si es el caso). Sea el mejor o el peor de los escenarios, una cosa es cierta... no es forma de vivir.

Primero debes comprender que cualquier decisión de un adicto para buscar ayuda, apoyo o un cambio de vida debe provenir de *él*. Además, la motivación para que un adicto busque ayuda no puedes ser tú, tus hijos, un trabajo o algo que no sea el deseo de dejar de vivir dependiendo de una sustancia que dicta cada decisión y acción en su vida.

Una vez que comprendes esto, debes medir el tamaño del control de lo que sí eres capaz de controlar, y, como ya sabes, sólo tienes control sobre *ti* misma. Busca ayuda inmediatamente, sea la ayuda mencionada aquí o en cualquier lugar (iglesia, sinagoga, otros grupos de apoyo). No tienes que hacer esto tú sola, ni debes intentarlo.

Días más brillantes llegarán cuando la adicción ya no sea parte de tus preocupaciones diarias. Cuando llegue ese día (sea porque tu ser querido tomó la decisión de buscar la ayuda que necesita o porque tú tomaste la decisión de separarte de esa situación), sentirás que respiras aire fresco y disfrutarás del sol en tu rostro por vez primera. El día que la adicción ya no gobierne tu vida en ninguna forma sin duda será tu día más brillante.

CAPÍTULO DIECISÉIS

Y VA DE NUEVO: CUANDO LAS HISTORIAS MALAS SE REPITEN

LA PREGUNTA MÁS COMÚN que me hacen sobre la viudez (tanto mujeres como hombres) es: «¿No te dio miedo volver a enamorarte después de haber enviudado? ¿No temes volver a enviudar?».

La respuesta es sí… *cielos*, sí. Volveré a esto más adelante.

Cuando hemos vivido una mala experiencia y nos hemos recuperado, es natural que tengamos miedo de que se repita. Lo contrario requeriría de superpoderes que no poseemos.[1] Sin embargo, la tercera pregunta que se debería hacer es: «¿Nos mantenemos conscientemente asustados de lo que pueda pasar, rechazando vivir en el presente y para el futuro?».

Ya conociste a Louise (capítulo once, «La oscura nube de la incertidumbre»), quien vivió la seria enfermedad de su esposo en dos ocasiones diferentes. Ahora daremos un vistazo más cercano a esa «segunda ocasión» con Natalie, quien también vivió una segunda ronda de algo malo. Y, aunque esta no es una posición nada envidiable, Natalie nos enseña que incluso esa doble porción de cosas malas

---

1   Ya sabes lo que quiero decir… los mismos superpoderes que me permitirían levantarme por las mañanas luciendo genial, comer pan ácido de San Francisco sin que se me acumulara en las caderas y eliminar la hora pico del tráfico.

no nos debería impedir seguir viviendo, y definitivamente no debería impedirnos amar de nuevo.

La historia de Natalie

Había estado felizmente casada por diecisiete años cuando mi esposo, Kenny, fue diagnosticado con leucemia. Duró un año después del diagnóstico y falleció. Para cuando murió tenía cuarenta y dos años, y nuestros niños tenían diez y siete años.

Tres años después de la muerte de Kenny, conocí a Tim a través de un amigo del trabajo. Era divorciado y se mostró totalmente comprensivo con mi situación, incluso simpatizaba con el hecho de que fuera viuda. Comenzamos a salir y llevamos las cosas despacio. Tim también tomó con calma la situación con mis hijos para que comprendieran que no trataba de reemplazar a su papá.

Después de salir casi por dos años, Tim me propuso que me casara con él. Estaba tan feliz y emocionada por todos nosotros. Los niños lo amaban y nunca pensé que estaría de nuevo tan enamorada. Tuvimos una pequeña boda con los niños, nuestras familias y amigos cercanos. Fue un día feliz.

Llevábamos casi dos años y medio de casados cuando un día Tim comenzó a quejarse de un dolor en el pecho mientras veíamos televisión. Le dije que se vistiera y lo llevaría a emergencias. Mientras se vestía, Tim se desvaneció. Grité, llamé al 911, mientras mi hijo mayor corría a la puerta a buscar ayuda. Empecé a realizar la maniobra de resucitación y los paramédicos llegaron en menos de tres minutos.

A pesar de que hicieron todo lo posible y la sala de emergencias trabajó en Tim otros veinte minutos, no pudieron salvarlo. Murió de un infarto masivo, y yo era viuda otra vez.

MI FELICIDAD ME HABÍA SIDO ARRANCADA... DE NUEVO.
Suena egoísta, pero lo primero que pasó por mi cabeza fue: «No
puedo creer que me esté pasando esto de nuevo a mí». Tuve que
decirles a los niños que otra vez atravesábamos por lo mismo, y,
aunque eran ya un poco mayores, era igualmente difícil. Veían a Tim
como un segundo padre y ahora volvían a perder a su papá. No podía
comprender por qué cada vez que encontraba la felicidad, me era
arrebatada.

VOLVÍ A CREER EN MÍ MISMA DE NUEVO. Muchas personas
alrededor de mí esperaban que automáticamente supiera qué hacer
debido a la muerte de Kenny, pero me resultó mucho más difícil
aceptar que esto volviera a sucederme. Sentía que había una maldición sobre mí, o que yo era una maldición para otros, para aquellos
de quienes me enamoraba.

Aunque hubiera vivido la pérdida de un esposo, fue más difícil
emprender el camino de sanación, porque esta vez pensaba: «¿Para
qué?». Sentía que tan pronto como empezara a sentirme mejor y las
cosas volvieran a la normalidad, algo terrible iba a suceder de nuevo.
Mis hijos me ayudaron a superar esto, me decían: «Mamá, no se trata
de nosotros». Comencé a pensar que si mis hijos creían tanto en mí,
yo podría también creer en mí misma.

SOY CAPAZ DE AMAR OTRA VEZ. Necesitaba estar ahí para mis
hijos, pero no quería esperar mucho para hacerme cargo de mí como
hice la primera vez. Volví a pensar en las cosas que me ayudaron
después de la muerte de Kenny, como ir a grupos de apoyo de duelo
en la iglesia, leer libros y hacer ejercicio, y empecé a hacer esas cosas.
También dejé que los chicos decidieran cuándo volver a sus actividades y deportes.

No he empezado a salir de nuevo, pero estoy bien así. Me he
concentrado más en mi trabajo y en mis hijos, y he iniciado nuevas

actividades. Me he involucrado con el yoga y tomo lecciones de arreglos florales. Me gusta ser creativa y, aunque parezca extraño, me ayuda con la pena que aún siento.

A pesar de que no salgo con nadie, creo que estaré lista. Tengo mucho amor que dar, y sé cuán afortunada soy por haberme casado con dos hombres extraordinarios. Lo único que sé ahora, lo cual no sabía cuando Kenny murió, es que soy capaz de amar de nuevo tanto como los amé a él y a Tim.

ÁBRETE A TU FUTURO. Es terrible enviudar dos veces, pero no pienso ya tanto en eso; ahora pienso cuán afortunada soy por haberme casado con Kenny y con Tim. No me quiero concentrar en lo negativo. Mucha gente no logra siquiera tener un buen matrimonio y yo ya tuve dos.

Si atraviesas por algo malo por segunda vez, recuerda que no hiciste nada para atraerlo ni tampoco lo merecías. Trata de ver el lado positivo. También encuentra algo que te ayude con tu dolor, como un pasatiempo o una actividad que te lleve a conocer nuevas personas. Leer ayuda mucho también.

No temas al futuro sólo porque atravesaste por algo terrible más de una vez. Cuídate y ábrete a lo que el futuro te pueda traer.

¿Cómo puedes ayudar?

La sola idea de una segunda ronda de dolor es atemorizante. Cuando alguien se encuentra en esa situación, necesitas confortarle y darle seguridad de inmediato.

Lo que hay que hacer

- **Inmediatamente asegúrale que una segunda ronda no tiene nada que ver con ella:** Muchas veces he oído respecto a una segunda ronda de viudez cosas como: «Atraigo la mala suerte» o «Estoy embrujada» o «Soy la viuda negra».[2] Natalie comparte que sintió ser una «maldición» para las personas que estaban con ella. Entre tú y yo, eso puede sonar tonto, pero, para alguien que está viviendo una mala segunda experiencia, el sentimiento es muy real. Hazle saber que, sin importar cuál sea esa mala experiencia, no es ella quien la causa. No es su culpa. Es simplemente el resultado de vivir y, por eso mismo, esta vez le tocó a ella ser desafortunada al tener que repetir la experiencia de una mala situación. Esto la consolará mucho.

- **Aliéntala a que utilice su previa experiencia a su favor**: Acompáñala en un viaje hacia atrás en el tiempo. ¿Qué hizo antes que la ayudó? ¿Qué hicieron otros que apreció? ¿Qué funcionó y qué la ayudó a sentirse mejor? Este ejercicio estimula su proactividad. La estás ayudando a recordar cómo lo enfrentó la primera vez, los pasos que debe de dar y, lo más importante, que ella *puede* salir una segunda vez adelante.

  P. D.: Al preguntarle qué hicieron otros por ella la primera vez y en qué la ayudaron, escúchala atentamente. Luego haz algunas de esas cosas.

Sin duda, lo que no hay que hacer

- **No infundas miedo**: «¿No te da miedo [perder a otro ser querido de nuevo/accidentarte de nuevo/que te engañen de nuevo/etcétera]?»; «¿En verdad quieres darte otra nueva oportunidad?».

  Es momento de otra aclaración. Pongámonos de acuerdo en que todos tenemos miedo de todas estas cosas y de otras

---

2 Tratándose de viudez, dejemos claro que el término «viuda negra» *sólo* aplica para las arañas con un puntito rojo en su panza.

más, y, si hemos sufrido ya alguna de estas situaciones o similares, realmente no queremos volver a estar ahí.

¿De acuerdo? Bien. Ahora repite la pregunta anterior. ¿Tener miedo nos debe impedir volver a enamorarnos, volver a subir a un auto por cualquier razón, viajar, embarcarnos en una nueva relación, etcétera… por la posibilidad de volver a sufrir algo malo?

No lo creo.

Como dije al inicio de este capítulo (por favor revisa donde dice *cielos, sí*), no pasa un solo día sin que tema perder a mi Dave. He escalado la montaña de la viudez una vez, y es un recorrido que ni quiero volver a hacer ni recomiendo. El miedo de perderlo hace que mi corazón lata desacompasado. Me mantiene en vela por las noches… y, si creo que duerme demasiado profundamente, debo admitir que reviso si respira.[3]

No obstante, cuando consideré hace muchos años la alternativa de quedarme encerrada porque tenía mucho miedo de salir, de no abrazar plenamente la vida, de no volver a amar, me pareció una opción muy inviable. El síndrome de ELA ya nos había robado mucho. ¿Por qué optar por dejar que esa maldita enfermedad se llevara más de lo que ya tenía?

No tiene caso infundirle miedo a alguien que ya de por sí tiene miedo. Lo que hace falta es animarla a que encuentre una nueva relación, se enamore, vuelva a subirse al auto, haga otro viaje o, en general, evite que el miedo a una nueva mala experiencia defina su presente y su futuro.

• **No impongas *tus* decisiones de vida:** «Ya he atravesado por eso y no lo volvería a vivir»; «Yo ya [me divorcié/enviudé/fui engañada/perdí mi casa, etcétera]».

---

3   Una vez despertó y me sorprendió haciéndolo. Fue bastante vergonzoso.

Lo he visto millones de veces y tú también. Alguien que conocemos atraviesa por algo malo, unilateralmente decide que «todos los hombres son infieles, mentirosos o cretinos en general» o que «todos los matrimonios terminan en divorcio» o que comprar una casa no vale la pena (o lo que sea), y, como esa persona decide en tal sentido, entonces tú debes decidir lo mismo. ¿Quién sabe? Tal vez quiere ser la emisaria de la desgracia (y todos conocemos a alguien así); tal vez quiere que te inscribas en el Campamento de Amargura junto con ella; tal vez en el fondo no quiere verte feliz. ¿Quién sabe?

Para ser claros, no quiero decir que haya nada malo con quien se opone a volverse a casar, comprar otra casa, comenzar un nuevo negocio, etcétera, si esa es su elección verdadera. Si, en cambio, tu «elección» es el resultado de estar muy atemorizada, muy amargada, muy enojada por lo que la vida te ha dado o una mezcla de todo lo demás, entonces no está bien.

Tampoco debe ser la elección de alguien más…, es *tu* elección.

No impongas tus elecciones de vida a nadie más. Si tú estás feliz con tus elecciones, fantástico. Sin embargo, si buscas que alguien te siga en tus decisiones simplemente porque no puedes soportar ser miserable en soledad, busca en otra parte. Alguien que acaba de atravesar una difícil situación no necesita que nadie refuerce esa situación.

• **No insinúes que una segunda vez es más fácil o menos dolorosa:** «No es tu primera vez, ya tienes experiencia en esto»; «Simplemente haz lo que hiciste la primera vez»; «Te estás volviendo experta».

Vivir por segunda ocasión una situación difícil, no es una habilidad en la que has invertido muchas horas de práctica para lograr la maestría. Es horrible. Seamos honestos, experimentar cualquiera de estas experiencias que has leído es desgarrador por decir lo menos. Enfrentar la misma experiencia una segunda vez (o una tercera o quinta o décima vez) escapa a toda comprensión.

Natalie dice: «Me impresionaba la gente que esperaba que yo manejara la situación sin llorar y sin estar triste, porque ya antes había enviudado. Algunos me trataban como "tú ya has hecho esto" y como si fuera una drogadicta doliente».

Dejémoslo claro: *Nadie* quiere tener experiencia para manejar estas situaciones. Las pérdidas múltiples son trágicas. Sin importar de qué se trate esta segunda ocasión, es una tragedia y es un enorme peso para los afectados. Como dije refiriéndome a las cirugías múltiples (capítulo nueve, «Esperanza interrumpida»), esto no es tenis... No es algo que queremos practicar esperando con ello hacernos mejores.

DE UNA MALA EXPERIENCIA A DÍAS MÁS BRILLANTES. Sin importar cuál haya sido la mala experiencia previa, la «segunda vez» es el riesgo que corremos por el simple hecho de vivir tan plenamente como sea posible, y creo con todo mi corazón que es un riesgo que sigue valiendo la pena correr.

No permitas que el miedo de una segunda mala experiencia te paralice y la gente que de algún modo alienta ese tipo de parálisis se salga con la suya. No dejes que una segunda ronda te impida vivir plenamente como quieres vivir, amar de la forma que quieres amar y experimentar todo lo que está esperándote. De otro modo, es rendirse al poder de la bestia llamada Miedo, al que *jamás* debes darle poder.

Sobre todo, recuerda que la definición de valor no es «no tener miedo». La verdadera definición de valor es tener miedo... y seguir adelante de todas maneras.

CAPÍTULO DIECISIETE
LA TRAGEDIA DE LOS «PANQUEQUES»

Cuando comparto la historia del Viaje de Sanación de mi familia ante diversas audiencias, generalmente sólo comparto una parte de la historia. Diez días antes de la muerte de Mike, nuestro tío cometió suicidio premeditado; de hecho, Kendall y mi madre estaban en el funeral cuando yo estaba con Mike en cuidados intensivos en el hospital donde estaba muriéndose. Tres semanas después de la muerte de Mike, estaba en un viaje de negocios cuando me desmayé. Tomé un vuelo a casa, me sacaron en silla de ruedas del avión, y de ahí fui al hospital, donde me operaron doce horas más tarde, enfrentando la duodécima de las trece cirugías abdominales a que me han sometido. Seis semanas después, recibí una llamada telefónica que me informó que mi padre había sido ingresado en el hospital. Lo habían diagnosticado con metástasis de cáncer en el hígado y falleció nueve semanas después.

Todos estos eventos ocurrieron en un lapso de cuatro meses.

Rápidamente acuñé la expresión «tragedia de los panqueques», definida como las cosas malas que se acumulan una encima de otra, tan cerca entre ellas, que escasamente tienes oportunidad de asimilar lo que te está pasando.

April Dawn Ricchuito es una maravillosa escritora cuyo trabajo lo define Fran Drescher como «una gran lección para todos acerca de seguir la intuición y la sabiduría del cuerpo». April[1] enfrentó múltiples retos de salud, y, por si fuera poco, perdió su trabajo un día antes de someterse a cirugía mayor. Ella comparte su historia de la tragedia de los panqueques y su determinación para triunfar sobre lo que parecía insalvable.

La historia de April

En el verano de 2009, comencé a sentirme extraña. Tenía horribles dolores de cabeza y estaba exhausta al punto de quedarme dormida frente a la computadora. Tenía problemas de visión y poco apetito porque nada me sabía bueno. Para el otoño mis periodos se hicieron pesados e irregulares. Me enviaron a ver a muchos médicos que practicaron numerosos estudios, uno de los cuales arrojó un punto sospechoso en mi tiroides. Cuando fui a ver a mi internista para los resultados de mi escaneo cerebral, me dijo que mi glándula pituitaria estaba bien, pero «podrías tener cáncer de tiroides. Vuelve en seis meses porque el nódulo es muy pequeño como para hacer una biopsia». Tenía sólo veinticinco años.

Tan pronto como oí la palabra «cáncer» automáticamente pensé que el doctor había pronunciado una sentencia de muerte. Entonces me volqué en mi trabajo. Me había graduado con una maestría en trabajo social y me desempeñaba de tiempo completo como terapeuta en el Departamento de Justicia Juvenil. También trabajaba medio tiempo para una compañía de maquillaje, esperando realizar mi sueño de convertirme en maquillista de celebridades. Literalmente, no tenía tiempo libre entre ambos trabajos, y debido a mi estado de salud estaba muy agotada.

---

1   Para saber más sobre April, visita www.verbalvandalism.com.

Mientras proseguía con las citas del médico, mi trabajo se hacía cada vez más intolerante a mis ausencias. Cuando mis empleadores me confrontaron, cometí el error de pensar que se preocupaban por mí. Expliqué por lo que estaba atravesando [con mi salud] y sus actitudes hacia mí cambiaron drásticamente. Pasé de ser una empleada estrella constantemente halagada por su dedicación, pensamiento innovador y programas de desarrollo, a ser alguien bajo el microscopio. Estaba bien consciente de que trataban de encontrar una manera de deshacerse de mí, y me puse en contacto con el Departamento del Trabajo, que abrió una investigación.

Los doctores decidieron que sólo había una forma de averiguar lo que estaba sucediendo en mi tiroides, y era mediante la remoción de la mitad izquierda. La cirugía se programó, y, para mi sorpresa, mi empleador aprobó mi ausencia médica. El día anterior a la cirugía fui despedida por «bajo rendimiento laboral».

ASUMIR LO PEOR ME IMPULSÓ. Debido a que inicialmente asumí lo peor, tuve el impulso de hacer todo lo que había querido hacer. Estaba asustada, confundida e incierta sobre cómo manejar mis sentimientos, por lo que me fui a Nueva York. Mudarme a miles de kilómetros fue una irresponsabilidad sabiendo que podría estar severamente enferma y no tenía seguro, ni trabajo, ni mucho dinero. En ese momento, no me importó… Sentí que había perdido lo que trabajé y me encantó. Me acababa de graduar y debía estar en el mundo, no acostada en una cama de hospital.

EL CAMBIO DE VIDA ME LLEVÓ A UNA NUEVA VIDA. Como prácticamente no conocía a nadie en Nueva York, estaba sola a cargo de mí misma. Tenía que lidiar con mis sentimientos y aprender a cuidar de mí. Me sentía independiente y liberada. Comencé a meditar, hacer yoga, tomar jugos, a hacer cambios en mi vida que hasta hoy mantengo.

PUEDO CONVERTIR UN OBSTÁCULO EN UNA OPORTUNIDAD. Después de la cirugía, gané casi treinta kilos de peso antes de que me prescribieran el tratamiento. Estoy perdiendo ese peso y recuperando mi confianza en mí apariencia.

Me siento confiada en que, al enfrentar la adversidad, puedo cuidar de mí eficazmente y, en una situación de «nada o húndete», puedo nadar. Tengo confianza en que puedo convertir casi cualquier obstáculo en una oportunidad, en tanto ajuste mi actitud como convenga. He aprendido a ser paciente conmigo misma.

TÚ ERES LA JEFA DE TU VIDA. Incluso cuando las cosas se ven sombrías, aguanta, porque vienen días mejores. Confía en el proceso y en tu lucha. Confía en ti misma: la intuición de la mujer es maravillosa. Ya sabemos las respuestas; tenemos todo dentro de nosotras. Gana desde adentro, y nunca te faltará.

Aprende a ver las oportunidades en lugar de los obstáculos, porque, si eres determinada, encontrarás al menos algo positivo en la situación. No tengas miedo de cambiar. Ya lo hice yo algunas veces y no tengo miedo de hacerlo de nuevo.

¿Cómo puedes ayudar?

Cualquiera que viva una situación de tragedia de los panqueques está abrumada, ansiosa, exhausta y siente que su vida es un caos. Tienes una maravillosa oportunidad de estar con ella, tranquilizarla y darle equilibrio en una etapa tumultuosa de su existencia.

Lo que hay que hacer

- **«Un salto a la vez»**: Esta es una estrategia utilizada y probada que mi madre me enseñó cuando estaba en medio de mi tragedia de los panqueques. Me encontraba totalmente abrumada por los bienes de mi padre, mientras resolvía la venta de una propiedad que Mike y yo teníamos en otro estado y que requería pasar por un proceso probatorio, enfrentaba fechas inamovibles con el inminente Bat Mitzvah[2] de Kendall. Entonces mi madre me sentó, me entregó una hoja de papel y en términos equinos[3] preguntó: «¿Quién salta primero?». Comencé a jerarquizar de acuerdo con el calendario, y, conforme avanzaba con la lista, las prioridades tomaban forma. Ya no veía todo como una masa informe que me paralizaba. En cambio, pude ver por mí misma el orden y la prioridad de lo que se debía hacer, un salto a la vez.

Emplea la misma técnica. Siéntate con ella en un lugar tranquilo ante una taza de café, donde nadie las interrumpa, y pregúntale qué se debe hacer primero. ¿Qué sigue después de eso? Una vez que ella empiece a ver el orden, irá relajándose… y el sentimiento de caos y de nudo en la garganta comenzará a desvanecerse.

- **Recuérdale amorosamente que tiene derecho a dolerse por cada situación de forma individual:** El deseo colectivo de nuestra sociedad es apresurar el proceso de duelo, y la gente que vive una tragedia de panqueques tiende a amontonar todo en una gran pila de dolor. Años después, quizá se sorprendan de pronto al verse lamentando una situación a la que no prestaron especial atención anteriormente.

---

2   Un evento que es tan complicado como una boda en términos de tiempo y gasto, con el añadido de que tu hija debe aprender una gran cantidad de hebreo y tienes que apoyarla.

3   Plática equina. Imposible contar la cantidad de veces que mi madre relaciona todo con caballos; siempre tiene una metáfora del caballo para cada ocasión, una sonrisa, un dicho, situación o dilema.

A quien sufra una tragedia de panqueques es necesario recordarle que los retos son individuales y deben ser tratados en consecuencia. Es fácil perder de vista ese hecho en medio de lo que parecen aguas turbulentas donde una mano invisible te jala hacia el fondo. Tú puedes recordarle eso y confortarla.

Sin duda, lo que no hay que hacer

- **No la trates como una molestia**: «Eres la reina del drama»; «¿Y ahora qué pasa?»; «Siempre te pasa algo, ¿verdad?»; «Tienes una maldición».

  Todos esos comentarios con los típicos ojos mirando al cielo.

  Antes de que digas (o pienses) algo, pregúntate si la situación de los panqueques en su vida es algo que ella (o alguien) buscaría intencionalmente. Pregúntate si acaso hay mejores formas de llamar la atención. Por último, pregúntate si *alguna* de las frases mencionadas la harán sentir mejor.

- **No trates de hacer bromas o aligerar la situación**: «Llueve sobre mojado»; «Al menos tú si estás sacando todo de una vez»; «Trata de encontrarle el lado amable».

  Aunque la frase «Llueve sobre mojado» es metafórica, en realidad no veo lo positivo cuando otros la dicen. También te garantizo que no hay ventaja alguna en «sacar todo de una vez», como cuando Mike y mi papá murieron con diferencia de meses, ni fue divertido ni hubo un lado amable.

  Toma esas situaciones tan en serio como lo son para la persona afectada. Nadie anda en busca de la tragedia y seguramente nadie busca todas las tragedias a la vez. Déjales los chistes a los comediantes profesionales.

DE UNA MALA EXPERIENCIA A DÍAS MÁS BRILLANTES. Como alumna de la tragedia de los panqueques que alguna vez sintió que había tantos «panqueques» que sólo faltaba la botella de miel, comprendo el miedo que da encender la computadora y ver la temible bandeja de entrada. Recuerdo que quería contestar mi teléfono con un «¿Y ahora qué sucedió?», en lugar de un gentil «Hola, habla Carole». Entiendo totalmente los retos que implica aceptar, hacer malabares y tarde o temprano superar tragedias múltiples.

La buena noticia, como compartió April, es que se puede lograr.

Haz tu mejor esfuerzo para mantener separadas cada una de las situaciones. Tienes derecho de enfrentar cada situación de manera individual, sin evadirlas. Ten presente que un duelo ignorado es un duelo que volverá.

Por último, recuerda que, a pesar de tu situación de panqueques, dolerte por cualquier tipo de pérdida, reto o experiencia que altere tu vida es un derecho, no un privilegio. Además, es la certeza de que, aun durante las temporadas más oscuras, las nubes de tormenta pasan… y los «panqueques» desaparecen.

CAPÍTULO DIECIOCHO

UNAS LÍNEAS SOBRE LA PALABRA «C»

LO VOY A DECIR... *Odio* la palabra «c».

La mayoría de las mujeres odian la palabra «c».

Nunca uso la palabra «c» porque *nunca* hay un buen motivo para usar la palabra «c».

¿Usas la palabra «c»? Si es así.... deberías avergonzarte.

Es terriblemente ofensiva.

Y no, no estoy hablando de *esa* palabra «c».

La palabra «c» es la palabra más dañina en términos de un Viaje de Sanación.

¿Qué otra palabra «c» podría ser más obvia?

CIERRE

La palabra «c» es absolutamente horrible... y la palabra «c» no merecería una discusión si no siguiera siendo un gran problema.

Sin importar cuál sea la mala situación que hemos vivido, tal como se usa hoy, «cierre» se refiere a un misterioso componente que asumimos como una desesperada búsqueda en nuestros Viajes de Sanación. El «cierre» se ha convertido en la meta última que, se supone, debemos lograr. Esta meta, evidentemente, se alcanza cuando una mañana nos despertamos y de repente decimos *¡tan-tan!* El dolor, la tristeza, la ira, el duelo y, al parecer, hasta la experiencia misma desaparecieron en conjunto de nuestra psique. Después del momento «¡tan-tan!», entonces alzamos las manos y decimos: «Muy bien, asunto cerrado. Estoy mejor. ¿Qué sigue?».

Cuántas veces te han dicho: «Ahora tendrás el cierre» (o palabras semejantes). ¿Lo has escuchado una vez? ¿Dos? ¿Ocho mil veces? Entonces te voy a ahorrar mucha frustración en la búsqueda del famoso cierre, mediante la revelación de un secreto colosal:

No existe tal «cierre». Deja de buscarlo.

Cuando la noticia de la muerte de Osama Bin Laden llegó a los noticieros en mayo de 2011, yo pasaba muchas horas en la televisión. Sin embargo, unos momentos después de que el presidente anunció que la mente maestra detrás del peor atentado terrorista en la historia estadounidense (así como de otros terribles actos terroristas en el mundo) estaba muerto, los reporteros, analistas y, lo peor del caso, quienes se hacían llamar «expertos» (y que supuestamente sabían más) tomaron los micrófonos, los teclados y lanzaron la palabra «c» en referencia a los sobrevivientes de las víctimas del 11 de septiembre de 2001: los sobrevivientes de los militares, cuerpos de seguridad, bomberos y rescatistas fallecidos, y muchos otros que murieron como resultado directo del 11 de septiembre.[1]

De manera alarmante, la actitud colectiva fue: «¡Viva! Bin Laden está muerto. Ahora estos sobrevivientes tendrán su cierre».

¿En serio?

¿Acaso alguien se puso a pensar que, en lugar de ese mítico cierre, muchos de los sobrevivientes estaban reviviendo el duelo? ¿Que, en vez de hacer la danza de la celebración o de destapar botellas de champaña por el «cierre», estas almas valerosas estaban de vuelta

---

1   Debido a enfermedades por toxicidad.

en un lugar de horrible dolor? ¿Que la curita que precariamente cubría la dolorosa herida acababa de ser arrancada para volver a exponer la herida? ¿Que tal vez este evento sólo trajo terribles recuerdos de la pesadilla de su vida?

¿Acaso alguien una sola vez consideró que, como resultado de la muerte de Osama Bin Laden, muchos sobrevivientes sentirían literalmente que volvían a empezar su duelo desde cero?

Y justamente eso fue lo que dije al aire.

He aquí una noticia de última hora (y quizás esta debió ser la noticia de última hora): Cualquier experiencia mala es algo que se mueve *hacia adelante*. Se vuelve parte de ti. No la «cierras». No deja de existir.

Durante años he hablado y hablado sobre el «cierre» y de por qué no existe tal cosa respecto a las malas experiencias. Cerrar es algo que los cirujanos hacen cuando terminan una operación. Cierre es lo que sucede en el carril de alta velocidad de la autopista después de un accidente, generalmente en la hora pico. Por desgracia y, como muchos suelen definirlo, el «cierre» aparentemente significa que tú tienes el deseo o la capacidad de dejar una mala experiencia en el pasado. En esencia, «cierre» es una manera diplomática de decir «Deja eso atrás, ya terminó, es asunto cerrado», porque o bien la gente está incomoda con la situación o no le importa lo que has vivido o lo que estás viviendo justo ahora. La «pandilla del cierre» dicta tu límite de tiempo para que tu mala experiencia sane... y no quiere escuchar nada más de ello porque en su mente está ya «cerrado».[2]

Ahora, no confundas cierre con sanación. Absolutamente debes buscar la sanación y avanzar de manera saludable. Pero ¿«cierre»? *¡Jamás!*

---

2   Supongo que alguien que te dice que ya lograste el «cierre» es más diplomático que quien dice: «No quiero oír hablar del tema, ¡ya cállate!».

Primero, no puedes tener algo que no existe, y sabemos que el cierre no existe. En segundo lugar, incluso si tuvieras la capacidad de «cerrar» tu mala experiencia, ¿por qué *querrías* hacerlo? ¿Por qué voluntariamente querrías cerrarte a una parte importante de tu vida? ¿Yo he sanado y he seguido hacia adelante desde la trágica pérdida y del agudo dolor por la muerte de mi esposo y los dos dolorosos años que antecedieron a su partida? Sí, claro. ¿He tenido un «cierre»? Absolutamente no.

A todos los valerosos sobrevivientes de malas experiencias repito con alegría lo que he compartido en otros dos libros, numerosos artículos y programas de diversa índole. Más que pensar en su Viaje de Sanación en términos de lograr un «cierre», los invito a que piensen en sus malas experiencias como el evento que cambia la vida y desde donde salen *adelante*. ¿Quieres dejar ese horrible sentimiento de pérdida y angustia? Desde luego que sí. Pero ¿azotar la puerta de tu pasado? Claro que no. En cambio, haz que tu experiencia de pérdida te impulse hacia *adelante* en una nueva vida.

Es mi más sincero deseo que a través de la educación persistente y de estar en la hermandad femenina digamos ¡basta! a la palabra «cierre», que más bien se limite a las cirugías y autopistas. Hasta entonces, seguiré haciendo ruido y diciéndoles a los millones de personas con el corazón roto y con hoyos en su alma que no tienen que «cerrar» nada.

Ni ahora... ni nunca.

CAPÍTULO DIECINUEVE
¿ES REALMENTE POSIBLE EL «VIVIERON FELICES POR SIEMPRE»?

LA RESPUESTA BREVE es un rotundo *¡sí!*

¿Te diste cuenta del común denominador que marca todo este libro? Todas y cada una de las mujeres que valerosamente compartieron sus historias se sobrepusieron a las circunstancias que las golpearon.

Perseveraron.

No se rindieron.

No escucharon a quienes eran negativos o no las respaldaron.

Cada una de estas mujeres diseñó y definió su Viaje de Sanación y su futuro.

Debes recordar que tu pasado —como sea que haya sido— definitivamente te dio forma, pero no te tiene que definir. Si estás enfrentando una mala situación de cualquier clase, es importante que sepas que el proceso de duelo es vital para la sanación; sin embargo, no estás destinada a vivir en un estado de pena por el resto de tu vida. Recuerda lo que aprendiste antes: *No* tienes que conformarte con permanecer donde estás ahora... si no es donde quieres estar.

Volvamos al 22 de diciembre de 2000, cuando empezó nuestro viaje. A continuación, viene la segunda mitad del proceso de pensamiento que, en última instancia, se convirtió en una herramienta de enseñanza para quienes enfrentan una pérdida o tienen un reto en su vida:

La sanación inicia con una decisión. Ese paso pequeñito...

Y entonces decidí (y mientras lees, quiero que imagines que eres tú misma hablando contigo misma):

- **Aunque haya vivido un evento devastador que alteró mi vida o surja un reto que parece insuperable, todavía estoy aquí y tengo derecho a la vida que quiero**: No tengo que esperar una cantidad precisa de tiempo para comenzar o continuar mi Viaje de Sanación, y no voy a cuestionar mi derecho a vivir feliz. Conformarme con menos que la vida que he elegido para mí nunca será una opción.
- **Mi Viaje de Sanación es mío**: Me pertenece a mí y a nadie más. No me puedo comparar con otras personas, y mi mala experiencia no puede ser comparada con la de nadie. Aunque haya gente que desearía que lo hiciera, no puedo «apresurar» mi Viaje de Sanación y, por esa razón, no voy a tratar de evitar mi proceso de sanación. Sanar no es ni rápido ni fácil, y en verdad honro cualquier cosa que siento, en vez de dejar que las opiniones de otros dicten cómo «debería» sentirme.
- **Reconozco que no puedo evitar el proceso de duelo, y tratar de hacerlo sólo ocasionará que mi dolor resurja tarde o temprano**: También reconozco que no tengo que hacer todo esto sola y voy a rodearme del apoyo de personas que comprendan exactamente por lo que he pasado. Si no siento que avanzo, consultaré con mi doctor, mi clérigo, mi terapeuta, un experto en salud mental o con quien esté en posición de ayudar.

Me abro a conocer a nuevas personas, sobre todo las relacionadas con lo que he vivido y que comprenden por lo que estoy atravesando ahora: Durante los periodos difíciles, cuando sienta que la fe en mí se tambalea, volveré con aquellos que crean en mí, en lugar de acercarme a aquellos que me hagan ir más abajo.

- **Reconozco que no todo mundo estará de acuerdo con lo que hago o cómo lo hago; sin embargo, mientras no me lastime a mí misma o a nadie más, seguiré mi Viaje de Sanación en la forma que me acomode**: Admito además que mi identidad y mi autoestima nada tienen que ver con mi estado marital presente o futuro, con la forma como me veo, con el rumbo de mi carrera, con un número en una báscula, con la acumulación de bienes materiales o con cualquier otra cosa que haga opinar a los demás. Mi identidad y mi autoestima vienen del interior y mi opinión sobre mí misma sigue siendo la más importante.

- **Admito que no puedo controlar las circunstancias de vida y/o las actividades de otras personas**: Las cosas malas están fuera de mi control, en verdad, *fuera de mi control*. Por esa razón rechazaré la humillación, la culpa, la vergüenza o cualquier sentimiento de pena. Además, no utilizaré estos sentimientos como una forma de rechazar a aquellos que realmente se preocupan por mí y sólo quieren mi sanación y mi felicidad.

- **Reconozco que mi Viaje de Sanación no es simplemente sobre mis malas experiencias o mis necesidades**: Me doy cuenta de que hay gente alrededor de mí que requiere mi ayuda. Comprendo que esa gente puede dudar en llamarme o invitarme por temor a ser inoportuna; voy a asegurarles a esas personas que soy receptiva a sus llamadas e invitaciones para actividades sociales tranquilas. Además, ocasionalmente seré yo quien levante el teléfono para hacer invitaciones. Si es aplicable, también aceptaré ofertas de ayuda práctica que encajen en mi zona de confort, recordando que dejar que me ayuden también los ayudará.

- **Acepto que no puedo controlar el hecho de haber sufrido una mala experiencia, pero *puedo* controlar qué voy a hacer con ello**: Sea lo que sea que decida hacer o intentar, lo haré comprendiendo que explorar nuevas oportunidades y experiencias, no pone en entredicho o falta al respeto a mi pasado. Estoy tomando control de una mala situación sobre la que pude haber tenido poco o ningún control al honrar mi pasado sin seguir viviendo en él, dándole la bienvenida al presente, diseñando mi destino y abrazando el futuro con mi decisión.

Y a través de la oscuridad, la luz comienza a brillar de nuevo.

La pesada calma finalmente se llena con risas y esperanza.

Llega la paz.

No tiene que doler para siempre.

No tiene que ser siempre oscuro.

No tiene que ser una vida sin risas, sin nuevas posibilidades...

O amor.

¿Y sabes qué más descubrí?

Cuando en silencio te preguntas: «¿Es *esto* realmente así?».

«Esto» no tiene que ser «así».

Toma tu decisión.

Recuerda que, si piensas que puedes, puedes...

Y, si piensas que no puedes, tienes razón.

Las cosas malas suceden, pero las cosas malas no tienen la última palabra.

Las cosas malas son solamente una pequeña parte del viaje de tu vida, no tu destino.

No te enfoques en «No puedo» o «No debo» o en «¿Qué van a pensar?».

Cambia tu enfoque en «Puedo», «Voy a...» y «¿Qué es lo que *yo* quiero?».

Grita al mundo tu declaración de sanación... y viaja hacia adelante.

Deseándote que veas solamente bendiciones y «cosas buenas», ahora y siempre.

Tu viaje continúa...

Desde... *ahora*... mismo.

AGRADECIMIENTOS

La autora amorosamente y llena de gratitud reconoce a todos aquellos sin quienes su éxito habría sido completamente imposible:

Al increíble equipo de visionarios y optimistas personificados: Mi agente, Dr. Sidney Harriet, y Agents Ink, desde mis inicios en el mundo de la escritura, ustedes han creído en mí, me han representado y no han cuestionado jamás la misión ni mi salud mental. Así como he compartido los retos, he compartido también los logros. También debo de expresar mi más sincera gratitud a Viva Editions y a todos en Start Media Group por su dedicación, compromiso y paciencia para llevar este proyecto a término, con un especial agradecimiento a Mia Amato, Susan Twum-Baah, Stephanie Lippitt, Meghan Kilduff, Karen Thomas, Gretchen Spiegel y Sid Orlando.

A mi «Escuadrón Glamoroso», sin quienes estaría perdida, Teddie Tillett, Ashley Hoffman, Brandon Hyman y Anna y todos los del «Equipo Princess». Gracias por ayudarme con mis puntadas de último minuto, haciendo que todo sucediera en la forma en que debe ser, y por ayudarme a ser el mejor «yo» posible (una sobrecogedora tarea).

Nada se habría logrado sin aquellos que desean ayudarnos a llegar hasta la audiencia que necesito. Doy mis más sinceras gracias a todos los miembros de los medios con quienes he tenido el privilegio de trabajar a través de los años, con especial a agradecimiento para: Deborah Norville, Amy Newmark y todos los editores y equipo de *Caldo de pollo para el alma*; Arianna Huffington, James Thilman,

Shelley Emling, Laura Rowley, Kristen Stenerson y todos los del *Huffington Post;* Nancy Redd y el equipo del *HuffPost Live;* Nate Berkus; David Cruz III y Nicole J. Adelman; Leslie Marcus y FOX/KSWB; Brooke Russell y CBS/KMOV; Jessika Ming-Yonekawa, Andrea Flores, Elaine Ledesma, Stacey Butler, Michael Joseph James y el maravilloso equipo de CBS2/KCAL9, que nos han apoyado durante tantos años; Shawn Tempesta, Dao Vu y ABC/KTNV; Cynthia Newdel y FOX/KVVU; Kim Iverson; Amy Morin; Mary Jones y Tony Borelli; Victoria Davis; Nick Lawrence; el dúo dinámico conformado por Stacey Gualandi y Pamela Burke; Gary Pozsik; Ben Merens; Francesca Bastarache; Tim Ridley y el equipo «Jacie y Jeep» de SiriusXM; Evan Gold y Deb Goldman; Dr. Stan Frager y Kate Chawansky; Sondra Forsyth y ThirdAge, y a todos y cada uno de los miembros de los medios con los que he trabajado a lo largo de los años. Gracias por ayudarnos a compartir nuestro mensaje de esperanza con los millones que necesitan escucharlo.

De la tragedia pueden surgir las bendiciones en forma de ángeles en la tierra. Mis ángeles en la tierra incluyen a la senadora Nina Turner, Kristen Higson-Hughes, Stacey Gualandi, Lee y Bob Woodruff, Lisa Kline, Jennifer Arches, Shannon Bell, Michelle Neff Hernandez y Michael Dare, James Alt, Randy Neece y Joe Timko, James Patrick Herman y Christopher Bahls. Gracias por ser los ángeles de la tierra en mi vida.

Todo mi amor a nuestra «Familia Ritz», las personas que me ayudaron a tenerme en pie durante los momentos más oscuros y quienes me apoyan hasta ahora. Especialmente a Beccy Rogers, Judy Simpson, Sharon Virtue, Jim Roberts, Staci Beech, Lisa Jenkins, Kim Guse, Stacey Fetterman, Taylor «Tay-Tay» Gibson, Moises Mejia, Noelle Williamson, «Uncle» Arthur Shegog y Walter «Uncle Stretchy» Yong.

A todo el equipo de Viudas en Tacones (WWS): sus contribuciones a la comunidad que apoyamos son sin duda muy numerosas, y a todos los cientos de voluntarios de WWS y embajadores en los

382 | COSAS MALAS QUE LES PASAN A LAS MUJERES BUENAS

Estados Unidos, Canadá, Reino Unido y Bermuda, mi profunda gratitud por el amor y el apoyo que han dado a tantos necesitados. Gracias a todos por hacer de Viudas en Tacones un pionero y líder en ayuda a millones para sanar.

Cuando la gente de tu pasado elige apoyar tu presente, se debe celebrar. Con gratitud celebro amorosamente este momento con: Nanci (Doran) Cooley, Karen (Anderson) Cooper, Laura (Billingsley) Evink, Susan (Venuti) Hampton, Lisa Guest, Taryn Whiteleather, Kathy (Green) Schutt, Nancy (Lum) Korb, Donna (Salvitti) Nagle, Pamela (Jaques) Marches, Dr. Carla Payne (¡Beach Boys por siempre!), Dr. Mark Ivanicki, Connie Skogen, Gary y Elissa Wahlenmaier, Doug Tatom (en amoroso recuerdo), Sharla Sanders, Mark y Tina Armijo, Gary y Kathy Bruce, Gene Genisauski, Derek y Stacey (Brewsaugh) Gee, Mercy Songcayauon Cheung, Rosie «Bing Bing» Gasche, Mariellen Belen, Lyn Ramirez, Royce Ramirez, Rachelle Basso y Rhonda Okurowski, Linda (Snyder) Steward (¡mi *roomie*!) y Debra Boyd (que siguen esperando en el mezanine sus enchiladas con pollo). Su amor y su apoyo significan todo para mí, y no doy por sentado a ninguno de ustedes.

A Bobby Slayton, por darme el regalo de la risa y el valor, por compartir a tus bellas hijas conmigo, por enseñarme a mantenerme verdadera en mi «cráneo interior», por recordarnos que siempre es bueno reír sin importar las circunstancias, y desde luego por tu maravillosa pizza casera Rosa. Te amo. Teddie Tillett Slayton, tú eres mi «hermana», mi corazón y mi centro de gravedad. No sé qué haría o dónde estaría sin ti, y ruego que todo el mundo tenga una Teddie en sus vidas que esté con ellos como tú estás conmigo. Te amo mucho. Natasha Tillett Slayton, siempre serás mi «hija postiza» y conforme alcanzas las alturas del éxito para las que has trabajado tanto, sigo de pie orgullosa a tu lado. Tu Mami C. te ama sin fin.

Joel Berman y Rob Gludt: ustedes me facilitaron un camino de enfermedad y muerte con compasión, amor y humor, y son brillantes ejemplos para otros. También del Departamento Mensch, están Hallie Berman y Rabbi Kelley Gludt: gracias por compartir a sus niños con nosotros y por veinte años (e incontables horas) de tiempo-de-chicas, aliento, escuchar, llanto, oraciones, risas y celebraciones. Los amo a todos.

Sin el amor, apoyo y comprensión de la familia no puede haber verdadero éxito. Mi familia normalmente se sacrifica mucho para que yo haga lo que hago... y ellos lo hacen con gracia y una sonrisa. Es con todo mi amor y de nuevo agradezco a mi pareja en la vida y en el amor, Dave «Stanno» Stansbury; mis maravillosas hijas, Kendall y Michelle, que me inspiran cada día a hacer más, ser más y esforzarme más duro, y a la creadora de tantos «Mam-ismos», mi madre, Eilene Clinkenbeard; así como a Kenneth «The Boss» Stansbury; Terry y Pam Stansbury y las familias Leeson/Gullick; David Clinkenbeard; Barbara Hedrick; Russell Gilbert, MD, y Kiyomi Gilbert; Max y Linda Ciampoli; Chuck Collins y Randy George; Gloria Rhodes y Jennifer Bulger; y a todos los miembros de las familias Berman/Spielman/Horn; a las familias Gaylord/Bernstein/Nantais; las familias Williamson; la familia Zimmer, y las familias Bobinsky/Fahrenkrug/Borg. Un superespecial gracias a Sue y a Diane (¡duraznos con crema!) por permitirme compartir nuestras anécdotas. Los amo mucho a todos.

Finalmente, a las tres personas a quienes amo profundamente y a quienes debo tanto. Walter Gobas (1922-2013), Rena Tarbet (1943-2013) y Bonnie Peterson (1952-2014): Su ausencia de esta tierra ha dejado un gran hueco en mi corazón y en el mundo. Con todo mi amor dedico este trabajo en su honor, y el servicio que hago lo dedico a las enseñanzas que me impartieron con los años. Incluso ahora, puedo seguirlos escuchando decir «Ya fue suficiente Fleet, vuelve al trabajo».

Ya voy.